Karin B. Redecker

Das Gift des Oleanders

Roman

Impressum

64625 Bensheim-Auerbach, Am Höllberg 25
Kontakt: mailbox@karin-redecker.de
Twitter: https://twitter.com/KarinRedecker
Facebook: www.facebook.com/pages/K.B.Redecker

Bildmaterial: K. B. Redecker,
Titel/Fotos/Layout: Karin B. Redecker
Uferpromenade in Pallanza
www.karin-redecker.de

Herstellung und Druck über tolino media GmbH & Co. KG,
Albrechtstr. 14, 80636 München. Printed in Germany.
Fragen zu Produktsicherheit an: gpsr@tolino.media.

Über die Autorin

Karin B. Redecker absolvierte eine Verlagsausbildung bei einer bekannten Frankfurter Tageszeitung.
Sie arbeitete später viele Jahre, gemeinsam mit ihrem Mann, als Redakteurin und Layouterin im eigenen Verlag, bevor sie sich in Italien niederließ. Dort hatte sie endlich die Zeit gefunden, mit dem Romanschreiben anzufangen und es entstanden hier ihre ersten beiden Romane.
Die Pflegebedürftigkeit der Mutter und der Tochter holte sie jedoch wieder aus Italien zurück. Hier folgten weitere Romane und da das Dichten schon immer zu ihren Leidenschaften gehörte, kamen auch noch zwei Gedichtbände hinzu, die sie stets mit einem Augenzwinkern niedergeschrieben hat.
Sie selbst sagt über sich: Schreiben macht mir Freude und ich möchte die Leser nur gut unterhalten. Mein Kopf ist voller Geschichten, denn wie sang einst André Heller: »Die wahren Abenteuer sind im Kopf und sind sie nicht im Kopf, dann sind sie nirgendwo!«

Buchbeschreibung:

Die Handlung spielt in Frankfurt am Main und in Cannero/Italien. Cannero Riviera wird gern die ›Perle des Lago Maggiore‹ genannt. Und das zu Recht, denn es ist einer der schönsten, erholsamsten Plätze der Region rund um den See.

Der Ort liegt auf dem Delta des Rio Cannero wie ein Halbmond im See. In sonniger Südlage gelegen, geschützt durch die umliegenden Berge, wird er durch ein besonders mildes Klima verwöhnt, deshalb auch der Beiname ›Riviera‹.

Inmitten dieses traumhaften Panoramas mit einer imponierenden mediterranen Pflanzenwelt lebt oberhalb des Sees Laura Caldini in einer alten, italienischen Villa.

Laura, die erfolgreiche italienische Geschäftsfrau hatte ihr Leben und ihre Liebhaber bisher kontrolliert im Griff. Bis zu dem Tag, an dem sie erfährt, dass deutsche Freunde aus ihrer Studienzeit in Frankfurt nicht mehr am Leben sind. Sie schreibt deshalb an die Tochter der Verstorbenen einen Brief und bittet sie um einen Besuch. Die Vergangenheit holt sie ein und lässt ihr keine Ruhe mehr. Alte Wunden brechen wieder auf und sie möchte nun ihr lang gehütetes Geheimnis lüften. Ihr bisher so ruhiges, luxuriöses Leben gerät dadurch etwas aus den Fugen und bildet den Hintergrund zu dieser Familiengeschichte.

Cannero Riviera,
die Perle am Lago Maggiore

Inhaltsverzeichnis

Susannes Büro

»Was für ein stressiger Tag heute«, stöhnte Susanne ins Telefon. Sie lehnte sich in ihrem Bürostuhl zurück, dessen Lehne gefährlich ächzende Geräusche von sich gab und sie sogleich daran erinnerte, dass sie unbedingt beim Chef einen neuen Stuhl beantragen sollte. Überhaupt müsste das Büro wieder etwas überholt werden, dachte sie müde und abgespannt. Ein kurzer Blick in den gegenüberliegenden Spiegel signalisierte ihr, dass das Gleiche heute auch auf sie zutraf.

»Ich brauche unbedingt Tapetenwechsel«, stöhnte sie ins Telefon und rieb sich dabei sanft die Schläfen.

»Ich freu‘ mich auf einen gemütlichen Abend mit dir Bella, wir können uns ja vom Thailänder wieder etwas kommen lassen, was meinst du?«

Am anderen Ende der Leitung war freudige Zustimmung zu hören. Susanne dreht sich um und schaute lächelnd auf das liebevoll eingepackte Geschenk auf ihrem Aktenschrank.

»Ich bringe auch noch ein gutes Tröpfchen mit. Mein Chef hat mir gestern was spendiert. Wir machen uns dann wieder den üblich faulen Mädchenabend!«

Dabei schnurrte sie genüsslich ins Telefon und legte nebenbei ihre Akten ordentlich aufeinander.

»Ich komme wie immer gegen neunzehn Uhr am Bahnhof an. Also, tschüss Bella, bis später!«

Susanne legt langsam den Hörer auf und schaute nachdenklich aus dem Fenster. Sie überlegte, wie sie der Freundin heute Abend schonend beibringen konnte, dass ihr sogenannter ›Zukünftiger‹ schwul war. Das wird sie umhauen, dachte sie besorgt und packte in Gedanken versunken ihre Utensilien zusammen, da sie gleich Feierabend machen wollte. Sie schaute noch kurz bei ihrem Chef ins Zimmer.

»Ich geh‘ heute eine halbe Stunde früher, Chef. Ich treffe mich mit Bella. Da genießen wir gleich mal den guten Tropfen, den Sie mir gestern geschenkt haben.«

Dazu schwenkte sie eine Rotweinflasche, an der ein bunter Anhänger mit Schleife hing.
»Die Unterlagen für Merkel & Co. habe ich bereits fertig. Wir können morgen präsentieren.«
»In Ordnung, Susanne! Einen schönen Abend wünsche ich«, gab Max Milde zur Antwort und schaute wohlwollend lächelnd über seinen Brillenrand.
Er mochte diese aufgeweckte, attraktive Person, die mit ihrer Meinung nie hinter dem Berg hielt und immer eine kreative und zuverlässige Mitarbeiterin war.
Susanne kaufte noch am gegenüberliegenden Kiosk einige Magazine. Die musste sie aus beruflichen Gründen regelmäßig nach Konkurrenzanzeigen durchsehen. Sie war Kontakterin der Max Milde Werbeagentur GmbH und Konkurrenzbeobachtung gehörte zu ihrem Job.
Zu ihrer Wohnung war es nicht weit. Mit viel Glück und der notwendigen Zähigkeit war es ihr gelungen, in der Nähe der Agentur, eine hübsche Altbauwohnung mit Balkon zu ergattern. Die war zwar ziemlich teuer, aber ideal geschnitten. Was sie an Miete mehr als üblich bezahlte, sparte sie an Benzinkosten wieder ein. Auf ein Auto hatte sie inzwischen ganz verzichtet, da es hier im Frankfurter Westend ohnehin keine Parkplätze gab und sie sich fast ausschließlich nur in Frankfurt aufhielt. Außerdem konnte sie, wenn nötig, ein Firmenfahrzeug bekommen. Ihr Chef war da sehr großzügig.
Beschwingt betrat sie ihre hübsch eingerichtete Wohnung, legte ihre Tasche und die Magazine auf den Tisch und warf auf dem Weg zur Dusche ein Kleidungsstück nach dem anderen auf den Fußboden. Sie wollte sich erst frisch machen und ihren neuen, teuren Hosenanzug anziehen, den sie sich vorgestern in der Fressgasse gekauft hatte. Er sah einfach umwerfend aus und betonte ihre schlanke Figur ganz besonders. Danach beabsichtigte sie, mit der S-Bahn zu Bella in den Taunus fahren, die sie dort wie üblich am Bahnhof abholen wollte.

Laura

»Diese verdammten Motorradfahrer!«, schimpfte Laura laut vor sich hin. Auf der nahen Uferstraße brausten wieder mehrere dieser Höllenmaschinen mit tosendem Lärm vorbei. Ausgerechnet in der Nähe ihrer Villa war die ansonsten kurvenreiche Strecke begradigt, sodass hier die meisten Motorradfreaks besonders stark den Gashahn aufdrehten. Zahlreiche Kreuze und hinterlegte Blumensträuße von trauernden Hinterbliebenen zeigten an, dass so mancher Raser auf dieser gefährlichen Straße sein Leben lassen musste. Die schrillen Sirenen der Ambulanz waren leider oft genug zu hören und die Gefährlichkeit dieser malerischen, aber kurvenreichen Straße, wurde nur allzu oft unterschätzt.

Laura atmete tief den Geruch des frisch gemähten Rasens ein, der sich mit dem Duft der leuchtend gelben Mimose vermischte. Sie schloss das Fenster zur überdachten Terrasse. Es war schon sehr warm für diese Jahreszeit, wodurch bereits die ersten Touristen angelockt wurden. Gerade jetzt zu Ostern kamen überwiegend Schweizer und Deutsche, die hier am Lago ein Ferienhaus oder eine Wohnung besaßen, um die ersten warmen Tage des Jahres zu genießen. Und weil es schon so herrlich warm war, hatten bereits viele Cabriofahrer ihre Verdecke geöffnet und genossen die herrlichen Blütendüfte, die ihnen aus den üppig bepflanzten Gärten entgegen wehten. Wer die Sonne jetzt ungeschützt und unbekümmert in vollen Zügen genoss, konnte sich schnell den ersten Sonnenbrand einfangen. Sie hatte um diese Zeit hier am Lago Maggiore schon enorm viel Kraft und war sehr intensiv. Ja, selbst im Winter war es möglich, bei Sonnenschein auf der Terrasse zu liegen, die Schönheit des Sees und die meist schneebedeckten Berge zu genießen. Es war einfach ein wunderschönes Stückchen Erde hier rund um den See und Laura bedauerte keine Sekunde, ihre Wohnung in Milano aufgegeben zu haben. Wenn sie Lust hatte, das Stadtleben zu genießen, und das war in letzter Zeit sehr selten, setzte sie sich in ihren silberfarbenen Lancia. Wenn sie die Strecke über die Autobahn nahm, war sie in eineinhalb Stunden mitten in Milano zum Bummeln. Meistens besuchte sie dann einige alte Freunde, ging schick essen und war abends aber heilfroh, wenn sie dem Trubel der Großstadt wieder entfliehen und in ihr Refugium zurückkehren konnte. Spätestens dann, wenn sich das imposante schmiedeeiserne Tor zu ihrem Anwesen öffnete und sie durch ihren parkartigen Garten hoch zum Haus fuhr, fühlte sie sich glücklich und zufrieden.

Sie war froh über ihre Entscheidung, von Milano hier aufs Land gezogen zu sein. Denn trotz aller Schickeria, die sich auch hier mittlerweile breitmachte, war es doch eine ländliche Umgebung mit meist einfachen Leuten, die vor dem Touristenstrom Bauern und Fischer gewesen waren.

Inzwischen hatten viele Einheimische ihr Land an Deutsche, Schweizer und natürlich an Milaneser verkauft, die sich hier Ferienhäuser und Villen gebaut hatten. Manch einer bereute diesen Schritt heute, da er selbst die Immobilienpreise für sich und seine Kinder nicht mehr bezahlen konnte.

Laura rief nach Maria, ihrer bodenständigen und liebenswerten Haushälterin. Sie lebte mit ihrem Mann im früheren Gärtnerhaus. Lauras Vater, der Maria vor über dreißig Jahren als Haushälterin eingestellt hatte, bot ihr nach ihrer Heirat mit Alfredo das Gärtnerhaus zum kostenlosen Bewohnen an. Sie und ihr Mann mussten dafür Haus und Garten pflegen und erhielten noch ein gutes monatliches Gehalt. Das besserte das geringe Einkommen von Alfredo auf, der in Intra als Bauarbeiter beschäftigt war.

Immer, wenn Laura und ihr Vater zum Lago kamen, wurde Maria kurz vorher telefonisch informiert. Sie bereitete dann alles vor, um ihnen einen angenehmen Aufenthalt zu gewährleisten.

Nachdem Laura letztes Jahr fest in die Villa umgezogen war, wurde dieser Rhythmus etwas verändert. Maria musste nun täglich das Frühstück vorbereiten und zur Mittagszeit einen leichten Imbiss servieren.

Ansonsten kümmerte sie sich um den Haushalt, ging einkaufen und war überhaupt das Mädchen für alles. Erst abends gab es für

Laura die eigentliche Hauptmahlzeit, es sei denn, Laura hatte vor, zum Essen auszugehen.
Ihr Mann Alfredo erledigte die kleineren Ausbesserungsarbeiten und pflegte den Garten. Er war handwerklich sehr geschickt, aber für die etwas feineren gärtnerischen Belange nicht so gut zu gebrauchen. Dafür war er einfach zu unwissend in botanischen Angelegenheiten.
Aber Bäume schneiden, Rasen mähen und hier und da mal etwas umpflanzen, dafür konnte man ihn gut einsetzen. Alles andere behielt sie sich selbst vor. Gartenarbeit machte ihr Spaß und gerade jetzt im Frühling, wenn alles aus dem Winterschlaf erwachte, freute sie sich auf ihren täglichen Gartenrundgang nach dem Frühstück. Dann genoss sie den herrlichen Blütenduft, der ihr aus jedem Winkel des Gartens entgegen wehte.
Sie betrachtete jede Pflanze ganz genau und wunderte sich, wie schnell und problemlos hier alles am Wachsen war.
Meist verließ sie ihr Bett nicht vor neun, halb zehn. Zuerst trödelte sie im Bad lange herum, machte etwas Gymnastik und nahm erst nach dem Anziehen ein leichtes Frühstück ein. Es bestand, wie in Italien üblich, aus Caffè lungo mit ein bis zwei Brioche – fertig. Weil sie sich nun die neu gewonnene Freiheit nahm, lange zu schlafen, stellte ihr Maria das Frühstück stets abgedeckt vor die Schlafzimmertür.
Sie empfand es als Luxus, nicht mehr mit der Stoppuhr aufstehen zu müssen, nicht ins Büro zu hetzen und bereits um neun Uhr die ersten Termine zu haben. Deshalb wollte sie Maria um diese Zeit auch noch nicht um sich haben. Sie wollte keinerlei Zwänge mehr und zukünftig nach Lust und Laune in den Tag leben und das Leben genießen.
Ihr morgendliches Frühstück nahm sie in ihrem sehr geräumigen Schlafzimmer im ersten Stockwerk ein. Von hier aus hatte sie einen exorbitanten Blick über den See und die Berge.

Bella

Bella räumte schnell ihre Küche auf. Hier stand noch das komplette Frühstücksgeschirr vom Morgen herum und auch sonst musste etwas Ordnung gemacht werden. Ihre Putzfrau kam nur zweimal die Woche und heute war leider nicht ihr Tag. Aber Susanne war ja kein Staatsbesuch, sondern ihre beste Freundin. Da musste sie es mit dem Aufräumen nicht so genau nehmen.

Sie wollte ihr vorschlagen, heute bei ihr zu übernachten. So könnten sie – was meistens der Fall war – ruhig ein paar Gläser mehr trinken und mussten nicht immer an die verflixte Promillegrenze denken. Und morgen früh könnten sie beide gemeinsam nach Frankfurt rein fahren.

Nach dem Tod ihrer Mutter wohnte Bella wieder in dem hübschen Haus hier draußen am Rande des Taunus. Noch vor einem Jahr, während der schweren Krebserkrankung ihrer Mutter, pendelte sie ständig zwischen ihrem Frankfurter Appartement und ihrem Elternhaus hin und her.

Damals organisierte sie einen täglichen Pflegedienst und kümmerte sich rührend um sie. Sie wollte ihre Mutter in der schlimmen Zeit der Krankheit nicht allein lassen. All die Liebe und Fürsorge, die sie ihr in ihrer Kindheit zukommen ließ, wollte sie ihr zurückgeben und eine Stütze für sie sein.

Erst nach ihrem dann doch plötzlichen Tod, hatte sie ihre Frankfurter Wohnung aufgegeben und zog in die Taunuskleinstadt, in der sie aufgewachsen war. Sie wollte das schöne Haus nicht leer stehen lassen. Und ob sie es je verkaufen würde, war ihr noch unklar. Schließlich hatte sie hier ihre ganze Jugend verbracht und es gab so viele schöne Erinnerungen an das gemeinsame Leben mit ihren Eltern.

Finanziell hatte sie Gott sei Dank keine Probleme. Das Haus war schuldenfrei, sodass sie nur die Umlagen bezahlen musste. Das war wesentlich günstiger als ihre Miete in der Stadt und außerdem hatte sie ja das Geld aus der Lebensversicherung ihres Vaters. Ihre Mutter hatte ihr Erbe, bedingt durch die Krankheit, fast völlig ver-

braucht. Bella war noch heute ihrem Vater dankbar, dass er seine kleine Familie so umfassend abgesichert hatte. Sein früher Tod vor fast zwanzig Jahren war damals ein riesiger Schock und Verlust für die Familie. Er starb nach einem Zusammenprall mit einem Lastwagen auf der spiegelglatten Fahrbahn der A5. Verantwortungsvoll und vorausschauend hatte er für ihre Mutter und für sie je eine hohe Lebensversicherung abgeschlossen. So war die kleine Familie abgesichert und stürzte nicht ins finanzielle Chaos. Ihre Mutter, Luise Bilten, konnte mit dem Geld der Lebensversicherung zum Glück das Haus abbezahlen. Der tägliche Lebensunterhalt für sie beide war ebenfalls gesichert, da Luise das Architekturbüro ihres Mannes weiterführte. Als es gesundheitlich weiter bergab ging, verkaufte sie an Oskar Bauer, einen ehemaligen Konkurrenten. Und Bella arbeitete dort nach ihrem Studium als Gartenbauarchitektin.
Bella erhielt ihr Erbe auf ein Sonderkonto, das nach der Entscheidung ihres Vaters vorerst nur für ihre Ausbildung zur Verfügung stand. Erst nach ihrem dreißigsten Lebensjahr konnte sie voll über das Geld verfügen. Und das war vor zwei Jahren.
Sie war nun total unabhängig, und das war ein sehr gutes Gefühl. Von dem Geld hatte sie sich lediglich ihren kleinen roten Sportwagen gegönnt. Den Rest hatte sie solide angelegt. Da war sie übervorsichtig. Henry wollte sie zwar immer wieder überreden, in seine zukünftige Firma zu investieren, die ja nach ihrer Heirat auch ihr gehören sollte. Aber sie scheute bisher davor zurück und war sich überhaupt nicht sicher, ob Henry und sie das Traumpaar schlechthin waren. Ihre Beziehung war ihr persönlich zu distanziert und reserviert. Henry war zwar sehr zuvorkommend und höflich, ganz Gentleman eben. Und er sah wirklich super aus. Sie wünschte aber, dass er sich ihr gegenüber mehr öffnen würde. Mehr ihre Nähe suchen und einfach mehr Zärtlichkeit und Gefühle zeigen würde. Ehrlich gesagt, wollte sie auch mehr Sex. Aber bis jetzt hatte sie eine ungestillte Sehnsucht in sich, die Henry scheinbar nicht erfüllen konnte oder wollte. Sie wartete noch immer auf

ein Feuerwerk der Gefühle zwischen ihnen. Aber die wenigen Male, die sie miteinander geschlafen hatten, hinterließen bei ihr nicht die Befriedigung, die sie sich immer erhoffte. Henry war stets so cool und manchmal fast abweisend, obwohl er doch spüren musste, wie sehr sie sich nach mehr Nähe sehnte. Andererseits drängte er auf eine baldige Heirat.
Aber immer nur geben und nichts zurückbekommen, das ist nicht mein Ding. Noch sind wir nicht verheiratet und ich muss mir bald über diese Frage Klarheit verschaffen, dachte sie. Sie wollte am Abend mal ganz offen mit Susanne über dieses Thema reden und hören, was sie von ihrer Beziehung zu Henry hielt.

Lauras Kräutertinktur

Laura setzte sich gern für einen Moment auf ihren kleinen Balkon. Wenn dann die aus Richtung Lugano aufgehende Sonne eine glitzernde Seeoberfläche, wie mit Diamanten übersät, darbot, war das täglich aufs Neue ein Erlebnis für sie.
Das Leben war einfach herrlich. Durch den Verkauf der Druckerei war ihr eine schwere Last abgenommen worden, die sie viel Kraft und Zeit gekostet hatte. Davon konnte sie sich nun nach und nach erholen.
Wenn nur nicht die kleineren gesundheitlichen Probleme wären, die ihr in letzter Zeit etwas zu schaffen machten.
Auch heute hatte sie wieder starke Kopfschmerzen und eine leichte Übelkeit machte sich in ihr breit. Aber das sind sicher die Folgen der Anstrengungen der letzten Zeit, dachte sie und wollte sich nicht weiter damit beschäftigen.
Maria klopfte an, kam lachend und völlig außer Atem mit hochrotem Kopf herein.
»Signora, Pero hat mich wieder einmal durch den ganzen Garten gehetzt. Er hat mir aus der Küche ein Stück Käse gestohlen und ich musste fast bis zur großen Palmengruppe hinter ihm her rennen, bis er endlich stehen blieb – dieser Schlingel.«

Sie schüttelte sich vor Lachen und dabei blinkten ihre Goldkronen wie Sterne am Firmament. Auch Laura lachte herzlich, weil Pero, ihr schwarzer Gordon-Setter, immer zu Späßen aufgelegt war und sich freute, wenn man hinter ihm her lief. Das war für ihren Hund ein beliebtes Spiel, das er besonders gern mit Handtüchern veranstaltete. Dann sollte man versuchen, ihn zu fangen und an den Enden ziehen. »Gib her, Pero, gib her!« Eine größere Freude konnte man ihm nicht machen. Wenn man Pech hatte, vergrub er anschließend seine Beute im Garten. Und hatte man nicht beobachtet, wo er den Gegenstand vergrub, war er für immer verloren. Gott sei Dank beschränkten sich seine Vorlieben meist auf Essbares, auf Handtücher und kleinere Gegenstände aus der Küche.
Es war immer lustig, wenn bei Gartenarbeiten das eine oder andere Diebesgut wieder auftauchte.
»Was kann ich für Sie tun, Signora«, fragte Maria, als sie sich wieder beruhigt hatte.
»Maria, bitte bringen Sie mir doch meine Tabletten aus der Küche – oder noch besser, bringen Sie mir auch die Kräutertinktur, die Dottore Sautter letzte Woche dagelassen hat. Ich glaube, die bekommt mir ganz gut.«
»Meinen Sie das braune Fläschchen mit dem handgeschriebenen Etikett«, fragte Maria.
»Ja, das Wundermittel vom Dottore«, sagte Laura lachend.
Maria verschwand umgehend, um in wenigen Minuten wieder mit dem Fläschchen und den Tabletten zurück zu sein. Nicht ohne ihr Bedauern über Lauras Unpässlichkeit auszudrücken. Laura entnahm eine der Schmerztabletten, die ihr Marc, ihr Freund und Hausarzt aus Cannobio, bei seinem letzten Besuch dagelassen hatte.
Täglich maximal eine Tablette hatte er mit seiner krakeligen Handschrift auf die Verpackung geschrieben. Und daran wollte sie sich halten – hatte sie doch in letzter Zeit eine Menge an Spritzen und Medikamenten von ihm erhalten. Wenn sie hin und wieder die Beipackzettel las, wurde ihr schon davon ganz schlecht. Bis vor

Kurzem war ›krank sein‹ für sie ein Fremdwort, aber seit einiger Zeit litt sie etwas unter Schwindelgefühlen, Kopfschmerzen und Übelkeit. Marc meinte, dass sie mit Sicherheit nur überarbeitet sei, denn organisch sei sie völlig in Ordnung.

Aber, wie sagte ihr Vater in seiner schlichten Art immer: »Was kommt, das geht auch wieder.« Dieser Spruch begleitet sie von Kindheit an und verhinderte, dass sie jemals wehleidig war, und daran wollte sie sich auch in Zukunft halten.

Sie öffnete die kleine Flasche, auf der ein Zettel klebte. Auch hier hatte Marc seine Angaben vermerkt: *Maximal täglich einen Teelöffel nach dem Essen*, stand darauf. Es war ein homöopathisches Mittel aus Kräutern, das ihr Allgemeinbefinden verbessern sollte und rein pflanzlich hergestellt wurde. Es schmeckte fürchterlich bitter, sodass man es ganz schnell hinunterschlucken musste. Marc hatte es dem Apotheker nach seinen Angaben in Auftrag gegeben. Er war nicht nur als praktischer Arzt in Cannobio tätig, sondern gleichzeitig als Homöopath, der nach den Lehren von Hahnemann mit voller Überzeugung praktizierte.

Das entsprach auch Lauras Ansichten und sie vertraute hier Marc und der Natur. Sie achtete ein Leben lang auf eine ausgewogene Ernährung, aß viel frisches Obst und Gemüse und bewegte sich im Rahmen ihrer Möglichkeiten ausreichend. Sport konnte man das nicht unbedingt nennen. Aber der tägliche Rundgang durch den sehr großen Garten, etwas Gymnastik, die fast tägliche Gartenarbeit und – wenn das Wetter es erlaubte – das erfrischende Schwimmen im Lago Maggiore, waren ihrer Meinung nach genug an Fitness, um sich beweglich und gesund zu erhalten. Ihr Körper machte einen sportlichen Eindruck und mit ihren neunundfünfzig Jahren konnte sie sich durchaus sehen lassen. Ihre hochgewachsene, schlanke Figur und ihre immer noch dunkelbraunen, ja fast schwarzen, langen Haare, die sie meist hochgesteckt trug, ließen sie wesentlich jünger erscheinen.

Sie war eine gut aussehende Frau in mittleren Jahren, der man ansah, dass sie einmal eine sehr schöne junge Frau gewesen sein musste, der auch heute die Männer noch bewundernd nachschauten.

Überhaupt die Männer! Sie konnte auf eine recht große *Collezione* an Beziehungen zurückblicken. Aber keiner war dabei, für den sie ihre Freiheit und Eigenständigkeit aufgegeben hätte. Außer für Enrico, der damals für sie aber unerreichbar gewesen war und der ihre kurze Beziehung als reinen ›Ausrutscher‹ gesehen hatte. Ihn hatte sie wirklich geliebt. Aber diese Liebe wurde leider nicht erwidert. Dieser schmerzende Stachel saß tief in ihrem Inneren fest und sie bemühte sich all die Jahre, diese dunkle Seite ihres Lebens aus ihrer Erinnerung zu streichen.

Und was Roberto anbelangte, musste sie verrückt gewesen sein, als sie sich nach dem letzten Gartenfest mit Freunden und Nachbarn mit ihm mehr als erlaubt einließ. Sie schämte sich sehr dafür. Wie konnte ihr das nur passieren? Sie wollte ihm gleich beim nächsten Besuch mitteilen, dass sie diese Nacht als nicht stattgefunden betrachtete und dass das Geschehene mit Sicherheit auf den reichlich geflossenen Prosecco an diesem Abend zurückzuführen sei. Dazu war sie fest entschlossen. Basta!

Aber dennoch musste sie sich heimlich eingestehen, dass es ein berauschendes Gefühl war, wieder begehrt zu werden und ihr Alter in diesem Moment gänzlich zu vergessen. Und dass sie noch solchen Spaß an Sex hatte, hatte sie doch etwas überrascht. Dieses Thema hatte sie in letzter Zeit beiseitegeschoben. Vielleicht auch nur aus Mangel an Gelegenheiten, dachte sie. Beschämt erinnerte sie sich daran, wie gut sich sein durchtrainierter, muskulöser Körper angefühlt und wie intensiv sie diese verbotene sexuelle Begegnung erlebt hatte.

Aber wo war nur ihre Selbstbeherrschung in dieser Nacht geblieben? Sie erschauderte und wollte ihre Gedanken abschütteln, was ihr jedoch nur mäßig gelang.

Du musst nicht bei Sinnen gewesen sein, Laura, sagte sie zu sich selbst. Er könnte doch dein Sohn sein!

Der Diebstahl

Wie so oft in letzter Zeit ging Laura zu ihrem gut verborgenen Safe, den sie sich nach einem Einbruch hinter ihrem schweren, antiken Schrank im Arbeitszimmer hatte einbauen lassen. Es war ein – wie sie fand – geniales Versteck. Man konnte einen Teil der Rückwand des Schrankes zu Seite schieben und kam dann an einen kleinen Safe heran.

Der Einbruch ereignete sich vor einem halben Jahr. Maria und ihr Mann waren in Alfredos Heimat Kalabrien gereist und sie war an diesem Tag in Milano beim Shoppen.

Ihren gesamten Schmuck bewahrte sie in einer Schmuckschatulle in der abgeschlossenen Schublade ihres Schreibtisches auf.

Der Dieb musste genau gewusst haben, wo er zu suchen hatte, denn es wurde gezielt nur dieser wertvolle Familienschmuck gestohlen. Darunter eine traumhafte Smaragdkette, die schon ihrer Großmutter gehört hatte.

Und nur diese eine besagte Schublade wurde aufgebrochen. Ansonsten wurde nichts beschädigt oder durchwühlt.

Die Polizei schloss Beschaffungskriminalität von Drogensüchtigen aus. Hier waren fast immer schlimmste Verwüstungen die Folge. Sie meinten, dass vielleicht ein Handwerker Informationen an Dritte weitergegeben habe. Die Ermittlungen mussten jedoch leider nach einigen Wochen erfolglos eingestellt werden. Was ihr übrig blieb, waren lediglich die Fotos der Schmuckstücke, die damals für die Versicherung angefertigt wurden.

Nach zähen Verhandlungen mit der Assekuranz wurde ihr der Wert des Schmucks nur zu fünfzig Prozent ersetzt. Aber um das zu erreichen, musste sie sogar ihren Anwalt Dr. Ferro einschalten, da wie so oft in solchen Fällen, bei Schadenersatzforderungen die Versicherungen nicht bezahlen wollten.

Die Schmuckfotos, zusammen mit wichtigen Dokumenten, ein wenig Bargeld, ihre Wertpapiere sowie ein dicker Umschlag mit ihren geheimsten Aufzeichnungen, die sie wie einen Schatz hütete, bewahrte sie nach dem Einbruch im neuen Safe mit Zahlenkombination auf. Diesen Platz kannte außer ihr und Dr. Ferro niemand, auch nicht Maria und Alfredo, denen sie ansonsten total vertraute. Sie entnahm ihrem Safe einen kleinen, silbernen Kasten. Sie stellte ihn auf den wertvollen Marmortisch, den sie aus der elterlichen Villa in Milano, zusammen mit anderen Kostbarkeiten, mit in ihr Zuhause am Lago Maggiore mitgenommen hatte.

In der Milaneser Villa lebten nun die neuen Besitzer, die nicht nur das Haus, sondern auch die traditionsreiche Firma ihrer Familie übernommen hatten. Gott sei Dank hatten sie auch alle Mitarbeiter gleich mit übernommen. Darunter einige, die schon seit über dreißig Jahren in der Firma beschäftigt waren und für die eine Kündigung ein harter Schicksalsschlag gewesen wäre. Es bedrückte sie etwas, dass sie den Traum ihres Vaters, die Firma erfolgreich nach seinem Tod weiterzuführen, nicht erfüllen konnte. Sie war dem harten Konkurrenzdruck und dem Preiskampf im Druckereigewerbe einfach nicht mehr gewachsen. Die zumeist deutschen Verlage, für die ihre Druckerei seit vielen Jahren gearbeitet hatte, wurden immer weniger. Zudem fehlten ihr mehrere Millionen, die sie hätte investieren müssen, um maschinell auf dem neuesten Stand zu sein.

Deshalb hatte sie sich vor gut einem halben Jahr entschlossen, das Familienunternehmen an eine Großdruckerei aus Bergamo zu verkaufen. Die Milaneser Villa hatten sie für ihren Geschäftsführer gleich mit übernommen. So konnte sie beim Verkauf einige Millionen Euro verbuchen, mit denen sie der Zukunft gelassen entgegenblickte.

Das große Anwesen am Lago in der Nähe von Cannero hatte schon ihr Urgroßvater einem Industriellen abgekauft. Es bestand aus einem zirka zweihundertjährigen herrschaftlichen Wohnhaus im traditionell italienischen Stil und einem kleinen Gärtnerhaus, in dem heute Maria und ihr Mann wohnten. Der große mediterrane Garten mit seinem alten Baumbestand hatte eine traumhafte Lage mit einem fantastischen Blick über den Lago Maggiore und die angrenzenden Berge.

Cannero lag auf der Westseite des Sees, gegenüber von Luino, in einer vor kalten Winden geschützten Bucht. Es war bekannt für sein sehr mildes Klima, das eine üppige mediterrane Pflanzenwelt erlaubte. Dieser entzückende Ort, mit den vorgelagerten sogenannten ›Räuber-Inseln‹, bot ein reizvolles Umfeld für die vielen Touristen.

Zum Privatstrand der Villa waren es nur wenige Meter und Laura ging in der warmen Jahreszeit fast täglich morgens hinunter zum Strand zum Schwimmen.

Sie liebte diese frühen Stunden am See. Meist setzte sie sich vor dem erfrischenden Bad auf den großen Felsbrocken, der, wie eigens für sie gemacht, am Ufer lag und sah den glitzernden seichten Wellen zu. Sie fühlte sich gestreichelt vom Wind, der meist sanft wehend ihre Haut berührte. Diese Minuten der inneren Einkehr machten ihr stets aufs Neue klar, wie gut es ihr ging und welches Glück sie hatte, hier am See leben zu dürfen. In dieser wunderschönen Villa mit dem paradiesisch schönen Garten. Dann schaute sie hinauf zum Himmel und sagte: »Schau Papa, wie gut es mir geht. Ich danke dir dafür.«

Das ganze Familienvermögen war ihr allein als Letzte der Familie Caldini zugefallen, weitere Erben waren nicht vorhanden. Deshalb fühlte sie sich stets in der Pflicht, ihren Vater zu Lebzeiten nach Leibeskräften zu unterstützen und ihm auch menschlich, nach dem frühen Tod der Mutter, zur Seite zu stehen.

Ihr bisheriges Leben galt nur ihrer Arbeit in der Druckerei und ihrem geliebten Vater, den sie bis zu seinem Tod betreut und zuletzt auch noch gepflegt hatte. Eine eigene Familie hatte darin keinen Platz, was sie heute doch sehr bedauerte.

Oft malte sie sich aus, wie schön es wäre, wenn das ganze Vermögen in den Händen der eigenen Familie bleiben könnte. Der Name Caldini würde weitergeführt und alle Werte, die ihre Familie in den vielen Jahren erwirtschaftet hatte, würden auf die eigenen Kinder übergehen. Aber diese Lebenschance war vertan und es bestand nur noch ein winziger Funke Hoffnung, dass sich hieran vielleicht

etwas Entscheidendes ändern könnte. Sie ging hinüber zu dem wunderschönen Murano-Spiegel, der in ihrem Schlafzimmer hing und schaute sich selbstkritisch an. Ich bin nun schon neunundfünfzig Jahre alt. Du meine Güte! Und fühle mich nicht anders als mit dreißig, dachte sie und ging etwas näher heran. Sie betrachtete sich eingehend und strich sich prüfend über die Haut. Die kleinen Fältchen unter den Augen und die winzigen senkrechten Fältchen über der Oberlippe fielen nur bei ganz genauer Betrachtung auf, sobald sie etwas zurücktrat, waren sie fast nicht mehr zu sehen.
Du siehst eigentlich noch ganz gut aus Laura, dachte sie und begegnete ihrem Blick mit Genugtuung.
Dabei strahlten sie ihre dunklen Augen mit einem Zwinkern keck aus dem Spiegel an.

Lorenz

Seit ihr Lorenz aus Frankfurt in Milano zufällig über den Weg gelaufen war, ließ Laura der Gedanke an den bereits geschriebenen Brief an Belinda Bilten nicht mehr los.
Es war nach einem ausgiebigen Einkaufsbummel im Quadrilatero della Moda, dem schicken und teuren Modeviertel von Milano. Sie saß im Ristorante Savini in der Galleria Vittorio Emanuele, gegenüber dem weltberühmten Mailänder Dom, und aß eine köstliche lombardische Spezialität. Plötzlich klopfte ihr von hinten jemand auf die Schulter und sprach sie auf Deutsch an.
»Entschuldigen Sie, sind Sie nicht Laura Caldini?«
Erstaunt drehte sie sich um und erkannte sofort Lorenz Schneider, einen Mann aus ihrer, wie sie stets zu sagen pflegte, ›Collezione‹ von Verflossenen.
»Lorenz, das gibt's doch nicht! Was machst du denn hier in Milano?«, fragte Laura spontan auf Deutsch.
Lorenz lachte und freute sich sichtlich, Laura wieder zu sehen.
»So einen Zufall erlebt man nicht alle Tage«, sagte er, umarmte und küsste sie herzlich und setzte sich sogleich auf den freien Stuhl

an ihrer Seite. Trotz der vielen Jahre hatten sie sich sofort wiedererkannt und Laura war angenehm überrascht, wie gut Lorenz aussah.

Die wenigen grauen Haare, sein gewinnendes Lächeln und seine sportliche Figur, ließen ihn sehr jugendlich erscheinen, obwohl er doch auch schon Anfang sechzig sein musste. Er erzählte ihr, dass er gerade zum zweiten Mal frisch verheiratet sei und einen beruflichen Abstecher nach Milano gemacht habe, um einen Geschäftspartner zu treffen. Seine Frau warte auf ihn am Comer See. Dort wollten sie ein paar Tage Ferien machen.

»Du hast dich ja überhaupt nicht verändert«, sagte er. »Genauso schön wie früher! Alle Achtung Laura! Wie ist es dir denn in all den Jahren ergangen?«

Laura erzählte ihm, dass sie nach ihrem Aufenthalt in Deutschland sofort in die Firma ihres Vaters eingestiegen sei und als Juniorchefin speziell das Auslandsgeschäft übernommen habe. Dank ihrer guten Deutschkenntnisse betreute sie alle deutschsprachigen Kunden und hatte so den Kontakt zu Deutschland und der deutschen Sprache nie verloren. Sie erzählte ihm, dass ihr Vater vor einigen Jahren verstorben sei. Die Firma habe sie vor Kurzem verkauft, und sie privatisiere nun am Lago Maggiore.

»Erzähl, was machen denn Enrico und Gina. Wie ist es ihnen in all den Jahren ergangen?«, fragte Laura mit einem angespannten Gefühl.

»Hast du denn in all den Jahren keinen Kontakt zu ihnen gehabt?«, fragte Lorenz erstaunt.

»Nein, leider! Seit meiner Abreise damals nicht. Wie das Leben so spielt!«, sagte sie etwas verlegen.

»Dann kann ich dir nur Trauriges mitteilen«, sagte Lorenz mit einem bekümmerten Gesichtsausdruck. »Enrico und Gina - wie nur du sie immer genannt hast - leben leider beide nicht mehr. Enrico ist schon vor zwanzig Jahren bei einem Verkehrsunfall ums Leben gekommen und Gina starb vor einem halben Jahr an Brustkrebs.«

Laura erschrak heftig und machte ein betroffenes Gesicht. Unwillkürlich wurde ihr etwas schwindelig, sodass sie versuchte, tief durchzuatmen, wobei sie sich an der Tischkante festhalten musste.
»Und was ist aus ihrer Tochter geworden?«, fragte sie bewegt mit klopfendem Herzen.
»Belinda hat sehr unter dem Verlust gelitten. Sie lebt heute wieder im Haus der Eltern, hat Gartenbau studiert und arbeitet als Gartenbauarchitektin im ehemals väterlichen Architekturbüro. Außerdem schreibt sie als freie Redakteurin für Gartenfachzeitschriften. Ich habe sie zuletzt vor zirka zwei Jahren gesehen. Sie ist ein bildhübsches, liebenswertes Mädchen und soll sich in den letzten Krankheitsjahren rührend um Gina gekümmert haben. Ich glaube, sie ist mit dem Sohn des Architekten verlobt.«
Laura, die plötzlich ganz blass geworden war, verlangte beim Ober nach einem Glas Wasser.
»Kannst du mir die Adresse von Belinda geben?«, fragte sie nach einer Pause leise, »ich würde ihr gern einmal schreiben.«
»Gern!«
Lorenz schaute in seinem Adressbuch nach und Laura schrieb sich Telefonnummer und Adresse von Belinda in ihr Notizbuch. Anschließend tauschten sie noch ihre Adressen aus und Lorenz versprach, Laura bestimmt bei seiner nächsten Italienreise zu besuchen. Laura schaute sich seine Visitenkarte etwas genauer an und las betont langsam vor: »Dr. Lorenz Schneider, Geschäftsführer, Intermed GmbH, Frankfurt. Hm – hast du doch keine eigene Praxis aufgemacht?«, fragte sie.
»Nein, ich habe einen tollen Job mit viel Freiraum und Freizeit, was ich als niedergelassener Arzt bestimmt nicht hätte. Außerdem stimmt die Kohle!«, antwortete Lorenz grinsend.
Laura lachte. »Ganz der alte, liebe Lorenz! Immer ein bisschen schlauer als die anderen!«
Sie plauderten noch etwas über die alten Zeiten und hatten viel zu lachen, wenn ihnen eine Anekdote aus der gemeinsamen Frankfurter Zeit einfiel.

Schon bald darauf musste sich Lorenz verabschieden, da er seinen Geschäftspartner nicht warten lassen wollte. »Wir werden unbedingt wieder miteinander telefonieren«, sagte er zum Abschied und küsste Laura herzlich auf beide Wangen. »Wir dürfen auf keinen Fall wieder so lange Zeit verstreichen lassen, bis wir uns wiedersehen.«

»Auf keinen Fall, versprochen!«, sagte Laura und machte sich ebenfalls kurz danach, sehr nachdenklich und völlig aufgewühlt, auf den Nachhauseweg.

Dieses Zusammentreffen mit Lorenz ging Laura heute wieder durch den Kopf, als sie zu der silbernen Schatulle griff, den verriegelten Deckel öffnete und ihr einige Fotos entnahm. Sie zeigten eine lachende blonde Frau, Ende zwanzig, umarmt von einem gut aussehenden dunkelhaarigen Mann vor einem roten VW-Käfer mit deutschem Autokennzeichen.

»Enrico und Gina«, murmelte Laura leise vor sich hin und streichelte zärtlich über das Foto. Und schon war sie in Gedanken wieder über dreißig Jahre zurück in Frankfurt, in den herrlichen Jahren ihrer Volontariatszeit.

Ihr Vater hatte gute Verbindungen zu deutschen Geschäftspartnern und eine hohe Meinung von der deutschen Wirtschaft. Er wollte seiner Tochter nur die allerbeste Ausbildung als zukünftige Juniorchefin ermöglichen. Sie hatte ihr betriebswirtschaftliches Studium beendet, um dann in Frankfurt ein Volontariat in einem Großverlag mit großer Druckerei anzuhängen.

Ein nützlicher Nebeneffekt war, dass sie zusätzlich gründlich die deutsche Sprache erlernen konnte, was sich später als sehr wertvoll erwies, da sie mit ihren deutschen Kunden so unproblematischer verhandeln konnte.

Sie kam Anfang der Siebzigerjahre nach Frankfurt und bezog zuerst einmal ein sehr kleines Einzimmer-Appartement in einem Zweifamilienhaus in einem Frankfurter Vorort. Relativ schnell hatte sie Kontakt zu Studenten gefunden, die im Zeitungsverlag in Freistunden jobbten, um das nötige Kleingeld für das tägliche

Leben zu verdienen. Die Ansprüche waren damals nicht groß und Laura gefiel es, einmal ganz anders als zu Hause zu leben. Wohngemeinschaften waren en vogue und ihr kleines Appartement kam ihr ganz schnell ziemlich spießig vor. Als sie Enrico und Gina im Verlag kennenlernte und diese ihr ein großes Zimmer in ihrer Altbauwohnung zu einem kleinen Preise anboten, überlegte sie nicht lange und zog mit ihren Habseligkeiten kurz entschlossen bei ihnen ein.
Beide waren richtige Italien-Fans und freuten sich darüber, dass Laura sie nicht mit Luise und Heinrich, sondern mit ihren italienischen Namen ›Enrico und Gina‹ ansprach. Überhaupt wurde sie in Deutschland sehr liebevoll aufgenommen.
Italien war das Reiseland Nummer eins der Deutschen, die Italiener wegen ihres Temperamentes sehr beliebt und die italienische Küche war so richtig im Kommen. Vor allen Dingen Pizza und Spaghetti. Die italienischen Ristoranti schossen damals nur so aus dem Boden und wurden bevorzugt von jungen Leuten besucht.
Außer den beiden wohnte damals auch Lorenz für eine kleine Miete mit in der geräumigen Vierzimmerwohnung. Sie hatten ein gemeinsames großes Bad und ein gemeinsames Wohnzimmer. Die Putz- und Kochordnung wurde penibel festgelegt und Lauras Pasta-Kochkünste waren schnell ungemein beliebt.
Es war eine unbeschwerte, lustige und interessante Zeit und vor allen Dingen standen politischen Diskussionen auf der Tagesordnung. Lorenz und Enrico waren politisch sehr aktiv und an jeder nur denkbaren Demonstration beteiligt. Es war ganz selbstverständlich, dass auch Gina und Laura mitkamen, obwohl beide mehr oder weniger nur Mitläufer waren, die einfach nur dabei sein wollten.
Mit Lorenz hatte Laura ziemlich schnell eine Affäre, die aber keinen Bestand hatte, da die freie Liebe damals durch den Spruch ›Wer mehrmals mit der gleichen pennt, gehört schon zum Establishment‹ propagiert wurde und wechselnde Beziehungen für manche Studenten einfach ein Muss war. Heute musste sie sich

eingestehen, dass sie damals etwas zu leichtfertig mit der Liebe umgegangen war und deshalb vielleicht die Liebe ihres Lebens versäumt hatte.
Anders war dies allerdings mit Enrico und Gina. Sie waren unheimlich verliebt ineinander und sehr aufeinander fixiert. In sexueller Hinsicht waren sie sehr konservativ und mussten sich deshalb im Freundeskreis einigen Spott gefallen lassen. Für beide stand fest, in eine gemeinsame Zukunft zu steuern.
Enrico und Gina wollten ihr Studium der Architektur schon bald erfolgreich beenden, um dann so schnell wie möglich ein eigenes Architekturbüro aufzubauen. Und klar war für beide, dass sie heiraten und Kinder haben wollten.
Laura seufzte, so in Erinnerungen versunken, leise auf und entnahm der Schatulle einen handgeschriebenen Brief, den sie erst wenige Tage zuvor an Belinda Bilten geschrieben hatte.
Nachdenklich hielt sie den Brief in den Händen. Man sah ihr an, dass ihr tausend Dinge durch den Kopf gingen und dass dieser Brief von ganz besonderer Bedeutung für sie war.
Mit einem tiefen Atemzug und einem entschlossenen Gesichtsausdruck las sie sich den Text noch einmal leise vor.

Liebe Belinda, ich hoffe, ich darf Sie so nennen.
Ich bin eine alte Freundin und Weggefährtin ihrer Eltern aus der Studienzeit und habe den Kontakt zu ihnen leider durch verschiedene Umstände verloren. Durch einen Zufall traf ich in Milano einen alten Freund aus dieser Zeit, der mir mitteilte, dass Ihre beiden Eltern leider verstorben sind. Das hat mich sehr betroffen gemacht und ich möchte Ihnen – wenn auch so spät – mein aufrichtiges Beileid aussprechen. Ich würde mich sehr freuen, wenn ich Sie einmal persönlich kennen lernen könnte. Deshalb möchte ich Sie ganz herzlich einladen, mich am Lago Maggiore zu besuchen. Vielleicht hat es für Sie ja einen ganz besonderen Reiz hier Ferien zu machen, denn, wie ich gehört habe, sind Sie Gartenbauarchitektin. Da dürften die mediterranen Gärten hier am See –

auch mein großer Garten bietet eine vielfältige Pflanzenauswahl – für Sie von besonderem Interesse sein. Mein Haus, mein Garten und ein schönes Gästezimmer erwarten Sie.
Ein Gespräch mit Ihnen wäre mir sehr wichtig. Ich glaube, dass ich Ihnen, auch für Ihr Leben, einige wichtigen Informationen mitteilen kann.
Ich freue mich schon heute auf Ihre Antwort und verbleibe mit den herzlichsten Grüßen, Ihre Laura Caldini

Versunken faltete Laura den Brief langsam zusammen und griff sich dabei unwillkürlich ans Herz.
Sie steckte den Brief in den Umschlag zurück, der schon mit der deutschen Adresse versehen war, steckte noch ein Foto, das die Villa mit Garten zeigte, dazu und legte ihn auf den Tisch.
Dann nahm sie einen weiteren Brief aus dem Kästchen, adressiert an ihren Milanesischen Notar Dr. Ferro, und las sich auch diesen noch einmal leise vor.

Lieber Dottore,
wie ich von Ihrer Sekretärin erfahren habe, befinden Sie sich auf einer längeren Schiffsreise in der Karibik. Damit Sie umgehend nach Ihrer Rückkehr einen Termin mit mir notieren, möchte ich schon heute in dieser Form eine Testamentsänderung mit Ihnen vereinbaren. Ich lege schon einmal vorab meine Neufassung diesem Schreiben bei und hoffe, dass Sie nicht allzu schockiert sind!
Eine Kopie habe ich in meinem Safe deponiert. Bitte kontaktieren Sie mich, sobald Sie aus Ihrem Urlaub zurück sind.
Ich danke Ihnen im Voraus für Ihre Mühe.
Mit freundlichen Grüßen, Laura Caldini

Sie ging an ihr Kopiergerät, das in ihrem Arbeitszimmer stand, machte sich dann je eine Kopie von dem Schreiben an Dr. Ferro und von der handgeschriebenen Testamentsänderung und legt alles zu ihren Dokumenten. Die Originale steckte sie zurück in den Umschlag und rief nach Maria, um sie zu bitten, die Briefe beim nächsten Einkauf in den Briefkasten zu werfen.

Susanne besucht Bella

Es war schon kurz vor neunzehn Uhr. Bella holte eilig ihren kleinen roten Sportwagen aus der Garage und fuhr zur S-Bahn-Station. Susanne stand bereits wartend am Gehweg und wedelte freudig mit einer Flasche Wein, als sie Bella entdeckte.

Sie sah todschick aus in ihrem neuen Hosenanzug und ihre langen blonden Haare wehten ihr verwegen ins Gesicht.

»Hi, Bella, heut‘ machen wir es uns mal wieder so richtig gemütlich«, sagte sie lächelnd, als sie in Bellas kleinen Flitzer schwungvoll einstieg.

Bella pfiff leise durch die Zähne und äußerte sich bewundernd über Susannes Outfit. Diese freute sich sichtlich über das Kompliment. Beim Eintreten in das moderne Architektenhaus, das Bellas Eltern vor fünfundzwanzig Jahren geplant und gebaut hatten, zog Susanne im Vorbeigehen einen Brief aus dem Briefkasten.

»Post, Bella – o aus Bella Italia.« Dabei zog sie das Wort Bella ganz besonders in die Länge.

»Wer schreibt dir denn da?« Sie lachten und Bella nahm den Brief an sich und schaute auf den Absender.

»Laura Caldini,« sagte sie gedehnt, »kenn’ ich nicht! Wer das wohl ist?«

Bella öffnete im Gehen das angenehm duftende Kuvert und faltete das Schreiben auseinander. Dabei fiel ein Foto auf den Boden, das eine alte italienische Villa, umgeben von einem wunderschönen Garten zeigte.

Auf dem Rasen lag malerisch ein großer schwarzer Hund. Verwundert hob sie das Foto auf und las aufmerksam den handgeschriebenen Brief und reichte ihn anschließend mit einem vielsagenden Lächeln an Susanne weiter, die beim Lesen leise durch die Zähne pfiff.

»Molto interessanto«, sagte sie feixend und schüttelte dabei in typisch italienischer Weise ihre Hand. »Das wäre doch auch mal was für uns beide! Meinen Urlaub für dieses Jahr habe ich noch nicht gebucht.«
Bella schaute sich noch einmal ganz genau das Foto an. »Tolle Villa, was. Das sollte man sich wirklich nicht entgehen lassen. Und am Lago Maggiore war ich auch noch nicht. Das muss ich mir doch wirklich mal durch den Kopf gehen lassen.«
Dabei lächelte sie Susanne verschmitzt an.
»In den nächsten vier bis sechs Wochen geht leider überhaupt nichts, da muss ich noch die Planungen für den Neubau in Eschborn fertig stellen. Aber danach.« Bella wiegte mit dem Kopf hin und her und stockte: »Danach könnte ich eigentlich mal Urlaub machen und wenn du willst, kannst du sicher mitkommen. Lass uns das heute nach dem Essen noch genauer besprechen.«
»Wir könnten ja heute Abend gleich die Antwort verfassen, was meinst du?«, fragte Susanne, ganz Feuer und Flamme.
»Aber zuerst bestellen wir mal was beim Thailänder. Ich sterbe vor Hunger und das dauert doch immer so lange, bis der endlich liefert.«
Bella griff zum Telefon und gab die übliche Bestellung durch. »Lieferung in zwanzig Minuten«, sagte sie nach dem Auflegen des Hörers. »Wir können ja schon mal den Tisch decken.«
»Eigentlich sollten wir italienisches Essen bestellen, um uns schon magenmäßig einzustimmen«, meinte Susanne und lachte.
»Uff, ich bin pappsatt«, stöhnte Susanne, hielt sich die Hände vor den Bauch und schob ihren Teller zurück. Wie immer war das gelieferte Essen viel zu viel. Man hätte noch zwei weitere Gäste bewirten können. Aber auch wie immer, war der Appetit erst so groß, dass man sich total überschätzte.
»Jetzt wäre ein kleines Verdauungsschnäpschen nicht schlecht, was meinst du?«
»Keine schlechte Idee«, stimmte Bella zu und holte eine Schnapsflasche mit Gläsern auf den Tisch und schenkte ein.

»Salute«, sagte Susanne und erhob ihr Glas. »Salute«, erwiderte Bella und ihre Gläser klirrten aneinander.
Der Abend verlief wie immer sehr lustig, aber Bella spürte dennoch den ganzen Abend, dass Susanne etwas auf dem Herzen hatte.
»Heraus damit«, sagte sie spontan, hast du ein Problem?«
Susanne fühlte sich ertappt. Sie wurde leicht rot und druckste herum.
»Ich weiß nicht, wie ich es dir sagen soll, Bella. Aber wir sind doch schon so lange befreundet und haben uns immer alles erzählt. Ich muss es dir sagen, sonst platzte ich und ich glaube, du würdest es umgekehrt auch tun.«
»Was ist denn los, rede schon.« Bella beugte sich, nun neugierig geworden, nach vorn. »Ich bin ganz Ohr!«
»Also, ich war vorgestern mit einem Kollegen nach der Arbeit zum Abendessen in der Fressgasse. Anschließend habe ich mir noch diesen schönen, teuren Hosenanzug gekauft.«
»Der ist toll«, sagte Bella anerkennend.
»Du kennst den Laden, der ist fast vorn am Goetheplatz. Als ich aus der Boutique rauskomme, sehe ich zwei Männer, die eng umschlungen im Hauseingang stehen und sich küssen. Du weißt doch, dass dort dieses Schwulenlokal um die Ecke ist. Also, zuerst grinse ich mir eins, das sieht man schließlich nicht alle Tage. Aber da dreht sich der eine plötzlich um und ich erstarre sofort zur Salzsäule. Halt dich fest Bella, es tut mir wirklich sehr leid, aber ...«
Susanne machte eine verlegene Pause und stöhnte leicht auf. »Es war Henry!«
Nun war es heraus. Bella schaute Susanne fassungslos an.
»Wie bitte? Du willst mich veräppeln! Das ist doch nicht wahr! Das kann doch nicht wahr sein!«
»Doch Bella. Er hat mich auch erkannt, hat sich sofort umgedreht und ist im Hauseingang verschwunden. Ich wollte ihm nicht hinterher, da ich die Situation auch nicht besonders prickelnd fand.«
Bella fehlten die Worte. Sie lief hochrot an und schnappte nach Luft. »Ich Idiotin!«, rief sie nach Sekunden der absoluten Stille

plötzlich wütend aus. »Ich Depp! Jetzt wird mir alles klar. Und der will mich heiraten. Der hat doch einen Riss in der Schüssel! Wahrscheinlich soll ich als seine Alibi-Ehefrau allen anderen die heile Welt vorspielen. Mein Geld will er auch! Das ist doch die Höhe! Das ist Betrug, der reinste Betrug! Den werde ich mir morgen gleich vorknöpfen, das ist mal sicher. Der kann mich mal! Komm, schenk' mir noch ein Glas ein, sonst wird mir schlecht.«
Susanne verdrehte die Augen, kippte die Rotweinflasche um und rief: »Flasche leer – ich bin fertig!«, sagte sie mit Anspielung auf Trappatoni.
Jetzt mussten beide spontan lachen und Bella, die eben noch wütend und völlig außer sich war, entspannte sich sichtlich.
»Ich hole noch eine Flasche aus dem Keller, bin gleich wieder da«, rief sie Susanne zu und fühlte sich plötzlich wie befreit.
Der Alkohol tat ein Übriges, dass sie sich immer besser fühlte. Die Zweifel, über die sie heute Mittag noch nachgedacht hatte, hatten sich auf einmal ganz von selbst aufgelöst. Henry war für sie erledigt! Er hatte sie wissentlich hintergangen, dieser Mistkerl!
Das konnte sie ihm nicht verzeihen. Ihr tat nur leid, dass sie die letzten zwei Jahre mit diesem Scheusal verplempert hatte. Schließlich war sie auch nicht mehr die Jüngste.
»Neue Liebe, neues Glück«, rief Susanne überschwänglich, als Bella aus dem Keller kam. Sie machte schon einen recht beschwipsten Eindruck und kicherte albern vor sich hin. Sie war froh und erleichtert, dass Bella die Neuigkeit des Abends nicht völlig umgehauen hatte. Sie machte eher einen befreiten Eindruck.
»So wie wir gebaut sind«, sagte sie und verbog ihren Körper wie ein Pin-up-Girl.
»Bauch rein, Brust raus. Schick deinen Henry zum Teufel«, rief sie. »Andere Mütter haben auch schöne Söhne! Wie sagte Elsi aus dem Tennisklub doch immer so schön: Den kannst du mir solange um den Bauch binden, bis er abrostet!«
Sie lachten und blödelten noch herum, bis Bella wieder an den Brief aus Italien dachte. Sie nahm ihren Terminkalender zur Hand

und blätterte die nächsten Monate durch. »Ob ich unter diesen Umständen bei Bauer bleibe, weiß ich noch nicht. Meine Honorare, die ich als freie Redakteurin verdiene, halten mich auch ganz gut über Wasser.«
Mit dem Finger strich sie durch die Kalenderseiten.
»Hier könnte ich«, sagte sie und tippte auf die aufgeschlagene Seite. »Anfang Mai wäre bei mir möglich. Die Pläne für Eschborn muss ich noch fertig machen, das habe ich dem Bauleiter versprochen. Aber danach – ja, Mai wäre möglich. Und du, wie sieht es bei dir aus?«
Susanne holte ebenfalls ihren Terminkalender aus ihrer Handtasche und schlug den Mai auf.
»Im Moment ist das bei mir noch möglich, aber das kann sich leider immer schnell wieder ändern. Aber okay, ich versuche, diesen Termin zu realisieren.«
Sie trug Anfang Mai in großen Buchstaben ITALIEN!, fett unterstrichen in ihren Kalender ein.
Bella holte ihr hübsches Briefpapier, das sie als Weihnachtspräsent von einem Verlag erhalten hatte, nahm einen Füllhalter und schrieb:

Liebe Frau Caldini,
auch ich möchte Sie in dieser vertrauten Form ansprechen, da Sie offensichtlich meine Eltern gut gekannt haben.
Ich danke Ihnen für Ihre Einladung und Ihr Mitgefühl. Gern werde ich es möglich machen, Ihnen einen Besuch abzustatten, zumal ich den Lago Maggiore überhaupt nicht kenne. Ihr Garten und Ihr Haus auf dem Foto sind wundervoll und ich freue mich darauf, alles einmal besichtigen zu können.
Gern würde ich meine beste Freundin auf diese Reise mitnehmen. Sollte dies in Ihrem Haus nicht möglich sein, kann sie auch gern in einem nahen Hotel übernachten.
Eine kurzfristige Reise ist allerdings nicht möglich. Ich könnte erst Anfang Mai einen Besuch realisieren.

Ich freue mich darauf, Sie persönlich kennenzulernen, und grüße Sie aus dem fernen Taunus,
Ihre Belinda Bilten (genannt Bella).

»Prima!«, sagte Susanne, »den schicken wir gleich morgen ab.«
Bella holte einen Briefumschlag und adressierte ihn mit ihrer schönen gradlinigen Handschrift. »Villa Caldini – klingt toll, was! Jetzt müssen wir aber ab ins Bett, ich muss morgen frühzeitig auf der Baustelle sein. Du weißt doch, dass Bauarbeiter immer so früh dran sind.«

Dottore Sautter

»Der nächste bitte«, rief Dottore Marc Sautter ins Wartezimmer. Als niemand hereinkam, ging er hinaus und schaute nach. Es war leer.
Seit dem Tod seiner Frau führte er die Praxis allein und musste selbst seine Patienten aufrufen. Anfangs war das alles ein bisschen viel für ihn, aber da war das Wartezimmer auch noch voll. Doch seit letzter Zeit kamen einige seiner Patienten nicht mehr und konsultierten den neuen Dottore in Intra, der eine moderne Praxis mit viel Personal und den neuesten medizinischen Geräten hatte. Auch sonst hörte man nur Gutes über ihn und er war schon sehr beliebt. Leider auch bei einigen seiner ehemaligen Patienten.
Aber was soll's, dachte sich Marc. Seine Zeit als Arzt war bald abgelaufen. Er war sowieso in letzter Zeit so antriebsschwach und suchte nach einem Sinn im Leben ohne Gabriella. Außerdem wollte er ohnehin in Kürze seine Praxis aufgeben, schließlich war er bereits über sechzig.
»Da kann ich mir ja erst einmal einen kleinen Grappa genehmigen«, sagte er laut zu sich selbst, ging an den kleinen Eckschrank und entnahm ihm eine kleine Glasflasche. Er schaute in den gegenüberliegenden Spiegel, hob die Flasche und prostete sich zu. »Salute Marc!« Gleich darauf nahm er einen kräftigen Schluck

direkt aus der Flasche. Sein Spiegelbild schaute ihm entgegen und zeigte einen schlanken, gut aussehenden Mann in den sogenannt besten Jahren, mit grauen Schläfen und geröteten Augen, der sich wohl einige Tage nicht mehr rasiert hatte. Überhaupt war seine Erscheinung insgesamt etwas ungepflegt. »Du sahst auch schon mal besser aus«, sagte er zu seinem Spiegelbild und strich sich über seinen Drei-Tage-Bart.

Die Zahl seiner deutschsprachigen Patienten war in dieser Saison immer noch ausreichend gewesen, um die Praxis am Leben zu erhalten. Und da die meisten Touristen bar bezahlten, konnte er das Geld einfach einstecken, ohne es durch seine Bücher laufen zu lassen und musste dafür weniger Steuern zahlen. So lohnte sich das Ganze für ihn wenigstens noch etwas.

In der Ortsmitte war seit Jahren sein Schild angebracht, auf dem stand in Deutsch und Italienisch: *Deutsch sprechender praktischer Arzt, Dr. Marc Sautter,* danach seine Adresse mit Wegweiser und Telefonnummer. Das führte ihm in der Ferienzeit viele Touristen zu, die im Urlaub erkrankten.

Die meisten hatten nur kleinere Beschwerden, wie Sonnenbrand oder Magenverstimmungen. Aber es kam auch schon mal vor, dass er in eines der vielen Ferienhäuser gerufen wurde, weil schwerwiegendere Erkrankungen vorlagen.

Die schlimmeren Fälle überwies er ins nächste Krankenhaus nach Intra, der nächstgelegenen Kleinstadt.

Als seine Frau noch lebte, war alles viel leichter und geordneter für ihn. Sie war die gute Seele der Praxis und hatte für alle Patienten ein Lächeln übrig. Sie führte die Patientenkarteien, erstellte die Abrechnungen, gab Spritzen und koordinierte die Termine.

So waren sie ein gut eingespieltes Team und in Cannobio sehr bekannt und beliebt.

Unser Dottore, sagten die Leute damals mit betonter Anerkennung.

Der Liebe wegen war er als deutscher Arzt nach Cannobio gekommen. Als junger Medizinstudent lernte er Gabriella gleich im ersten Semester auf der Uni kennen und lieben.

Ihr Vater schickte sie zum Medizinstudium nach Deutschland, weil sie später einmal seine Allgemeinpraxis in Cannobio übernehmen sollte. Aber wie so oft im Leben kam alles ganz anders. Gabriella war im achten Semester, als sie schwanger wurde. Marc und sie heirateten in Windeseile, denn für beide stand schon lange vorher fest, dass sie für immer zusammen bleiben wollten.
Als der kleine Roberto geboren wurde, hatte Marc zum Glück bereits eine Stelle als Assistenzarzt in einem deutschen Krankenhaus und konnte die kleine Familie gerade so über Wasser halten.
Gabriella hatte ihr Studium wegen des Babys erst einmal aufgegeben. Als dann Gabriellas Vater plötzlich verstarb und seine Praxis verwaist war, packten sie kurz entschlossen ihre Habseligkeiten zusammen. Sie zogen ins Haus ihres Vaters und übernahmen nach kleinen Umbauarbeiten die alteingeführte Praxis.
Marcs Italienisch vervollständigte sich im Laufe der Jahre, sodass er schon bald keine sprachlichen Probleme mit seinen italienischen Patienten mehr hatte.
Mit ihrem Sohn Roberto sprachen sie von Anfang an Deutsch und Italienisch, sodass es auch für ihn unproblematisch war, als er in Italien eingeschult wurde.
Gabriella war im Ort sehr beliebt. Viele kannten sie noch aus ihren Kindertagen und sprachen sie vertraut mit ihrem Vornamen an.
Es war ein erfülltes und glückliches Leben, das sie viele Jahre hier führten, bis zu jenem denkwürdigen Tag vor sechs Jahren als Gabriella beim Schwimmen im See ertrank.
Eigentlich war sie eine gute Schwimmerin. Aber an diesem Tag wagte sie sich etwas weiter hinaus als sonst. Ihre Freundin Silvana, die mit ihr zum Schwimmen gegangen war, spielte gerade mit ihrem Hund am Ufer und bemerkte zu spät, dass Gabriella nicht mehr zu sehen war. Die alarmierte Wasserschutzpolizei suchte nach ihr – ohne Erfolg. Sie befürchteten, dass die Suche aussichtslos sei. Der See war stellenweise immerhin fast vierhundert Meter tief und Gabriella wäre nicht der erste Mensch, der nicht mehr aufzufinden sei, sagte der Commissario.

Es wurden Taucher angefordert, die den See nach ihr absuchten. Viele Menschen aus der Umgebung standen aufgeregt am Strand herum oder halfen bei der Suche am Seeufer.
Erst nach einigen Stunden fand man ihre Leiche. Sie war durch die Strömung viele Meter in Richtung Cannero abgetrieben und vom dicken Ast eines Kampferbaumes, der in den See hinausragte, festgehalten worden. Bei der anschließenden Untersuchung stellte man fest, dass Herzversagen die Ursache des Ertrinkens war.
»Marc, es ist etwas Schreckliches passiert! Bitte, bleib ganz ruhig und reg dich nicht so auf! Du musst sofort zum Strand kommen. Gabriella ist wahrscheinlich ertrunken«, rief Silvana aufgeregt in ihr Handy.
Marc war fassungslos und unfähig zu antworten. Er fuhr sofort zum Strand und musste das letzte Stück zu Fuß gehen, da die Straße einige Meter vorher endete. Kreidebleich kam er an den Strand gerannt. Atemlos und nach Luft ringend stand er am Ufer, als der herbeigerufene Notarzt nur noch Gabriellas Tod feststellen konnte.
»Gabriella, was ist mir dir«, schrie er. »Helft ihr doch, helft ihr doch.« Er war völlig aufgelöst, fing an zu weinen und bekam einen fürchterlichen Nervenzusammenbruch, der die Einweisung in die nächste Klinik erforderlich machte.
Sein damals zweiundzwanzigjähriger Sohn Roberto, den Silvana auch per Handy verständigt hatte, kam ebenfalls leichenblass zur Unglücksstelle. Er konnte sich aber soweit fassen, dass er für die nötigen Formalitäten der Polizei zur Verfügung stand.
Es sprach sich wie ein Lauffeuer im Ort herum, dass Gabriella im See ertrunken war und der Dottore sogar wegen eines Nervenzusammenbruches im Krankenhaus behandelt werden musste. Große Trauerplakate wurden als Todesanzeige überall in Cannobio angeschlagen, sodass bald auch noch der letzte Mitbürger im Ort wusste, was passiert war. Ganz Cannobio war auf den Beinen, als Gabriella beigesetzt wurde. Das Mitgefühl der Gemeinde mit ihrem Dottore war sehr groß und die Beileidsbekundungen nahmen kein Ende.

Für Marc war das nervlich alles viel zu viel. Er verkroch sich in seinem Haus und befand sich in einem jämmerlichen Zustand. Sein Glück war mit einem Schlag zerstört und er brauchte Monate, bis er wieder in der Lage war, seine Praxis zu öffnen.

In dieser schwierigen Phase besuchte ihn Laura oft, um Trost zu spenden. Sie war mit der Familie schon seit langem befreundet und Gabriellas Tod war auch für sie ein schwerer Schlag. Sie bot ihre Hilfe an, wo es nur möglich war und lud Marc und Roberto des Öfteren zu sich nach Hause zum Essen ein.

»Du bist immer willkommen bei mir«, sagte Laura und lächelte Marc freundschaftlich an. »Wir kennen uns nun schon so lange, dass du dich nicht scheuen solltest, mich um etwas zu bitten. Versprichst du mir das Marc? Das Gleiche gilt natürlich auch für dich, Roberto«, sagte sie dem jungen, attraktiven Mann zugewandt, der neben Marc am Esstisch saß. Dabei legte sie mütterlich ihre Hand auf die seine.

Wie gut er doch aussieht, dachte Laura, als sie ihn wohlwollend ansah. Er hatte viel Ähnlichkeit mit seiner verstorbenen Mutter, die eine schöne dunkelhaarige Frau gewesen war. Sein braun gebranntes Gesicht mit den fast schwarzen Haaren und den dunklen lang bewimperten Augen, machten ihn zu einem begehrten jungen Mann hier am Lago, dem es an Verehrerinnen nicht mangelte. Was natürlich seinem Ego äußerst schmeichelte.

Leider war er sich seines guten Aussehens nur allzu bewusst, was ihm manchmal eine etwas arrogante Note verlieh.

Laura lernte die Familie nach einer Grippebehandlung ihres Vaters kennen. Marc musste damals ihren Vater zuhause konsultieren, da er Fieber hatte und das Bett nicht verlassen konnte.

Als sie persönlich in die Praxis kam, um ein Medikament abzuholen, lernte sie auch Gabriella kennen, die ihr auf Anhieb sympathisch war. Und da dies offensichtlich auf Gegenseitigkeit beruhte, war es fast selbstverständlich, dass Laura die Familie für das nächste Wochenende in die Villa zum Essen einlud. Hier traf sie den kleinen Roberto zum ersten Mal. Ein lockiger, quirliger,

damals siebenjähriger Junge. Überhaupt nicht scheu und zurückhaltend, wie so manche Kinder in seinem Alter, die nur am Rockzipfel der Mutter hingen.
Laura war entzückt von dem hübschen Jungen und lud ihn ein, sie sooft er Lust dazu hatte, zu besuchen. Der riesige Garten war für ihn wie ein Abenteuerspielplatz und für die Fantasie eines Jungen in seinem Alter wie geschaffen.
Die vielen Eidechsen, die in einem großen Garten zu Hunderten herumtollten, machten ihm ganz besonders Freude. Er wollte die Tiere immer einfangen und rannte ihnen, wild in die Hände klatschend, hinterher.
Auch das verfallene Rustico, das sich im oberen Teil des Gartens befand und das bisher nur notdürftig instand gehalten wurde, war für den Spieltrieb eines Kindes wie geschaffen. Es war ein anregender Spielplatz für Kinderfantasien.
Lauras damaliger Hund Bea war ein weiterer Magnet für ihn, denn er wünschte sich so sehr einen eigenen vierbeinigen Freund.
Marc und Gabriella konnten und wollten ihm diesen Wunsch aber nicht erfüllen, da sie die meiste Zeit in der Praxis verbrachten. Außerdem lag ihr Haus mitten im Ort und verfügte nur über einen kleinen Garten. Ein Hund hätte nur eine zusätzliche Belastung für sie beide bedeutet.
Deshalb war es nicht verwunderlich, dass Roberto sehr oft und gern bei Laura zu Besuch war. Und dies fast ausschließlich an den Wochenenden, wenn keine Schule war. Dann durfte er auch häufig in der Villa übernachten.
Laura hatte deshalb extra das gelbe Zimmer herrichten lassen und einiges an Spielzeug für ihn gekauft.
»Ich werde ja schon ganz eifersüchtig«, hatte Gabriella häufig lachend zu ihr gesagt. »Immer spricht er nur mit Begeisterung von dir, dem Garten und natürlich von Bea.«
Aber auf der anderen Seite war sie froh, ihren Sohn gut aufgehoben zu wissen, wenn sie beide arbeiten mussten.

»Nenne mich einfach Laura und Du«, hatte sie gleich zu Beginn ihrer Freundschaft zu Roberto gesagt. Auch ihr Vater war entzückt von dem kleinen Burschen und erlaubte ihm, ihn Onkel Caldini zu nennen.
»Schade Laura, dass Roberto nicht mein Enkelkind ist«, sagte er anfangs zu ihr mit einem Bedauern im Gesicht. Als er jedoch merkte, wie Laura den Blick senkte und nur ganz kurz »Ja, schade«, sagte, schnitt er dieses Thema nicht mehr weiter an. Er wollte sie nicht unnötig traurig machen und seine Hoffnung auf Enkelkinder hatte er bereits lange schon aufgegeben.
Ihm war klar, dass Laura ein anderes Leben gewählt hatte und er wollte keine unnötigen Diskussionen dieser Art mit ihr führen. Jetzt war es sowieso zu spät. Und ein bisschen hatte er auch ein schlechtes Gewissen, weil er Laura in die Firma geholt hatte und dadurch ihr Privatleben einfach zu kurz kam.
Für Laura waren die Wochenenden mit Roberto immer eine besondere Freude. Sie und ihr Vater fuhren meist schon Freitagnachmittag von Milano zur Villa am See. Niemals, ohne vorher noch ein kleines Geschenk für Roberto zu kaufen.
»Verwöhne uns den Jungen nicht so«, tadelte Gabriella. Und man konnte merken, dass es ihr ernst damit war. »Wie soll er denn sonst lernen, dass man im Leben nicht alles einfach geschenkt bekommt.«
Laura versprach dann jedes Mal sich zu bessern, konnte aber meistens der Versuchung nicht widerstehen, wenn sie ein schönes Kleidungsstück oder ein originelles Spielzeug sah. Sie musste es einfach für Roberto, ihren kleinen Liebling, kaufen. Sie war total verrückt nach dem kleinen Mann und konnte ihre Gefühle ihm gegenüber nur schwer verbergen. Sie küsste und umarmte ihn herzlich, sobald sie sich begegneten. Und auch er schlang seine dünnen Ärmchen um sie, drückte und küsste sie ganz ohne Scheu. Insgeheim übernahm sie eine Ersatz-Mutterrolle, die ihr im wirklichen Leben nicht vergönnt war und der sie heute in stillen Stunden nachtrauerte.

Als Roberto älter wurde, ließ seine erwachende Männlichkeit die überschwänglichen Umarmungen etwas distanzierter ausfallen. Aber sie waren deshalb nicht weniger herzlich. Für Laura stand schon bald nach dem Tod des Vaters fest, dass sie in Roberto den Erben ihres Vermögens sah. Schließlich wollte sie zu Lebzeiten wissen, wer das Vermögen der Caldinis später einmal erben sollte und Roberto erschien ihr die richtige Wahl. Mit Dr. Ferro, der alle notariellen Belange der Caldinis erledigte, formulierte sie ein Testament, das er in seiner Kanzlei aufbewahrte. Eine Kopie nahm sie mit in die Villa, um sie in ihrem Dokumentenordner zu verwahren.

Der Alkohol

Gänzlich in Gedanken versunken stand Laura auf ihrem Balkon und schaute auf den blauen See. Es war ein herrlicher Frühlingstag und ein leichter Nordwind wehte ihr einen wunderbaren Blütenduft in die Nase. Die blaue Glyzine, die sich am Haus empor schlängelte, hatte ihre ersten Blüten bereits geöffnet und lockte viele kleine Insekten an, deren Summen nicht zu überhören war. Im Garten blühten zaghaft die ersten Azaleen in ihren leuchtenden Farben und die Mimose, die ihrem Fenster gegenüber stand, war noch immer in voller Blüte. Der in diesem Jahr länger anhaltende Winter hatte das Öffnen der Blüten etwas verzögert. Es war ein gelbes Feuerwerk, das sie schon vom Bett aus bewundern konnte und auf das sie sich jedes Jahr aufs Neue freute.
Während ihr Blick zu den beiden Kamelien wanderte, die wieder ein Stück größer waren als im letzten Jahr und noch mehr rosarote und weiße Blüten offenbarten, waren ihre Gedanken wieder bei dem Fest vom letzten Wochenende. Sie hatte Freunde und Nachbarn zum Essen eingeladen und es kam anschließend zu einem peinlichen Zwischenfall mit Roberto. Sie hatten sich seitdem nicht gesehen und telefonisch wollte sie die Sache nicht klären. Sie wusste, dass er am Samstag wieder zu ihr kam. Und heute war Freitag.

Wieder und wieder legte sie sich die Worte zurecht, die sie ihm sagen wollte. Aber was soll's. Ich muss die peinliche Angelegenheit hinter mich bringen, ohne mich noch mehr zu blamieren, dachte sie und ging in ihr Schlafzimmer, um ihre heutigen Kräutertropfen einzunehmen. Dabei stellte sie fest, dass das Fläschchen fast leer war. Sie rief deshalb gleich bei Marc an, um ihn um eine neue Flasche zu bitten.

»Hallo Marc, hier ist Laura. Meine Aufbautropfen sind leer. Am besten, du lieferst mir gleich zwei bis drei neue Fläschchen deiner Tropfen. Ich kann sie ja in den Kühlschrank stellen, damit sie länger haltbar sind. Ich glaube, sie bekommen mir sehr gut«, rief sie munter in den Hörer.

Auf der anderen Seite der Leitung war nur ein undefinierbares Stöhnen zu hören und Marc lallte etwas zurück, was sie nicht verstand.

»Mein Gott, Marc, hast du schon wieder getrunken?« Sie hörte ein weinerliches Gestammel und der Hörer wurde abrupt aufgelegt.

O Gott, nicht schon wieder, stöhnte Laura, die bereits des Öfteren erlebt hatte, dass Marc seine Sorgen mit Alkohol betäubte. Ohne zu zögern, setzte sie sich umgehend in ihren Lancia und fuhr zu Marcs Haus.

Die Haustür war zum Glück nicht abgeschlossen, sodass sie schnell in den Privaträumen in der oberen Etage war. Aus der Küche hörte sie leise Geräusche und öffnete vorsichtig die Tür, um gleich darauf erschrocken auf Marc zuzugehen.

»Marc, was machst du denn für Sachen«, sagte sie und schüttelte den apathisch wirkenden Mann fest an der Schulter. Er murmelte undeutlich etwas vor sich hin und Laura verstand nur Gabriellas Namen.

»Was hast du mir nur angetan!«, murmelte er in deutscher Sprache, was ihr zum Glück keine Probleme bereitete.

Er sprach immer deutsch mit ihr. Sie hatte ihn früher einmal gebeten, mit ihr in seiner Heimatsprache zu sprechen. So würde sie in Übung bleiben und die deutsche Sprache nicht verlernen. Er saß völlig betrunken und weinend am Küchentisch und sah erbärmlich aus. Sein Hemd war unordentlich aufgeknöpft und hing, mit undefinierbaren Flecken beschmutzt, über seiner Hose. Sein Gesicht war unrasiert und seine geröteten Augen schauten sie wie im Fieber an.

»Reiß dich zusammen, Marc«, schimpfte Laura etwas unwirsch. Sie nahm ihm die leere Grappaflasche weg und warf sie in den Mülleimer.

»Mein Freund Marc ist ein angesehener Arzt. Ein gepflegter, sympathischer Mann und nicht so ein heruntergekommener Trunkenbold, wie dieser Mann hier vor mir«, sagte sie und gab ihrer Stimme eine gewisse Schärfe.

Marc starrte dumpf vor sich hin und Laura merkte, dass ihn ihre Worte nicht erreichten. Es macht keinen Sinn weiter mit ihm zu reden, dachte sie. Am besten ist es, ich nehme ihn mit zu mir nach Hause.

Sie verwarf diesen Gedanken jedoch gleich wieder. Es wäre nicht gut für sein Image, wenn er in diesem Zustand von den Leuten gesehen würde. Man flüsterte eh schon hinter vorgehaltener Hand, dass der Dottore seit dem Tod seiner Frau gern mal ein Gläschen zu viel trinkt.

»Schluss jetzt Marc. Komm, steh auf, ich bringe dich ins Bett. Da schläfst du dich erst einmal aus. Und morgen früh hole ich dich zum Frühstück ab. Du bleibst dann übers Wochenende bei mir und wir werden über deine Probleme sprechen. Bene?«

Marc machte keinerlei Anstalten, sich aus seinem Stuhl zu erheben. Es erforderte ihre ganze Kraft, diesen großen, kräftigen Mann hochzuziehen und ins Bett zu schleppen. Mit dem Ellbogen stieß sie die Tür zum Schlafzimmer auf und zerrte ihn in sein ungemachtes Bett, das bestimmt schon lange keine frische Bettwäsche mehr gesehen hatte.

Sie zog ihn bis auf die Unterwäsche aus und deckte ihn zu. Als er wie ein Häufchen Elend dalag, bekam sie doch etwas Mitleid mit

ihrem alten Freund. Sie streichelte ihm die Wange und überwand sich sogar zu einem Kuss auf die Stirn, obwohl ihr vom Geruch des Alkohols ganz schlecht wurde.
»Schlaf gut, Marc«, sagte sie liebevoll. »Ich komme morgen vor dem Frühstück wieder und hole dich ab.«
Da sie wusste, wo der Ersatzschlüssel in der Küche hing, schloss sie beim Hinausgehen die Haustür von außen ab und fuhr zur Villa zurück.

Im Architekturbüro

»Bella, kannst du mal rüberkommen«, ertönte es aus dem Hörer. »Herr Winter ist da und möchte die aktuellen Pläne einsehen.«
»Bin gleich da, Oskar. Ich muss nur noch zwei Fotokopien machen«, sagte Bella und legte den Hörer auf. Oskar war Henrys Vater und Seniorchef des Architekturbüros. Sie konnte ihn gut leiden, besonders weil er gerade heraus war und immer schnell auf den Punkt kam.
Auch seinen Kunden redete er nicht nach dem Mund und schaffte es fast immer, engagiert und mit großer Überzeugungskraft, die meisten seiner Pläne umzusetzen.
Zur Zeit waren sie das planende Architekturbüro für einen Büroneubau in Eschborn vor den Toren Frankfurts. Alles vom Feinsten. Geld spielte keine Rolle.
Es sollte ein neuer Glaspalast für eine große Versicherungsgesellschaft mit einer feinen Klientel entstehen. Bella machte die Pläne für die Außenanlagen. »Bisschen im mediterranen Stil soll‘s sein, Frau Bilten«, formulierte Herr Winter, der federführende Bauleiter, die Ansprüche des Kunden.
Und Bella gestaltete auf ihren Skizzen eine moderne, mediterrane Gartenlandschaft, unter Berücksichtigung der klimatischen Verhältnisse in Eschborn. So sah man viel Terrakotta, Bambus, Buchsbaum, Lavendel, Thymian, Trompetenblumen und Blauregen auf ihrem detailliert gezeichneten Plan. Im geschützten In-

nenhof plante sie die wärmeliebenden Pflanzen wie Kamelien, Bougainvilleen, Plumbagos. Ja selbst eine Gruppe mit Hanfpalmen plante sie ein. Alles wurde unterbrochen von großen Felsbrocken aus der Toskana. Bella schnappte ihre Pläne und ging ins Besprechungszimmer. Herr Winter begrüßte sie herzlich und Bella breitete sogleich ihre großformatigen Pläne auf dem Besprechungstisch aus.

»Sieht ja schon gut aus«, sagte er. Er setzte seine Lesebrille auf und sah sich jedes Detail näher an.

»Gut getroffen, Frau Bilten. Ich glaube, genauso hat sich die Geschäftsleitung das vorgestellt. Kann ich die Pläne mitnehmen?«

»Können Sie, das sind nur die Kopien. Die Originale habe ich«, sagte Bella erfreut.

»Aber zum Präsentieren und Erklären müssen Sie natürlich persönlich vorbei kommen. Den Termin müssen wir noch telefonisch absprechen. Ich muss erst mal mit der Geschäftsleitung sprechen, wann es passt.«

Oskar meldete sich nun auch zu Wort. »Es freut mich, dass nun doch alles recht zügig vorangeht. Bitte melden Sie sich dann direkt bei Frau Bilten wegen eines neuen Termins. Ich bin nächste Woche für ein paar Tage verreist. Also, bis dann Herr Winter.« Oskar Bauer gab Herrn Winter die Hand und verabschiedete sich schon beim Hinausgehen. Bella begleitete Herrn Winter noch bis zur Tür.

»Tschüss, bis demnächst«, sagte er und schon war er im Aufzug verschwunden.

Als sie zurückkam, stand Oskar in ihrem Büro und lächelte sie an.

»Hast du gut gemacht, Mädchen«, sagte er. »Mit dir kann man sich sehen lassen!«

Bella lächelte ihn an und fragte so nebenbei, ob Henry nicht da sei, sie hätte ihn heute noch nicht gesehen.

»Der kommt erst heute Mittag, hat er nicht mit dir telefoniert? Er hat sich wohl den Magen verdorben, deshalb kommt er später.«

»Nein, hat er nicht. Ich muss unbedingt mit ihm reden«, entgegnete Bella und machte dabei ein entschlossenes Gesicht.

»Nanu, habt ihr Krach?«, fragte Oskar und zwinkerte spitzbübisch. »Das kommt in den besten Familien vor«, sagte er grinsend und wollte ihr Zimmer verlassen.
»Warte mal!« Sie hob dabei eine Hand wie ein Stoppschild in die Höhe.
»Ich möchte für Anfang Mai für zirka vier Wochen Urlaub beantragen. Meine Pläne und die Ausführung müssten bis dahin fertig sein. Ich habe eine Einladung einer alten Freundin meiner Eltern erhalten, die ich gern annehmen will.«
»Mit oder ohne Henry«, fragte Oskar argwöhnisch.
»Ohne! Ich fahre mit Susanne!«, sagte Bella bestimmt und es war offensichtlich, dass sie nicht weiter darüber diskutieren wollte, warum Henry nicht vorgesehen war.
»Das müsste gehen«, sagte Oskar. »Du hast ja noch jede Menge abzufeiern. Ich trag es mir schon mal im Kalender ein.« Und schon war er aus der Tür verschwunden.

Roberto

Roberto bog mit seinem schwarzen Cabrio gerade in Intra auf den Parkplatz vor der Autofähre nach Laveno ein, als neben ihm ein Fahrzeug laut hupte.
»Hey, Roberto – wie geht's? Lange nicht gesehen.« Aus einem klapprigen, verbeulten Jeep schaute ein junger Mann mit fast schwarzer Haut heraus. Man sah nur seine großen Augen wie Sterne funkeln und seine weißen Zähne blinkten im Sonnenlicht. »Wie steht's. Brauchst du wieder mal was. Ich habe frische Ware. Du weißt ja, wo du mich finden kannst.«
Er tippte zum Gruß mit der Hand an die Stirn und fuhr weiter, da hinter ihm bereits ein aufgeregter Italiener wild gestikulierend hupte und vorbei wollte.
Roberto war verärgert. Er wollte mit diesen Leuten nicht gesehen und in Verbindung gebracht werden. Sofort klappte er seine Sonnenschutzblende herunter und schaute sich wachsam um, um zu

prüfen, ob er einen Bekannten sehen würde. Am besten wäre es, wenn ich mich von diesen Schwarzafrikanern ganz zurückziehe und meinen Stoff nur noch bei Toto oder in Milano einkaufe. Da kennt mich niemand und das Ganze läuft anonymer ab, dachte er. Überhaupt wussten diese Dealer viel zu viel von ihm und konnten ihm vielleicht einmal Ärger machen.
Roberto wollte nach Varese zum Juwelier, um nachzuhören, ob der Schmuck, den er in Kommission gegeben hatte, zwischenzeitlich verkauft wurde.
Er brauchte dringend Geld. Seine Gläubiger wurden schon recht unangenehm und bedrängten ihn, vor allen Dingen Toto.
Die Fähre lief gerade an der Schifffahrtsstation ein, sodass sich Roberto mit den anderen wartenden Fahrzeugen in eine Reihe stellen musste.
Wie immer funktionierte die Einweisung aufs Schiff reibungslos. Die uniformierten Bediensteten wiesen mit wichtiger Miene, die jeder Italiener in Uniform gern zur Schau trägt, resolut den einfahrenden Fahrzeugen ihre Plätze zu. Dabei gestikulierten sie heftig in Richtung der Parklücke und drängten die Fahrer, so nah wie möglich an das vordere Fahrzeug heranzufahren.
Heute war die Fähre nur zur Hälfte besetzt, sodass Roberto genug Platz zum Aussteigen blieb und er sein Fahrzeug bequem verlassen konnte. In der Saison, wenn der Andrang groß und jeder Platz besetzt war, wurde man meistens von beiden Seiten so eingekeilt, dass man die Überfahrt auf die Ostseite des Sees am besten in seinem Fahrzeug sitzend zurücklegte. Denn Kratzer am Lack waren sonst meistens die Folge.
Das Schiff legte ab und Roberto setzte sich nach oben in eine windgeschützte Ecke. Von hier aus hatte man einen herrlichen Blick über den See. Vom Schiff aus sah man Pallanza, Intra und in der Ferne die hohen Berge in Richtung Simplonpass, die jetzt Ende März immer noch mit Schnee bedeckt waren. Ein wirklich grandioser Anblick!

Geformt von den eiszeitlichen Gletschern entstanden hier einst am Fuß der Berge hügelige Landschaften mit spiegelblauen Seen und riesigen Waldgebieten, hinter denen sich die atemberaubende Kulisse der schneebedeckten Gipfel erhob. So bildete sich vor sieben bis acht Millionen Jahren die Schönheit der oberitalienischen Seen.

Das Schiff erreichte die Mitte des Sees. Hier verlief die Grenze zwischen der piemontesischen Westseite und der lombardischen Ostseite. Während auf der Westseite des Sees die prachtvollen Villen reicher Milaneser Familien entstanden, wurde die Ostseite touristisch weniger erschlossen. Die mondänen Milaneser bevorzugten Stresa, Baveno, Verbania und die sich anschließenden Orte, um zu sehen und gesehen zu werden.

Auf der dünner besiedelten lombardischen Ostseite, die lange Zeit von Österreich beherrscht wurde, schlug Garibaldi 1848 im italienischen Unabhängigkeitskrieg erfolgreich seine letzte Schlacht gegen die österreichischen Truppen. Viele Bauwerke im Habsburger Stil sind aus dieser Besatzungszeit noch heute zu besichtigen.

Das traumhafte Panorama mit seiner historischen Vergangenheit berührte Roberto im Moment jedoch sehr wenig. In seinen Gedanken durchlebte er den Abend des letzten Festes der Villa Caldini.

Er lächelte in sich hinein und freute sich, dass es ihm gelungen war, Laura, mithilfe seines kleinen Spezialcocktails, zu verführen. Es war ihm nicht schwergefallen, den liebestollen Liebhaber zu spielen. Schließlich war Laura noch immer eine attraktive Frau und ihr Körper war erstaunlich jugendlich.

Ohne seine kleine Mixtur wäre ihm allerdings seine Verführung mit Sicherheit nicht geglückt, denn Laura war – auch wenn sie ihn, allerdings wie einen Sohn, liebte – sehr rational und von ihrem Verstand geprägt.

Aber er war an diesem Abend gut auf diese Situation vorbereitet und hatte sich den Ablauf genauso vorgestellt.

Die letzten Gäste waren gegangen und auch sein Vater hatte sich bereits verabschiedet. Laura hatte Maria schon ins Bett geschickt. Sie sollte die letzten Aufräumarbeiten morgen früh erledigen, da es schon sehr spät war. Roberto nutze die Stunde und überredete Laura noch zu einem letzten Glas Rotwein. Er holte frische Gläser aus der Küche und goss den Wein ein, nicht ohne vorher Laura einige seiner Spezial-Tropfen hinzuzufügen. Sich selbst hatte er zuvor auf der Toilette mit etwas Kokain versorgt, um so richtig in Stimmung zu kommen.

»Salute, Laura, es war ein wirklich schöner Abend mit einer sehr bezaubernden Gastgeberin«, schmeichelte er.

Laura freute sich und errötete ganz leicht. Sie war schon etwas beschwipst und ziemlich überdreht. Es wurde viel gelacht und getanzt an diesem Abend und die Stimmung war allgemein hervorragend. Roberto legte noch einmal die CD mit den Schmuse-Liedern auf und bat Laura um ein Tänzchen.

»Ich weiß nicht, ob ich noch dazu in der Lage bin«, lächelte sie Roberto entgegen.

Mit jeder Drehung wurde ihr etwas mehr schwindelig. Sie fühlte sich auf einmal so schwebend und schwerelos. Wie eine Feder. Und Roberto erschien ihr wie ein Märchenprinz.

»Laura, meine geliebte Laura«, flüsterte Roberto ihr plötzlich ins Ohr. »Weißt du eigentlich, dass ich schon seit Jahren sehr in dich verliebt bin.«

Laura kicherte. Sie sah Roberto mit verdrehten Augen an und rief. »Roberto, ich fliege!«

Dabei breitete sie die Arme aus und Roberto fing sie schnell auf, damit sie nicht zu Boden fiel. Er fasste sie um die Taille, nahm sie auf seine Arme, trug sie ins Schlafzimmer und legte sie aufs Bett. Laura, die nicht mehr Herr der Lage war, ließ alles willenlos mit sich geschehen. Sie trällerte die Melodie des Schmuseliedes weiter nach und machte ein entrücktes, glückliches Gesicht.

Roberto zog ihr die Kleider aus und küsste die willenlose Frau mit gespielter Leidenschaft. Nach und nach schien auch Laura wie in

Trance Gefallen an seinen Zärtlichkeiten zu finden und rief: »Es lebe die Liebe!« Dabei zog sie Roberto zu sich heran und küsste ihn ebenfalls ohne Scheu. In diesem Moment war sie wieder genauso jung wie er und voller Begehren.

Roberto entledigte sich blitzschnell seiner Kleider und liebte Laura mit einer Heftigkeit, die ihn selbst überraschte. Mit geschlossenen Augen liebte er in diesem Moment eine junge, leidenschaftliche Laura, die ihre sexuelle Erfahrung in diesem Liebesakt ungeniert auslebte und laut aufschrie, als sie ihren Höhepunkt erreicht hatte. Auch er gehorchte nur seinem Körper und vergaß die Welt um sich herum.

Er kam tatsächlich voll auf seine Kosten, was ihn doch etwas überraschte. Das hätte er vorher nicht gedacht. Laura schlief sofort ein. Er zog sich leise an und verließ vorsichtig das Zimmer, darauf bedacht, keinen Lärm zu machen. Er hatte sein Ziel erreicht und nebenbei noch seinen Spaß gehabt.

Laura gehörte nun ganz ihm. Jetzt hatte er sie in der Hand und konnte sie noch mehr als bisher beeinflussen und seine Interessen verfolgen. Da war er sich ganz sicher.

Seit er wusste, dass er in ihrem Testament als Alleinerbe bedacht war, ließ ihn dieser Gedanke nicht mehr los. Schließlich ging es hier um Millionen!

Diese Affäre wird mit Sicherheit verhindern, dass sie ihren letzten Willen jemals ändern wird, dachte er.

Er hatte die Verfügung beim Durchsehen ihrer Dokumente gefunden, als er den Einbruch vor einem halben Jahr vorgetäuscht und den Schmuck gestohlen hatte. Was heißt hier gestohlen, sagte er sich. Die Juwelen erbe ich ja sowieso. Ich habe mir nur einen Vorschuss besorgt. Mal abwarten, wie Laura jetzt reagiert. Für ihn sprach vorerst nichts dagegen, die Romanze weiterzuführen. Im Gegenteil, es war ihm ein Vergnügen, solange sie unter dem Einfluss seines Spezialcocktails so voller Temperament war. Von ihr könnte so manche seiner Verflossenen noch etwas lernen, dachte er und grinste in sich hinein.

Es rumste und die Fähre schlug polternd am Landungssteg an. Die Uniformierten standen bereit und dirigierten zügig alle Fahrzeuge vom Schiff.
Roberto fuhr, sich der langsam vom Schiff fahrenden Reihe anschließend, über die Brücke auf die Anlegestelle. Vorbei an wartenden Fahrzeugen, die auf die gegenüberliegende Seite wollten. Er schlängelte sich auf die Hauptstraße und bog ab in Richtung Varese, um beim Juwelier nachzufragen, ob der Schmuck nun endlich verkauft sei.

Bella spricht mit Henry

Es klingelte an der Haustür, als Bella gerade die Tiefkühlpizza in den Backofen schob.
»Ich komme sofort«, rief sie und öffnete wenige Sekunden später die Tür. Vor ihr stand Henry mit einem sichtbar verlegenen Grinsen im Gesicht.
»Hallo Bella, mir ging es heute ziemlich schlecht, deshalb war ich nicht in der Firma«, sagte er entschuldigend. Er beugte sich vor, um Bella einen Kuss zu geben. Sie wich ihm jedoch aus und drehte ihren Kopf schnell zu Seite.
»Gut, dass du kommst, ich muss sowieso mit dir reden. Komm rein, ich habe gerade eine Pizza im Backofen. Willst du auch eine?«
»Nein, danke, ich habe keinen Hunger. Mein Magen spielt verrückt. Besser nicht!«, sagte Henry in einem wehleidigen Ton und drückte dabei mit einer Hand auf seinen Magen. Er ging zielstrebig ins Wohnzimmer voran und setzte sich auf das bequeme, braune Ledersofa, das schon seit vielen Jahren hier stand.
Bella machte ein entschlossenes und abweisendes Gesicht und Henry ahnte bereits, was nun auf ihn zukommen würde.
»Reden wir nicht lange um den heißen Brei, Henry. Ich sage dir ganz klar, was ich aus erster Quelle erfahren habe. Und was mich total umgehauen hat.« Sie atmete tief ein, bevor sie die entscheidende Frage stellte.

»Bist du schwul, Henry?«, fragte sie nun direkt und sah ihm dabei fest in die Augen.
Henrys anfängliche Blässe verwandelte sich schlagartige in tiefes Dunkelrot und man sah ihm die Qual an, die ihm diese Frage bereitete. So antwortete er leicht stotternd und mit zittriger Stimme: »Es hat wohl wenig Sinn zu leugnen. Ich weiß, dass mich Susanne gesehen hat, die dir das wohl auch gleich brühwarm erzählt hat. Aber glaube mir Bella, ich liebe dich und der Kontakt zu Holger ist nur ein kleiner Ausrutscher. Nur eine kleine Affäre. Mehr nicht. Es hat überhaupt nichts mit uns zu tun.«
»Mein lieber Henry«, sagte Bella mit empörter Miene, »für wie blöd hältst du mich eigentlich. Du glaubst doch nicht im Ernst, dass ich mit einem Schwulen, Halbschwulen oder Viertelschwulen – der mal hier und mal da herumvögelt, etwas zu tun haben will. Das glaubst du doch nicht im Ernst! Von Aids mal ganz zu schweigen. Ich habe mich schon zum Test angemeldet und bin nur heilfroh, dass wir die wenigen Male, die wir miteinander geschlafen haben, ein Kondom genommen haben, sonst würde ich dich auf der Stelle erwürgen.«
Bella war nun so richtig in Fahrt. Sie schritt mit hochrotem Kopf wild gestikulierend im Wohnzimmer auf und ab.
»Nicht, dass ich etwas gegen Schwule hätte! Aber doch nicht mit mir als Partner!«, schnaubte sie wütend.
Henry war erst einmal sprachlos. Er blickte verlegen unter sich und stammelte nur: »Bitte Bella, häng das nicht an die große Glocke. Wenn mein Vater das erfährt! Nicht auszudenken!«
»Ich kann dir heute nur eins sagen«, antwortete Bella nun betont langsam sprechend, »wir zwei sind geschiedene Leute. Ab sofort möchte ich mit dir privat nichts mehr zu tun haben. Wahrscheinlich werde ich auch meinen Job kündigen, damit ich dich nicht weiter ertragen muss. Du hast mich wissentlich und mit voller Absicht betrogen. Ich nehme an, um deine Homosexualität zu vertuschen. Aber bestimmt auch wegen meines Geldes, das du doch angeblich immer in die Firma stecken willst, wenn du von deinem Vater

übernimmst. Diese Pläne kannst du dir selbstverständlich aus dem Kopf schlagen.«
Henry war nun kurz davor, in Tränen auszubrechen. Seine schlanken Hände mit der teuren Uhr am Handgelenk, die sie ihm erst letzte Weihnachten geschenkt hatte, trommelten nervös auf das Sofa.
»Und wenn ich dir verspreche, nie wieder mit einem Mann in sexuellen Kontakt zu treten.«
»Das glaubst du doch selbst nicht. Einmal schwul – immer schwul! Auch selbst dann wollte ich mit dir nichts mehr zu tun haben – du ekelst mich an.«
Nun sah Bella Henry ablehnend und kühl von oben bis unten an und meinte feststellen zu können, gewisse feminine Gesichtszüge und Bewegungen an ihm zu entdecken. Wieso ist mir das vorher eigentlich nie aufgefallen, fragte sie sich insgeheim.
»Und wie denkst du dir, dass es weitergeht?«, fragte Henry ängstlich.
»Wir werden deinem Vater sagen, dass wir uns getrennt haben, mehr nicht. Was du ihm dann weiter sagst, ist deine Sache. Für mich ist das Thema erledigt. Ich fahre sowieso erst einmal Anfang Mai in den Urlaub. Danach sehen wir weiter.«
Aus der Küche roch es auf einmal verdächtig angebrannt.
»Ach du liebe Güte, meine Pizza«, schreckte Bella auf und stürzte in die Küche. »Mist, alles verbrannt. Die kann ich nur noch wegwerfen.«
»Darf ich dich vielleicht zum Italiener einladen«, fragte Henry hoffnungsvoll.
»Nein, danke, ich werde mir eine Pizza kommen lassen. Ich möchte jetzt allein sein. Am besten du gehst jetzt. Ich brauche erst mal Abstand. Ich will auch früh ins Bett. Also, tschüss.«
Bella dirigierte Henry zur Haustür hinaus.
»Es tut mir so leid«, lamentierte er.
Aber Bella schubste ihn vor die Tür, die sogleich ziemlich heftig von ihr zugeschlagen wurde.

Pero

»Pero, hierher«, rief Maria in Richtung Garten und klatschte sich mit der einen Hand mehrfach auf den Oberschenkel. »Komm zu Maria, du Schlingel!«

In Windeseile kam der große schwarze Gordon-Setter angerannt. Er wedelte freudig erregt mit seinem langen Schwanz und seine treublickenden braunen Augen schauten Maria erwartungsvoll an. Er umkreiste sie aufgeregt und sein ganzer Körper wackelte vor Begeisterung hin und her, wohl ahnend, was jetzt kommen würde. Seine Schnauze war völlig mit Erde verdreckt, was ihn lustig aussehen ließ, sodass Maria sich ein Lächeln nicht verkneifen konnte.

»Hast du schon wieder was verbuddelt, du Frechdachs. Komm, jetzt bekommst du was Feines.«

Als sie sich zum Futternapf beugte, um ihn aufzuheben, konnte er seine Freude über die zu erwartende Mahlzeit nicht länger bändigen. Er sprang an ihr hoch und leckte ihre Arme und Hände ab. Dabei warf er Maria vor lauter Begeisterung fast auf den Boden. Nur mit Mühe konnte sie sich aufrecht halten und dem großen Gewicht des Hundes widerstehen.

Sie war nur eine kleine, zierliche Person und wenn Pero an ihr hochsprang, was sie ihm manchmal ausdrücklich gestattete, schauten sie sich in gleicher Höhe in die Augen.

»Aufhören, Pero – Schluss damit! Wie soll ich dir denn dein Fressen machen, lass ab. Platz!«, rief sie energisch.

Er konnte sich nur schwer beherrschen und tänzelte nun unentwegt um sie herum. Aber wenn Maria in diesem Ton mit ihm sprach, wusste er, dass er zu gehorchen hatte.

Er setzte sich nun abwartend auf sein Hinterteil und sah jeder ihrer Bewegungen gebannt nach.

»Pero, die Rakete«, sagte Alfredo immer, der den Hund, wie alle anderen auch, abgöttisch liebte.

Maria füllte seinen Hundenapf mit Dosenfutter und rieb noch eine Karotte dazu. Außerdem zerdrückte sie eine Knoblauchzehe. Als sie alles miteinander vermengt hatte, sagte sie wohlwollend: »Und

jetzt mach ich dir noch ein Eigelb obendrauf, damit dein Fell schön glänzend bleibt!«
Pero verfolgte jeden ihrer Handgriffe ganz genau, um sofort wie ein Blitz an den gefüllten Futternapf zu eilen.
»Mm, lecker was?«, fragte Maria den hastig schlingenden Hund und streichelte liebevoll seinen Rücken.
Pero, der nur noch seinen unbändigen Appetit im Kopf hatte, verschlang sein Futter in Windeseile.
»Man könnte meinen, du hättest eine Ewigkeit nichts mehr bekommen«, sagte Maria, griff nach ihrem Besen, der an der Hauswand lehnte und fegte ihre kleine Terrasse gründlich ab.
Die Fütterung des Hundes erfolgte meistens auf der Terrasse ihres Häuschens, das gleich am Anfang des Grundstückes stand. Links neben dem großen Tor.
Es war ein gemütliches, altes Steinhaus mit drei großen Zimmern, einem geräumigen Bad und einer großen Wohnküche mit offenem Kamin. Sie hatten es sich liebevoll eingerichtet und es bot ausreichend Platz für zwei Personen. Die Villa konnte man von hier aus nicht sehen, da die Einfahrt eine kleine Kurve machte und das Gelände außerdem noch anstieg.
Pero leckte noch immer geräuschvoll seinen Napf aus, obwohl er schon längst leer war. Er schob ihn auf dem Terrassenboden vor sich her, was einen fürchterlichen Krach machte, da der dämpfende Gummi am Napfboden schon zu sehr abgescheuert war.
»Lass gut sein, Pero, du hast doch schon alles aufgefressen - den Napf stellen wir mal hier hin.«
Maria nahm die Blechschüssel und stellte sie auf den kleinen Tisch, auf dem ihre Gartenutensilien lagen. Sie füllte noch Peros Wassernapf mit frischem Wasser, zog ihre Gartenhandschuhe an und ging mit Hacke und Gartenschere bewaffnet in den Gemüsegarten, der direkt hinter ihrem Haus lag.
Jetzt Ende März waren erst wenige Gemüsepflanzen gesetzt, die meisten pflanzte sie erst im April, wenn sie sicher sein konnte, dass keine Nachtfröste mehr möglich waren. Obwohl dies, mit einer

Folie bedeckt, auch jetzt schon möglich gewesen wäre. Die Temperaturen hier am See lagen selten unter null Grad. In den Wintermonaten waren höchstens mal drei bis fünf Minusgrade kurzfristig möglich, weshalb ihre Kräuter wie Petersilie, Dill und Pimpernelle auch im Winter zu ernten waren, was die Signora sehr zu schätzen wusste.
In dem kleinen, angebauten Gewächshaus zog sie bereits jetzt schon viele verschiedene Gemüsepflanzen vor und der Anblick der vielen kleinen Töpfchen ließ erahnen, wie viel Mühe sie sich damit machte.
»Eigenes Gemüse ohne Gift schmeckt doch am besten«, pflegte sie immer zu sagen. Und die Anerkennung der Signora, die ihre Bemühungen zu würdigen wusste und sie dafür stets lobte, bestätigten sie darin, ihrem Hobby weiter zu frönen.
Sie war eine ausgezeichnete Köchin, die ihre piemontesischen Kochkünste von ihrer Mutter gelernt hatte. Diese hatte früher als Köchin bei einem reichen Winzer gearbeitet, bevor sie ihren Vater heiratete, um dann nur noch die Familie mit ihren Köstlichkeiten zu verwöhnen. Von ihr lernte sie, einfach und schnörkellos mit Wein, Wild, Nüssen, Trüffel und Steinpilzen umzugehen und ihr Risotto, das sie häufig und gern servierte, war für alle eine besondere Köstlichkeit.
Zur Freude der Caldinis erweitere sie ihre Kochkunst noch um einige lombardische Rezepte. Sie hatte sich eigens dafür ein Rezeptbuch besorgt und viele dieser Gerichte waren ihr in Fleisch und Blut übergegangen.
Ein Lob der Signora war für sie das Höchste. Wollte sie ihr doch stets eine Freude machen und immer alles zu ihrer Zufriedenheit erledigen. Sie verehrte Laura in ganz besonderer Weise und betonte Freunden gegenüber, dass sie es nicht besser hätte treffen können.
Die Signora hat das Herz auf dem rechten Fleck. Und auch ihr verstorbener Vater war ein gütiger und großzügiger Mann, pflegte sie stets zu sagen.

Den Caldinis hatte sie es zu verdanken, dass sie und Alfredo im Gärtnerhaus kostenlos wohnen durften. Dafür mussten sie Garten und Haus in Ordnung halten, was ihnen außerdem auch noch Freude machte, da es sich um ein wunderschönes Anwesen handelte. Und das Geld, das sie erhielten, schwarz versteht sich, konnten sie all die Jahre zur Bank tragen und sparen. Die Signora hatte diese monatliche Summe sogar noch etwas erhöht, seit sie fest in der Villa wohnte.
Von Alfredos Geld lebten sie, was leicht möglich war, da sie keinerlei Miet- und Heizkosten zu bezahlen hatten. Auch beim Haushaltsgeld konnten sie sparen, da die Signora darauf bestand, dass sie in der Villa kochte und sie und Alfredo dort in der Küche auch ihre Mahlzeiten einnahmen. Deshalb wurde ihre eigene Küche nur noch wenig benutzt.
Alfredo und ihr waren Kinder leider verwehrt geblieben. Sie hatten schon lange beschlossen, nach Alfredos Pensionierung, in seine alte Heimat Kalabrien zu seiner großen Familie zu ziehen. Dort hatten sie vor etlichen Jahren ein kleines, heruntergekommenes Haus gekauft und immer, wenn sie in den Ferien in seine Heimat fuhren, bastelte Alfredo daran herum. Dann legte er Fliesen, erneuerte das Bad, entfernte oder renovierte Wände. So war mit der Zeit ein hübsches Haus entstanden, das mit der modernsten Technik ausgestattet war. Alfredo wollte im nächsten Jahr mit seiner Arbeit aufhören und in Rente gehen. Er war jetzt bereits vierundsechzig Jahre alt und die Arbeit am Bau fiel ihm doch schon etwas schwer. Ihr Erspartes, das bezahlte Haus und Alfredos Rente würden ausreichen, um einen schönen, sorgenfreien Lebensabend zu sichern.
Pero lag friedlich auf dem Gartenweg in der morgendlichen Frühlingssonne und schlief, als Maria beim Auflockern der Beete stutzte.
»Was ist denn das! O Pero, hast du mal wieder was gestohlen und vergraben«, lachte Maria und zog einen hauchdünnen Schlüpfer der Signora aus einem Beet, den Pero offensichtlich aus der Waschküche stibitz und hier im Garten vergraben hatte.

»Den können wir wohl nur noch wegwerfen«, sagte sie, da er einige Löcher aufwies, und steckte ihn in ihre Schürzentasche. Pero tat völlig unschuldig, hob nur kurz müde die Augen, um sogleich wieder weiterzuschlafen. Plötzlich hupte ein kleiner altersschwacher Fiat mit der Aufschrift ›PT Posta‹ und hielt am schmiedeeisernen Tor an.
Eine junge Frau, zu der Maria gleich geeilt war, kurbelte das Fenster herunter und überreichte ihr mit einigen freundlichen Worten die heutige Post. Maria schaute auf die Uhr.
»Zeit der Signora das Frühstück zu machen«, sagte sie dem Hund zugewandt. Sie wusste, dass heute im Esszimmer gefrühstückt werden sollte, weil die Signora den Dottore dazu eingeladen hatte. Sie war schon zu ihm unterwegs, um ihn abzuholen.
Merkwürdig, dachte sie, warum kommt er denn nicht selbst gefahren. Egal, ich werde heute mal mehr als sonst auftischen, beschloss sie und machte sich an die Arbeit.

Laura holt Marc ab

Ein übler Geruch schlug Laura entgegen, als sie die Tür zu Marcs Schlafzimmer öffnete. Er lag fast unverändert im Bett und war offensichtlich noch nicht erwacht, was ihr sein leises Schnarchen signalisierte. Zum Glück ist er gestern nicht wieder aufgestanden, stellte sie erleichtert fest.
»Marc, hast du ausgeschlafen«, fragte sie leise in den Raum.
Marc öffnete verschlafen die Augen und gähnte. Als er Laura bemerkte, machte er ein erstauntes Gesicht.
»Was machst du denn hier?«
»Ich habe mir gestern erlaubt, dich ins Bett zu stecken. Leider warst du selbst dazu nicht mehr in der Lage, mein Lieber. Dein Alkoholspiegel war schon ein bisschen zu hoch.« Wobei sie ein bisschen besonders gedehnt aussprach.
»O Laura, das tut mir leid«, sagte Marc verlegen. »Aber gestern war mal wieder ein besonders schwerer Tag für mich. Keine Pa-

tienten, keiner da, der mit mir redet. Ich fühlte mich so einsam. Und Roberto lässt sich auch kaum sehen. Sein Studium nimmt ihn wohl völlig in Beschlag.«
»Deshalb bin ich ja da. Ich habe dich gestern schon zum Frühstück eingeladen, was du offensichtlich gar nicht bemerkt hast«, grinste Laura. »Und hier bin ich, um dich abzuholen.«
Laura ging zum Fenster und öffnete es etwas, damit die frische Frühlingsluft hereinwehen konnte.
»Aber zuerst solltest du mal duschen und dich frisch machen. Ich schau schon mal im Schrank nach, was noch Frisches zum Anziehen für dich da ist. Darf ich?«
Marc nickte nur. Er schämte sich, in seiner nicht mehr ganz sauberen Unterwäsche vor Laura aus dem Bett steigen zu müssen, was sie einfühlsam bemerkte.
»Ich geh erst mal die Küche etwas aufräumen«, sagte sie deshalb rücksichtsvoll und verschwand durch die Tür.
Während sich Marc rasierte und duschte, ging sie zurück ins Schlafzimmer, um frische Kleider für ihn auszusuchen. Im Schrank sah es chaotisch aus. Die meisten Hosen waren vom Bügel gerutscht und lagen auf den Schrankboden. Einige der Hemden hingen ungebügelt auf den Kleiderbügeln und seine Unterwäsche im Seitenteil war auch durchwühlt. Hier fehlt eine helfende Hand, dachte sie. Sie wollte gleich Maria bitten, bei Marc vorbeizuschauen und aufzuräumen. Eigentlich könnte ich sie einmal pro Woche für ein paar Stunden entbehren, dachte sie. Marc brauchte eine vertrauenswürdige Person, die nicht im Ort herum tratscht. Dafür ist Maria genau die Richtige.
Laura suchte ein paar saubere Kleidungsstücke heraus und legte sie aufs Bett. Sie ging wieder in die Küche und machte einen starken Caffè lungo, den Marc erst einmal trinken sollte, damit seine Lebensgeister wieder zurückkamen.
Frisch gewaschen, rasiert und in sauberer Kleidung sah Marc nun wieder ganz wie der Alte aus und trank wie ein folgsames Kind den bereitgestellten Kaffee.

»Ich danke dir Laura, du bist eine wahre Freundin«, sagte er verschämt.
»Komm, lass uns fahren. Maria wartet bestimmt schon auf uns. Ich habe sie gebeten, ein großes Frühstück zu machen. Du wirst sicherlich Hunger haben.«
»Ja, den habe ich – und wie!«, entgegnete Marc lächelnd und griff zu seiner Jacke.
Während sie gemeinsam zum Auto gingen, sah Laura Marc verstohlen von der Seite her an. Und wie so oft, musste sie sich eingestehen, dass er ein äußerst attraktiver Mann mit dem gewissen Etwas war, für den sie insgeheim schon immer eine besondere Schwäche hatte. Sie hatte Gabriella stets um so einen netten Mann beneidet. Was sie natürlich niemals geäußert hatte. Aber nun, da sie fest in der Villa lebte und er so einsam war, wollte sie sich doch etwas mehr um ihn kümmern, auch in ihrem eigenen Interesse, wie sie sich eingestand.
Bis zur Villa waren es nur wenige, aber sehr kurvenreiche Kilometer. »Ganz schön viel Verkehr heute«, stöhnte Laura und fuhr sehr konzentriert auf der Uferstraße Richtung Cannero zurück.
Als sie ankamen, hatte Maria bereits liebevoll den Tisch gedeckt und sogar einen frisch geschnittenen Frühlingsstrauß mit weißen Dichterhyazinthen und lila schopfigen Traubenhyazinthen, die üppig wild auf dem oberen Gartenstück wuchsen, auf den Tisch gestellt. Frischer Kaffee stand in einer silbernen Warmhaltekanne bereit. Und weil sie wusste, dass Marc der Gast war, hatte sie nach typisch deutschem Geschmack frische Panini mit Konfitüre, Butter, Käse und Wurst dazugestellt.
Man sah Marc an, dass er sich wirklich freute, als er den reich gedeckten Tisch sah und Laura warf Maria einen dankbaren Blick zu.
»Eigentlich hätten wir heute auch draußen frühstücken können«, meinte Laura, »das Wetter ist so schön. Wir machen mal nach dem Frühstück einen Rundgang durch den Garten, was meinst du?«
Marc, der gerade seinen Mund voll hatte und ordentlich von den

angebotenen Speisen nahm, nickte nur zustimmend. Man sah ihm an, dass er sich schon lange nicht mehr so wohl gefühlt hatte.
»Weißt du, dass das seit Monaten das erste richtige Frühstück für mich ist – ganz so wie früher«, sagte Marc und wischte sich mit der Serviette den Mund ab. »Ich danke dir nochmal ganz herzlich, Laura.«
Laura lächelte ihm aufmunternd zu und forderte ihn erneut zu einem Spaziergang durch den Garten auf.
Gemeinsam gingen sie hinunter und durchquerten die Loggia, in der viele exotische Kübelpflanzen im Winter ihren Platz fanden und hier vor kalten Winden geschützt überwintern konnten.
Der Garten bot bereits einen üppig blühenden Anblick. Mimosen, Kamelien, frühe Azaleen, Scheinquitten und viele Knollengewächse wetteiferten mit ihrer Farbenpracht und ihren Düften. Einige Rosen zeigten schon ihre ersten Blütenknospen und trieben kräftig aus.
Besonders die englischen Austin-Rosen, die sich Laura im letzten Jahr aus England kommen ließ, waren kräftig gewachsen und hatten bereits einen sehr guten Knospenansatz. Sie freute sich schon auf deren Blüte, die schon bald einsetzen würde. Sie bogen zuerst in den hinteren Garten ab. Alfredo hatte hier geschwungene Wege aus Kies angelegt und an den Steigungen Steinstufen eingebaut. Das Gelände stieg hier stark an und an der höchsten Stelle stand eine dekorative Eisenbank, von der aus man einen herrlichen Blick über den See und den großen Garten hatte.
»Es ist wunderschön hier«, sagte Marc. »Wie im Himmel!«
Laura setzte sich mit ihm auf die kleine Bank und einige Minuten schwiegen beide und genossen die wärmende Sonne und die herrliche Aussicht.
»Marc, ich muss mit dir über deine Situation reden«, sagte Laura nach einer Weile und sah ihn dabei freundlich lächelnd in die Augen. »Du kannst doch so nicht weitermachen – du ruinierst doch dein Leben. Ich glaube nicht, dass das Gabriella gefallen würde und dass es in ihrem Sinn wäre.«

Marc senkte den Blick und murmelte: »Du hast ja recht, Laura. Ich werde nicht so gut fertig mit meiner Situation. Weißt du, Gabriella und ich waren ein sehr gutes Gespann. Wie siamesische Zwillinge. Wir waren in all den Jahren nie getrennt und waren beruflich wie privat ganz eng. Wir haben uns sehr geliebt und ich fühle mich jetzt so einsam. Sie fehlt mir so.«

»Ich weiß. Ihr ward etwas ganz Besonderes. Aber du musst dich damit abfinden, sie lebt nicht mehr! Ich glaube, dass sie erwartet, dass du auch allein dein Leben in die Hand nimmst und meisterst. Und wenn sie uns sehen kann, wird sie sich freuen, dass ich einmal Klartext mit dir rede.«

Marc stöhnte leise auf. »Ich weiß nicht mehr, was falsch und was richtig ist. Gabriella hat mir immer sehr viel abgenommen. Das weiß ich erst jetzt so richtig. Sie hat mir immer den Rücken freigehalten und all die Kleinigkeiten des täglichen Lebens unsichtbar erledigt. Ich hatte daher ein sehr angenehmes Leben. Auf ihre Kosten!«

Marc machte ein unglückliches Gesicht, was Laura veranlasste, den Arm um ihren Freund zu legen.

»Schau Marc, ich lebe allein und du lebst allein. Was spricht denn dagegen, wenn wir einiges gemeinsam unternehmen. Wir könnten an den Wochenenden öfter zusammen sein oder auch mal eine Reise unternehmen. Was meinst du? Ohne irgendeine Verpflichtung – einfach nur als Freunde.«

Marc sah Laura dankbar an. »Würdest du wirklich mit so einem alten Knochen wie mir mehr als nötig zusammen sein wollen?«

Laura lachte und schubste ihn von der Seite an.

»Ganz so schlimm ist es ja auch wieder nicht. Nur bitte ich mir weniger Alkohol aus, das musst du mir versprechen. Ich bin nämlich allergisch gegen Säufer. Entschuldige bitte diesen harten Ausdruck.«

»Ich will die Praxis im nächsten Jahr schließen. Ich bin jetzt dreiundsechzig, da darf man ans Aufhören denken. Als Gabriella noch lebte, haben wir uns immer darauf gefreut, als Rentner schöne Reisen zu machen und das Leben zu genießen. Und jetzt ist es so, dass ich Angst davor habe.«

»Du bist doch ein intelligenter und attraktiver Mann. Körperlich bist du auch noch fit. Da werden wir doch noch eine Aufgabe für dich finden, was meinst du?«

»Da wird man ja ganz verlegen«, sagte Marc und Laura sah ein beschämtes Grinsen in seinem Gesicht.

»Außerdem ist Roberto ja auch noch da. Er ist immerhin auch schon achtundzwanzig Jahre alt und wird vielleicht bald mal heiraten und Kinder kriegen. Dann bist du eventuell auch als Opa gefordert.«

Als Laura dies zu Marc sagte, fielen ihr Roberto und die für sie sehr peinliche Situation wieder ein und sie errötete unwillkürlich. Das darf Marc auf keinen Fall erfahren, dachte sie. Wie konnte mir das nur passieren? Heute werde ich Roberto Entsprechendes dazu sagen.

Neben ihrer Bank stand eine Gruppe blauer Hyazinthen, die ihren süßlichen Duft verströmten und Laura neigte ihren Kopf in deren Richtung und atmete den intensiven Geruch tief ein.

»Warum lebst du eigentlich allein Laura. Das wollte ich dich schon immer mal fragen. Du bist doch eine sehr schöne und charmante Frau, da müssen die Männer doch Schlange stehen.«

»Wie das Leben so spielt, Marc. Der Mann, für den ich alles gegeben hätte, war in festen Händen. Er wollte mich letztendlich nicht haben. Und bei allen anderen Männer, und das waren schon einige, das muss ich zugeben – ich nenne sie für mich meine Collezione«, sagte sie mit einem verschmitzten Lächeln, »ging es stets nur eine Zeit lang gut. Sie wollten mich mehr als Hausfrau und Mutter sehen, was ich mein Leben lang abgelehnt habe. Und heute bedauere ich das manchmal. Einige waren, das muss ich zu meiner Schande gestehen, verheiratet. Die letzte Affäre hatte ich vor gut zwei Jahren in Milano mit einem Geschäftspartner, der ebenfalls verheiratet war. Ich glaube, ich habe mir unbewusst verheiratete Männer ausgesucht. Sie hatten für mich immer eine gewisse Unverbindlichkeit, da sie meistens keine festen Absichten hatten. Einige sehe ich heute noch ab und zu mal, aber nur noch freundschaftlich.«

»Da bin ich ja wahrhaftig ein Waisenknabe. Ich bin beeindruckt«, grinste Marc.

»Hast du es nie vermisst, Kinder zu haben – heute vielleicht schon Enkelkinder?«

»Weißt du, Marc, ich bin mutterlos aufgewachsen und für mich gab es viele Jahre nur einen einzigen Mann in meinem Leben. Und das war mein Vater. Ich habe ihn abgöttisch geliebt und mich bis zu seinem Tod, wie du ja weißt, um ihn gekümmert. Ich war in Sachen Liebe eine Spätentwicklerin. Meine Unschuld habe ich erst mit zweiundzwanzig Jahren in meiner Studienzeit verloren. Nein, Kinder habe ich eigentlich nie vermisst. Ich durfte mich doch glücklicherweise deinem Roberto widmen, der ja fast immer an den Wochenenden bei uns war. Dafür bin ich euch noch heute dankbar. Er hat mir und meinem Vater das eigene Kind etwas ersetzt. Und außerdem«, sagte sie geheimnisvoll mit einer kleinen Pause, »gibt es in Kürze vielleicht noch einiges, was dich sicher überraschen wird. Mehr wird vorerst nicht verraten.« Dabei zwinkerte sie ihm vieldeutig zu, konnte aber nicht verhindern, dass sie leicht errötete. »O schau Marc, die erste Regatta in diesem Jahr.«

Unten auf dem See sah man eine Vielzahl kleiner Segelboote, die mit ihren bunten Segeln aus Richtung Norden nur mühsam mit dem viel zu schwachen Wind näher kamen.

Marc und Laura standen auf und wanderten weiter durch den Garten. Hinauf in den oberen Teil, den Laura erst im Herbst mit Alfredos Hilfe neu angelegt hatte. Eine große, ebene Rasenfläche mit schön angelegten Rabatten wurde sichtbar. Auch hier war in einer Ecke eine kleine Terrasse mit einer großen Granit-Sitzgruppe zum Verweilen entstanden. Dahinter war eine riesige Fläche mit Hortensien, die alle schon die ersten Blätter zeigten. Auf der anderen Seite konnte man eine Gruppe großer, alter Oleanderbüsche sehen, die voller Samenstände waren, die noch abgeschnitten wer-

den mussten. Und auch hier blühten Kamelien und Azaleen um die Wette.
»Diese Ecke wird sicher einmal toll aussehen«, schwärmte Laura, »die blauen Hortensien mit dem rosa Oleander dahinter und davor die vielen Mittagsblumen in Pink.«
Auch hier setzten sie sich für einen Moment auf die Granitbank, bevor sie ihren Rundgang durch den Garten fortsetzten.
»Signora, die Post«, rief Maria als Laura und Marc wieder auf die Villa zugingen. Laura schaute die Briefe durch. ENEL stand auf dem einen Umschlag. Das ist nur die Stromrechnung, wusste sie. Ein Schreiben war von ihrer Bank und der dritte Brief war handgeschrieben. In schöner, gerader Handschrift las sie ihre Adresse und als Absender war die Anschrift von Belinda Bilten zu lesen. Erwartungsvoll und etwas nervös öffnete sie umgehend diesen Brief und las ihn sich ganz leise vor. Marc stand etwas abseits und wunderte sich über die Nervosität, mit der Laura diesen Brief las.
»Maria, wir bekommen im Mai einen ganz lieben Besuch von zwei jungen deutschen Frauen. Der Besuch liegt mir sehr am Herzen und ich möchte, dass die Gästezimmer bis dahin perfekt hergerichtet werden. Sie sollen sich bei uns wohlfühlen«, sagte sie gleich darauf zu Maria. Ihr Gesicht durchzog eine leichte Röte und Maria wusste sofort, dass dieser Besuch für die Signora eine ganz besondere Freude war.
»Si, Signora, welche Zimmer sollen es denn sein?«
»Beide müssen Seeblick haben – ich denke wir nehmen die beiden oberen, vorderen Turmzimmer. Die liegen nebeneinander und das Bad ist gleich nebenan. Es ist ja noch etwas Zeit. Ich mache mir noch ein wenig Gedanken. Aber Sie können schon mal alles inspizieren.«
Marc, der dieses Gespräch mit angehört hatte und der Lauras Erregung bemerkte, fragte interessiert: »Sind das Freunde oder Verwandte?«
Laura antwortete etwas ausweichend. »Die eine ist die Tochter von sehr guten Freunden aus meiner Volontariatszeit in Frankfurt. Die

andere ist ihre Freundin. Ich kenne beide nicht persönlich, aber ich freue mich sehr auf ihren Besuch. Ich werde ihr heute Abend gleich eine Antwort per E-Mail schreiben, ihre E-Mail-Adresse steht hier beim Absender.«

Alfredo

Der kleine gammelige Lastwagen, der schon einige Jahre auf dem Buckel hatte und viele Beulen und Schrammen aufwies, fuhr polternd von der Fähre herunter auf den kleinen Anlegeplatz von Laveno, um anschließend auf die Landstraße in Richtung Varese abzubiegen. Am Steuer saß Alfredo, der für einen Neubau in Intra Fliesen abholen sollte. Der Bauherr hatte sich da ganz besondere Fliesen in den Kopf gesetzt.

Und die findet er ausgerechnet in Varese, dachte Alfredo, der sich ärgerte, dass er extra diese Strecke zurücklegen musste.

Seine Firma baute gerade ein Privathaus am Hang von Intra und Alfredo war der Chef der Bautruppe. Ohne ihn lief gar nichts, dessen war er sich sicher.

Er hatte das Bauhandwerk von der Pike auf gelernt und auf seinen fachmännischen Rat hörte selbst sein Chef, der sich von der eigentlichen Bauarbeit meist fernhielt und nur noch den üblichen Bürokram erledigte.

Noch ein Jahr, dachte er. Das wird auch noch rumgehen. Dann wollte er mit Maria zurück in seine Heimat Kalabrien, zu seiner großen Familie mit drei Brüdern und zwei Schwestern. Und alle hatten Kinder. Nur er nicht. Was will man machen, dachte er, ich hätte Maria halt früher finden müssen. Sie hatten ziemlich spät geheiratet und waren wahrscheinlich schon zu alt gewesen, um noch Kindern zu bekommen.

Alles Mögliche hatten sie probiert, aber ohne Erfolg. Und adoptieren, künstliche Befruchtung oder so was, das kam für sie beide nicht infrage. Wenn die Madonna das für sie so bestimmt hatte, musste man sich damit abfinden.

Das nette Haus am Meer, das er mit viel Glück und Beziehungen günstig gekauft hatte, war schon so gut wie fertig. Nur hier und da noch ein paar Fliesenarbeiten und dann noch die Küche, die sie sich beim nächsten Besuch aussuchen wollten. Maria wünschte sich eine praktische, glatte weiße Küche und er wollte eine traditionelle dunkle Holzküche. Da werden wir uns noch einigen müssen oder wir ziehen ein Los, lächelte er in sich hinein. Um die schöne Villa mit der liebenswürdigen Signora tat es ihm zwar ein bisschen leid. Sie hatten all die Jahre immer gern hier am See gelebt. Aber die Signora wusste schon seit langem darüber Bescheid, dass sie nächstes Jahr nach Kalabrien umziehen wollten. Sie würde sicher wieder gute Leute finden, die das Anwesen betreuen.
Im Zentrum von Varese musste er höllisch aufpassen, um sich nicht zu verfahren. Es war ein riesiger Verkehr und so oft war er auch noch nicht hier gewesen. Er hielt in einer Parklücke, um im Stadtplan nach der Straße des Fliesenhandels zu schauen, als er plötzlich Roberto aus dem gegenüberliegenden, etwas heruntergekommenen Juweliergeschäft herauskommen sah.
Was macht der denn hier, dachte er, neugierig geworden. Ausgerechnet in Varese beim Juwelier. Wo er doch immer knapp bei Kasse ist.
In letzter Zeit mochte er Roberto nicht mehr so gut leiden. Er hatte sich sehr zu seinem Nachteil verändert und benahm sich ihnen gegenüber gern etwas arrogant und ließ sie den Klassenunterschied spüren. Ihr das Personal - ich der Chef! So ungefähr.
Außerdem glaubte Alfredo mittlerweile, dass es Roberto, der anfänglich so süße, kleine Roberto, ganz schön faustdick hinter den Ohren hatte.
Er hatte ihn neulich zufällig in Intra mit dubiosen Leuten in einem Lokal gesehen. Alfredo hatte eine kleine Pause eingelegt und trank in einer Bar gerade einen Kaffee, als er ihn mit zwei Schwarzafrikaner und zwei abgewrackten, stark tätowierten Italienern sah, die ziemlich wütend auf ihn einschwätzten. Alfredo stand am Tresen, während die fünf Männer hinter ihm in einer Ecke saßen.

Roberto hatte ihn zum Glück nicht gesehen. Er schnappte damals nur Wortfetzen auf.
Aber klar war, dass er ihnen Geld schuldete und dass es um Koks ging. Roberto sprach vom baldigen Geldsegen, sie sollten sich noch etwas gedulden.
Das hatte er am Abend in allen Einzelheiten Maria erzählt. Die aber meinte nur, man sollte sich nicht einmischen und der Signora nichts davon erzählen, um sie nicht unnötig zu beunruhigen.

Bella spricht über Kündigung

»Geht klar mit dem Urlaub«, sagte Oskar lächelnd, als Bella in sein Zimmer schaute. Er stand über Pläne gebeugt an seinem Leuchttisch und der Qualm seiner Zigarre vernebelte mächtig das Zimmer.
»Prima, ich wollte aber über etwas anderes mit dir reden. Hast du einen Moment Zeit?«
»Ja, komm rein, was gibt's denn?«
Mit einer einladenden Handbewegung bat er Bella, Platz zu nehmen.
»Ich habe für dich zwei Mitteilungen, eine freudige und eine weniger freudige. Welche willst du zuerst hören?«
»O je, das klingt aber gar nicht gut. Zuerst die Freudige.«
»Also, Eschborn ist abgesegnet! Alles paletti. Der Gärtner kann am Montag anfangen. Ich werde in den nächsten Wochen alles überwachen. Mein Part bei diesem Bau wäre damit erledigt.«
»Sehr gut - und die schlechte Nachricht?«, fragte Oskar interessiert und rückte seine Brille zurecht.
»Die schlechte Nachricht ist, dass Henry und ich uns getrennt haben. Es ist besser so. Wir passen einfach nicht zusammen.«
Bella sprach sehr schnell und man sah ihr an, dass es sie einige Überwindung gekostet hatte, Oskar mit dieser Wahrheit zu konfrontieren. Sie schaute deshalb verlegen unter sich und war froh, dass es heraus war.

Oskar schwieg betroffen. Man merkte ihm an, dass er diese Nachricht erst einmal verdauen musste.
»Das gibt's doch nicht. Wieso denn so plötzlich? Zwischen euch verlief doch alles immer so harmonisch.«
»Äußerlich ja, Oskar. Aber mehr möchte ich dazu nicht sagen. Vielleicht will Henry dir mehr dazu sagen. Das ist seine Sache.«
»Hat er irgendwelchen Mist gebaut oder gibt es bei dir oder bei ihm einen anderen Partner?«
»Bitte, frag mich nicht weiter, frag Henry«, sagte Bella und fuhr fort: »Über meine beruflichen Konsequenzen in dieser Sache muss ich selbst noch nachdenken. Ich sage dir ganz offen, dass meine Tendenz in Richtung Kündigung geht.«
»Mädchen, das darf doch nicht wahr sein«, stöhnte Oskar auf. »Du bist eine bewährte und sehr kompetente Mitarbeiterin, die ich nicht verlieren möchte. Und die ich außerdem ganz besonders gern mag. Da könnte ich, so leid mir das tut sagen zu müssen, eher auf Henry verzichten.«
»Meine Arbeit hier gefällt mir ja auch sehr gut und du bist ein sehr netter und guter Chef, Oskar, aber ich weiß nicht, ob ich Henry tagtäglich weiter um mich haben kann. Das hat seine Gründe, die ich dir nicht weiter erklären kann und will. Deshalb ist es auch ganz gut, dass ich in Kürze erst mal ein paar Wochen Urlaub mache. Ich kann mir dann alles noch einmal gründlich durch den Kopf gehen lassen. Danach sehen wir weiter«, sagte Bella und sah Oskar dabei freundschaftlich, zaghaft lächelnd an.
»Da hat mein Herr Sohn wohl einigen Mist gebaut, was!«
Oskar sah sehr niedergeschlagen aus. Irgendwie tat er ihr leid. Sie hatten stets ein sehr gutes Verhältnis und er behandelte sie schon immer wie ein väterlicher Freund. Auch ihrer Mutter stand er hilfsbereit zur Seite und war in ihren schweren letzten Tagen unaufgefordert stets für sie da. Bella war ihm deshalb für vieles dankbar.
»Kann ich heute schon etwas früher gehen, ich müsste mal zum Friseur?«, fragte sie schnell, um das Gespräch hier vorerst zu beenden.

»Ja, natürlich«, sagte er mit einem tief betrübten und fast gequälten Gesichtsausdruck und Bella verließ eilig das Zimmer.

Maria kocht

»So schöne Kleider«, murmelte Maria vor sich hin und wühlte im Kleidersack, den die Signora fürs ›croce rossa‹, dem italienischen Roten Kreuz, zusammengestellt hatte.
»Nehmen Sie sich wieder raus, was Sie gern möchten«, sagte sie zu Maria. Und wie immer war Maria hocherfreut und durchforstete sogleich die abgelegten Kleidungsstücke.
Die ganz feinen Cocktailkleider stopfte sie gleich wieder zurück in den Sack. So etwas konnte sie nicht gebrauchen. Wann ging sie denn schon mal in die Oper oder zu so was. Und das mit Alfredo! Sie lachte bei dem Gedanken, dass sie und Alfredo in Abendgarderobe ausgehen würden. Einfach lächerlich!
Aber hier das schöne beige Kostüm und die rote Jacke waren toll. Auch die hellgelbe Seidenbluse gefiel ihr. Natürlich musste alles etwas abgenäht und vor allen Dingen gekürzt werden, denn die Signora war fast einen Kopf größer als sie.
Das Kostüm wollte sie sich vielleicht noch heute ändern. Dann konnte sie es morgen beim Flanieren auf der Piazza gleich anziehen. Ihre Bekannten würden wieder Augen machen! Ihr Kleiderschrank war voll schöner Kleider – alle von der Signora. So musste sie sich überhaupt nichts kaufen. Und mittlerweile wagte sie es auch, diese abgelegten Kleidungsstücke tagtäglich anzuziehen, was ihr anfangs etwas peinlich war. Aber die Signora machte ihr Komplimente und war ganz diskret, wenn sie ein altes Kleidungsstück wiedererkannte.
Sie legte die ausgewählten Stücke beiseite und verstaute den Kleidersack schon einmal in ihrem kleinen Fiat. Wo Alfredo nur bleibt? Sie hatte ihn mit einem Einkaufszettel zum Markt nach Intra geschickt, um für das Wochenende frisches Gemüse einzukaufen. Und der Markt war doch eigentlich schon längst zu Ende.

Da heute Gäste zum Abendessen erwartet wurden, wollte sie etwas ganz Besonderes aus dem Piemont servieren. Hoffentlich bringt Alfredo auch alle Zutaten mit, die ich ihm notiert habe, grübelte sie.
Sie nahm einen Zettel zur Hand, um sich die Speisenfolge zur Sicherheit zu notieren.

Antipasti
Antipasto di peperoni
(Marinierte Paprikaschoten)
Primi Piatti
Gnocchi di patate alle piemontese
(Kartoffelklößchen mit Tomatensauce)
Secondi Piatti
Spezzatino d'agnello
(Lammragout mit Rotweinsauce)
Contorni
Cipolle ripiene
(Gefüllte Zwiebel)
Dolci
Zabaione con bacche
(Weinschaum mit Beeren)

Während Maria sich alles fein säuberlich aufschrieb, stand Alfredo bereits mit seinem Dreirad, einem klapprigen, alten Fahrzeug, das für die tägliche An- und Abfahrt zur Baustelle gut genug war und mit dem man auch schon mal größere Dinge transportieren konnte, auf der Uferstraße und wollte zur Villa abbiegen.
Er musste jedoch erst den Gegenverkehr vorbei lassen. Und heute rollte es mal wieder. Der Markt in Intra war zu Ende, dann war immer besonders viel Verkehr auf der Straße. Es dauerte einige Minuten, bevor er in die Zufahrt zur Villa einbiegen konnte. Das Tor stand weit offen und sollte heute offenbleiben, da auch noch Roberto erwartet wurde.

Er lud das Gemüse und die anderen Einkäufe aus und erzählte dabei Maria, dass er heute Roberto in Varese gesehen habe, als er aus einem Juweliergeschäft heraus kam. »Mm, schon merkwürdig«, sagte Maria. »Aber das geht uns nichts an Alfredo.«
»Hast du alles bekommen?«
»Ja, Chef!«, sagte Alfredo und salutierte wie beim Militär.
»Abtreten!«, befahl Maria und beide lachten.

Abendessen mit Marc und Roberto

Als Roberto so gegen neunzehn Uhr eintraf, war er überrascht, dass sein Vater mit Laura auf der überdachten Terrasse saß. Beide hatten ein Glas Wein vor sich stehen, lachten und unterhielten sich offensichtlich angeregt über alte Zeiten. Die Anwesenheit seines Vaters durchkreuzte seine Pläne für diesen Abend. Aber vielleicht geht er ja bald, dachte er.
»Buonasera, das ist aber eine Überraschung«, sagte er in Richtung seines Vaters. »Buonasera, Laura«, und dabei küsste er sie leicht auf die Wange.
»Ciao, Roberto. Schlimm genug, dass wir uns kaum sehen«, sagte Marc vorwurfsvoll. »Wo steckst du denn die ganze Zeit? Was macht dein Studium? In deinem Alter war ich längst Assistenzarzt!«
Diese Frage hörte er nicht zum ersten Mal. Immer die alte Leier, dachte er und antwortete: »Wird schon noch werden. Geduld, Geduld. Schließlich habe ich ja erst mal dummerweise drei Jahre Jura studiert. Und mein Physikum musste ich leider wiederholen. Bist du schon lange da, Vater?«
Laura antwortet, bevor Marc etwas sagen konnte. »Ich habe deinen Vater schon zum Frühstück abgeholt. Er wird übers Wochenende hierbleiben, damit er nicht so vereinsamt. Er fühlt sich nicht so gut. Ich habe dein bisheriges Zimmer für ihn herrichten lassen.« Dabei war sie bemüht, nur ihr Weinglas anzuschauen, um ihm nicht in die Augen sehen zu müssen.

So wie Laura diese Worte sprach, war Roberto klar, dass Laura heute auf keinen Fall mit ihm ganz allein sein wollte. Da habe ich wohl meine Sex-Tröpfchen umsonst mitgenommen, dachte er enttäuscht.

Maria hatte bereits den Tisch gedeckt und war in der Küche mit dem Zubereiten der Speisen beschäftigt und Alfredo hatte im Wohnzimmer schon das Kaminfeuer angemacht, da es abends doch noch ziemlich abkühlte.

Plötzlich kam Maria aufgeregt angerannt, wie immer, wenn sie etwas vergessen hatte. »Signora, ich habe ja ganz vergessen, Ihnen mitzuteilen, dass die Sekretärin von Dottore Ferro angerufen hat. Ich soll Ihnen ausrichten, dass der Dottore erst wieder nach dem zwanzigsten Mai von seiner Reise zurückkommt. Sie hat ihm die Unterlagen wegen der Testamentsänderung auf seinen Schreibtisch gelegt. Er wird Sie dann anrufen.«

»Danke, Maria«, sagte Laura und wechselte schnell das Thema, um sich nicht erklären zu müssen. »Was glauben Sie, wann das Essen fertig ist?«

»Ungefähr in einer Stunde, Signora.«

»Dann könnten wir doch vorher noch einen Spaziergang an den Strand machen, was meint ihr?«

Pero, der die ganze Zeit zu Lauras Füßen lag und wohl jedes Wort verstanden hatte, sprang sofort auf und wedelte erfreut mit dem Schwanz.

»Du darfst natürlich auch mit«, sagte Laura und streichelte seinen Kopf. »Da brauchen wir aber auch deine Leine, hol sie, such Pero.« Worauf Pero wie eine Rakete davon rannte und schon kurz darauf mit seiner Leine im Maul zurückkam.

»Bevor wir gehen, nehme ich aber noch deine Tropfen, die habe ich heute früh vergessen, Marc. Das Fläschchen ist übrigens fast leer. Kannst du mir bitte ein oder zwei neue mitbringen oder auch mehr, wenn man sie im Kühlschrank aufbewahren kann.«

Laura wiederholte diese Bitte, die sie ihm erst neulich am Telefon mitgeteilt hatte, als er leider nur begrenzt aufnahmefähig war.

»Mache ich gern. Die scheinen dir ja sehr gut zu bekommen, so gut wie du aussiehst. Ich lasse dir mal drei neue Fläschchen zusammenmixen. Die stellst du dann in den Kühlschrank, das ist am besten so.«

Auf dem Weg zum Strand erzählte sie auch Roberto, dass demnächst Besuch aus Deutschland käme, auf den sie sich sehr freue. Roberto, der schon eine Weile ungewöhnlich still und geistesabwesend war, fragte nun relativ unbeteiligt, aber dennoch angespannt: »Du willst dein Testament ändern? Darf man fragen, wer mal dein Erbe sein wird?«

Laura drehte sich zu ihm um und schaute ihm offen ins Gesicht. »In meinem Alter muss man so langsam Vorsorge treffen. Wer weiß, wie das Leben so spielt. Ich habe, als mein Vater starb, bereits ein Testament gemacht. Aber es haben sich ganz neue Gesichtspunkte ergeben, die mich veranlassen, einige Änderungen vorzunehmen. Das wird sich jedoch erst in Kürze entscheiden. Mehr möchte ich vorerst dazu nicht sagen. Aber Roberto, du wirst auch ein Stück vom Kuchen bekommen«, sagte sie lächelnd.

»Ach wirklich – das finde ich aber nett!«, antwortete Roberto mit gespielter Freude.

Ein Stück vom Kuchen – was soll das. Sie hat mir doch schon alles vermacht. Ich habe es doch selbst gelesen. Das kann doch nur bedeuten, dass ich nur noch einen Teil vom Millionenerbe bekomme. Das ist aber ganz und gar nicht in meinem Sinn, grübelte Roberto beim Weitergehen. Der Abend schien ihm auf einmal gründlich verdorben.

Als die gefährliche Uferstraße überquert war, konnte Laura Pero von der Leine lassen, der sofort übermütig wie ein Blitz zum Wasser rannte und mit einem kräftigen Sprung in den See sprang. Er war ein leidenschaftlicher Schwimmer und selbst eiskaltes Wasser konnte ihn nicht abschrecken. Nun begann die übliche Zeremonie. Laura musste ihm ein Stöckchen ins Wasser werfen, das er ihr, eifrig und kräftig zum Objekt seiner Begierde schwimmend, wieder zurückbrachte. Dann ging das Spiel von vorn los. Dabei blitzten seine Augen vor Vergnügen, sodass alle ihre Freude daran hatten. Je dicker das Stöckchen war, umso besser. Am liebsten waren ihm dünne Baumstämme, die Laura wie einen Speer ins Wasser stoßen musste. Von diesem Spiel konnte er nie genug bekommen, sodass man ihn nur angeleint wieder mit nach Hause bekam.

Maria hatte ein köstliches Menü serviert und Laura lobte sie vor ihren Gästen, die ebenfalls begeistert von ihrer Kochkunst waren. Als Marc für einen Moment aus dem Zimmer ging, nutzte Laura die Gelegenheit und fasste ihren ganzen Mut zusammen, um mit Roberto, der ihr etwas übellaunig gegenüber saß, über ihr letztes Beisammensein zu sprechen.

»Roberto, ich muss auf den unsäglichen letzten Abend mit dir zurückkommen. Ich weiß überhaupt nicht, wie das, was passiert ist, geschehen konnte. Ich bitte dich inständig, diesen Abend zu vergessen und als nicht stattgefunden zu betrachten. Ich hatte zu viel getrunken und war nicht mehr Herr meiner Sinne – wie unter Drogen. Anders kann ich mir das nicht erklären. So etwas ist mir noch nie passiert.«

Roberto, der den ganzen Abend schon darüber nachgedacht hatte, ob eventuell dieses kleine sexuelle Abenteuer Schuld daran war, dass Laura ihr Testament ändern wollte, sagte nun bemüht einschmeichelnd zu ihr: »Es wird mir sehr schwerfallen, meine Gefühle für dich zu unterdrücken. Ich liebe dich, wie du jetzt weißt. Und es war für mich eine herrliche Liebesnacht. So schön, wie ich es noch nie erlebt habe!«

Laura errötete. »Ich könnte deine Mutter sein, Roberto! Bitte lass uns den Abend vergessen. Und kein Wort zu niemanden, ich flehe dich an. Versprochen?«

»Wenn auch schweren Herzens, Laura. Versprochen!«, sagte Roberto und überlegte bereits, wie er aus dieser Situation seinen Vorteil ziehen konnte. So leicht wollte er sie nicht davonkommen lassen.

Er wollte nicht gleich mit der Tür ins Haus fallen, aber noch in dieser Woche brauchte er einige tausend Euro, um seine Schulden zu bezahlen. Sonst ging es ihm an den Kragen. Im Moment war nicht der richtige Zeitpunkt, Laura um das Geld zu bitten. Zumal sein Vater anwesend war, der von seinen Schwierigkeiten nichts wissen durfte. Und ihn wollte er auf keinen Fall um das Geld bitten. Er bezahlte ihm bereits die Miete für seine kleine Wohnung in Milano und überwies ein Extrageld für seinen Lebensunterhalt auf sein Konto.

Wenn er wüsste, dass Roberto kaum noch in der Universität war und seine Zeit mehr mit kleinen illegalen Geschäften vertat, würde es einen riesigen Krach geben. Das wollte er auf jeden Fall vermeiden.

Gott sei Dank war sein Vater seit dem Tod seiner Mutter mehr mit sich selbst beschäftigt. Sonst hätte er schon längst bemerken müssen, dass Roberto viel zu oft am Lago war, um gewissenhaft studieren zu können.

Bereits seit Monaten lebte er in Intra mit seiner Freundin Elena zusammen, die er seinem Vater auf keinen Fall vorstellen wollte. Sie hing seit Jahren an der Nadel, was er, als er sie kennenlernte, auch nicht wusste. Sie hatte Roberto mit Drogen in Kontakt gebracht. Von ihr hatte er sein erstes Kokain bekommen und über sie kamen die Kontakte zum einschlägigen Drogenmilieu zustande. Und mittlerweile war er so abhängig, dass er bereits seine tägliche Dosis Kokain brauchte, und die war verdammt teuer. So mimte er an diesem Abend den ›braven Roberto‹ und verabschiedete sich recht früh, im Gegensatz zu seinen sonstigen Gewohnheiten.

Reisepläne

»Ich hätte gern einen Reiseführer vom Lago Maggiore und ein Italienisch-Wörterbuch für die Reise«, sagte Bella zu der fragend schauenden Buchhändlerin.

»Da kann ich Ihnen diesen Sprachführer für die Reise empfehlen und vielleicht diesen Bild-Atlas.«

Bella blätterte die angebotenen Führer etwas durch. »Die nehme ich, danke.«
Sie ging zur Kasse und bezahlte, als ihr noch etwas einfiel. »Haben Sie denn auch ein spezielles Buch über die Pflanzen am Lago Maggiore?«
Die Verkäuferin verneinte, meinte aber, dass ein Fachbuch über Kübelpflanzen vielleicht Auskunft geben könnte.
»Nein danke, mit diesen Büchern bin ich eigentlich ausreichend versorgt«, sagte Bella, zahlte und verließ grüßend den Buchladen.
Sie nahm ihr Handy aus der Handtasche und rief Susanne an, die noch im Büro war. »Wie sieht es aus mit Italien? Hast du Urlaub bekommen?«, fragte sie gerade heraus.
Als Susanne sagte, dass ihr Chef einverstanden sei und sie ab dem zweiten Mai fahren könnten, war Bella hocherfreut. »Ich habe für uns gerade einen Reiseführer vom Lago Maggiore und ein Wörterbuch gekauft. Damit sind wir bestens vorbereitet. Übrigens, mit Henry ist Schluss. Ich habe ihn mehr oder weniger vor die Tür gesetzt. Ende Banane! Und mit Oskar habe ich auch schon gesprochen. Hab ihm gesagt, dass Henry und ich uns getrennt haben. Aber nicht warum. Der war völlig verblüfft. Das hat er natürlich nicht erwartet. Und als ich ihm angedeutet habe, dass ich eventuell auch meinen Job aufgebe, war er total geschockt. Das mit dem Job werde ich mir natürlich noch genau überlegen. Ich habe ja jetzt einige Wochen Zeit und hätte dazu auch gern deine Meinung gehört. Wie sieht's aus, sehen wir uns noch diese Woche?«
Susanne erzählte der Freundin, dass sie heilfroh sei, endlich mal in Urlaub fahren zu können, sie sei reif für die Insel.
»Ich könnte am Samstag kommen und über Nacht bleiben. Dann können wir besprechen, was noch alles zu besorgen ist. Ich bring wieder etwas ›Vino‹ mit, und weitere Kleinigkeiten von unserem Italiener um die Ecke. Das stimmt uns dann so richtig auf unser ›La dolce vita‹ ein. Hol mich bitte wieder von der S-Bahn ab. Okay?«
»Prima, alles klar«, sagte Bella und legte freudestrahlend auf.

Italienischer Abend

Schwer mit Einkaufstüten beladen stand Susanne am Samstag am Bahnhof, als Bella mit ihrem kleinen Cabrio vorfuhr. Obwohl es noch nicht besonders warm war, hatte sie ihr Verdeck geöffnet und lachte Susanne entgegen. »Ich habe mal am Auto alles gecheckt und für das kurze Stück das Verdeck offengelassen. Komm, steig ein. Du hast wohl den halben Italiener leer gekauft, was?« Susanne strahlte und ließ sich erleichtert auf den Beifahrersitz fallen.

»Hey, du hast ja die Haare kürzer. Das sieht ja super aus«, sagte sie zu Bella, die sich zufrieden durch die nun halblangen Haare strich.

»Ja, ich dachte, für unseren Urlaub sollte ich mich mal wieder etwas aufpeppen. Ich war schon lange nicht mehr beim Friseur.«

»Ich freu mich so auf die Reise«, sagte Susanne. »Vielleicht lernen wir hier unsere Traummänner kennen, wer weiß!«

»Du und die Männer, Susanne. Was ist eigentlich mit dem Kollegen aus deiner Firma, ich denke das ist dein Traummann?«

»Der kann mich mal. Immer nur rumflirten und dann mit unserer Texterin ausgehen. Den habe ich abgeschrieben. Wenn alle Stricke reißen, habe ich immer noch meinen treu ergebenen Olli, der ist ganz verrückt nach mir.«

»Aber du nicht nach ihm«, lachte Bella.

»Na ja, so langsam wird's Zeit. Ich bin jetzt auch schon dreißig«, seufzte Susanne. »Und du bist ja jetzt auch wieder solo – und schon zweiunddreißig! Wir müssen uns ranhalten, Schätzchen. Die Uhr tickt!«

Beide lachten.

Zuhause hatte Bella schon den Tisch gedeckt und alle Bücher, die sie über Italien im Haus finden konnte, aufgetürmt.

»Warst du schon mal in Italien«, wollte Susanne wissen.

»Nee, so richtig eigentlich nicht. Ich war als kleines Kind mit meinen Eltern mal an der italienischen Riviera am Meer. Aber sonst waren wir immer in Griechenland. Ein Freund meines Vaters hatte dort ein Ferienhaus, in das wir sehr gern fuhren. Und als mein

Vater nicht mehr lebte, haben meine Mutter und ich, bis ich so zirka achtzehn war, immer Pauschalreisen gebucht. Meistens nach Spanien. Und später, das weißt du ja selbst, waren alle möglichen Länder angesagt. Aber Italien war nicht dabei.«

»Wir waren früher immer in der Schweiz. Meine Eltern fanden es dort so schön sauber und schnuckelig. Mit ihnen war ich auch mal im Tessin, in Lugano, aber erinnern kann ich mich nicht mehr. Und später war ich auch fast immer in Spanien«, meinte Susanne.

»Na, dann betreten wir beide ja ziemliches Neuland. Das wird umso spannender und interessanter für uns.«

Bella verteilte die mitgebrachten italienischen Köstlichkeiten auf mehreren Tellern und stellte sie auf den Tisch.

»Sieht ja alles super lecker aus«, sagte sie. Aber bisschen viel, meinst du nicht auch?«

»Das sind doch alles nur kalte Gerichte, die Reste kannst du im Kühlschrank ein paar Tage aufbewahren« antwortete Susanne und machte schon mal den Rotwein auf.

»Extra teuer - für uns heute nur das Beste! Barolo aus dem Herzen des Piemonts«, las sie laut vor, »soll das Feinste sein, was Italien zu bieten hat.«

Sie füllte wie ein Profi etwas Wein ins Glas, schwenkte es mehrmals im Kreis und schlürfte lautstark einen Schluck vom teuren Rotwein, den sie dann im Mund hin und her bewegte, bevor sie ihn hinunterschluckte.

»Mm, ja kräftig und gehaltvoll, mit einer Spur zu viel Tannin«, sagte sie mit schnalzender Zunge wie ein Kenner und beide mussten herzhaft lachen.

Das Essen war köstlich und ein voller Erfolg.

»Das hat ja auch alles zusammen ein kleines Vermögen gekostet. Die Italiener wissen, wie's gemacht wird«, sagte Susanne. »Ich habe mir alles vom ›Roma‹ zusammenstellen lassen. Eine bunte Mischung ihrer kompletten Vorspeisen. Du kennst doch den Michele aus dem ›Roma‹. Der uns immer bedient und seine Tagesspezialitäten empfiehlt – und anschließend mit seiner fetten

Rechnung kommt! Kompliment hier, Kompliment da. Da wagt man nicht zu fragen, was es kostet und hinterher kommt das dicke Ende. Die verstehen ihr Geschäft und behandeln einen immer wie ihren besten Freund. Das ist das Geheimnis ihres Erfolges.«
»Ich beteilige mich selbstverständlich zur Hälfte an dem Essen Susanne.«
»Kommt nicht infrage. Du kannst mich in Italien ja mal zu einem exquisiten Essen einladen, damit hat sich's.«
Sie blätterten gemeinsam im Reiseführer und strichen gleich ein paar Sehenswürdigkeiten mit einem gelben Textliner an, die sie sich unbedingt ansehen wollten.
Bella nahm anschließend das Italienisch-Wörterbuch zur Hand.
»Beginnen wir doch gleich mal mit der ersten Italienisch-Lektion. Mal sehen, was du schon kannst. Also, was heißt Guten Tag, Frau Caldini?«
»*Buon giorno Signora Caldini*«, antwortete Susanne sogleich.
»Sehr gut. Und was heißt ›Entschuldigen Sie?‹«
»Äh – ach ja, ich glaube *kusi*.«
»Fast«, sagte Bella – »es heißt *Scusi* und entschuldige *Scusa*.«
»Was kostet das?« »*Quanto costa*«
»Danke?« »*Grazie*, das weiß doch jeder!«
»Ja, *Grazie* heißt danke, aber wenn du bitte sehr sagen willst, musst du *Prego* sagen. Ein Beispiel: Der Kellner bringt dir einen Kaffee. Dann sagst du zu ihm *Grazie*. Aber, wenn du zum Beispiel jemanden etwas überreichst, sagst du *Prego*. Ich komme aus Deutschland heißt *Vengo dalla Germania,* und hier ein wichtiger Satz für dich Susanne, den brauchst du vielleicht *Puoi venire a Stare da me*«, sagte Bella, jede Silbe langsam betonend.
»Was heißt das, Bella?«
»Du kannst gern bei mir übernachten«, lachte Bella und Susanne stimmte mit ein.
So im Wörterbuch lesend, verbrachten sie noch einige Zeit mit Blödeleien, bis Bella meinte: »Ich bin ja schon ein bisschen gespannt, wieso Frau Caldini sich erst jetzt bei mir meldet und mich

auch gleich nach Italien einlädt. Vor allen Dingen, was sie mir Wichtiges mitzuteilen hat. Meine Mutter hat nie von ihr erzählt und ich kann mir keinen Reim auf sie machen.«

»Wer weiß, möglicherweise ist sie die uneheliche Tochter deines Opas oder so was. Du weißt ja auch nicht, wie alt sie ist. Vielleicht ist die schon bald hundert. Dann war sie vielleicht einmal die Geliebte deines Opas und hat ein uneheliches Kind von ihm«, grinste Susanne.

Vor dem Schlafengehen wollte Bella noch schnell ihre E-Mails abfragen und war überrascht, als sie eine Nachricht von Signora Caldini vorfand.

Sie teilte ihr kurz mit, dass sie sich sehr auf ihren Besuch freue und dass Bella selbstverständlich ihre Freundin mitbringen könne. Das Haus sei groß genug und sie könnten die beiden Turmzimmer mit gemeinsamem Bad bewohnen.

Sie fing ihre Nachricht mit Liebe Bella an, was Bella anzeigte, dass es sich bestimmt nur um eine unverkrampfte, nicht ganz so alte Person handeln konnte. Außerdem war sie so fortschrittlich, dass sie mit einem Computer umzugehen wusste.

»Alles klar, Susanne«, rief sie ins Nebenzimmer. »Wir sind beide in der Villa willkommen und dürfen in den Turmzimmern wohnen. Wie Rapunzel! Toll, was!«

»Klingt ja wirklich ganz super – also schlaf gut, träum was Schönes!«

Die Turmzimmer

Laura saß auf ihrem kleinen Balkon und dachte über das vergangene Wochenende nach.

Roberto hatte hoffentlich verstanden, dass es keine Fortsetzung ihres ›Zwischenfalls‹ gab. Er gefiel ihr am Samstag überhaupt nicht, er war so nervös und ihr fiel auf, dass seine Hände beim Essen etwas zitterten. Sie hatte auch den dumpfen Verdacht, dass er mit seinem Studium nicht so recht vorankam.

Er ist jetzt achtundzwanzig und muss doch so langsam in die Gänge kommen, dachte sie. Wie gut wäre es doch, wenn er die Praxis von seinem Vater übernehmen würde. Das wäre für Roberto der beste Start ins Berufsleben.
Es war ein harmonisches Wochenende, fast wie eine kleine normale Familie, Vater, Mutter, Kind. Wobei Laura das Kind ein bisschen Kopfschmerzen bereitete.
Marc hatte sich hervorragend verhalten. Nur zum Essen ein Gläschen Wein und anschließend vielleicht noch eins. Sie hatte nicht ganz genau darauf geachtet. Aber zu dritt hatten sie höchstens ein bis zwei Flaschen Wein getrunken, sonst nur Wasser – keinen Grappa. Das war doch in Ordnung.
Wenn sich Marc auch die Woche über daran hielt, konnte eigentlich nichts schief gehen. Sie hatte ihn eindringlich gebeten, unter der Woche nur ganz wenig Alkohol zu trinken. Auch seinen Patienten zuliebe.
»Du kannst auch gern jeden Tag zum Essen kommen. Ich würde mich freuen. Und Maria ist es egal, ob sie für drei oder vier Personen kocht«, hatte sie ihm angeboten.
»Du bist ein wahrer Schatz und ich bin sehr gern mit dir zusammen«, hatte Marc erneut gesagt und sie nach dem Frühstück in die Arme genommen.
Sie konnte nicht leugnen, dass ihr das sehr angenehm war. Er küsste sie auf beide Wangen und versprach, nach Ende der Sprechstunde zum Essen zu kommen.
Insgeheim gestand sie sich ein, ihn dadurch auch etwas kontrollieren zu können, damit er nicht wieder zur Flasche griff. Aber er machte am Wochenende einen sehr zufriedenen und ausgeglichenen Eindruck auf sie und sie wollte noch mehr versuchen, ihn in der nächsten Zeit moralisch aufzumuntern.
»Ich schicke dir am Nachmittag Maria zum Aufräumen. Sie soll auch deine schmutzige Wäsche mitbringen. Ich glaube, da ist schon seit längerem nichts mehr gewaschen worden«, sagte sie grinsend, und er nahm ihr Angebot dankbar an.

»Ich werde Maria selbstverständlich dafür bezahlen«, meinte er nur.
»Unsinn, du kannst ihr ja ab und zu ein kleines Geschenk machen, das reicht!«
Marc war ein sehr angenehmer Mann, mit dem man sich wunderbar unterhalten konnte. Er hatte ein umfassendes Allgemeinwissen und kannte sich auch kulturell sehr gut aus. Seine Anwesenheit war Laura sehr angenehm. Dies gestand sie sich insgeheim ein. Und es war ihr nicht entgangen, wie liebevoll und bewundernd er sie manchmal ansah.
Es war eine ganz besondere Vertrautheit in den letzten Tagen zwischen ihnen entstanden.
Sie grübelte darüber nach, ob sie ihm nicht – wenn die Situation es erlaube – ihr lang gehütetes Geheimnis anvertrauen sollte. Er war dafür der richtige Gesprächspartner und sein Rat würde ihr in der kniffligen Angelegenheit vielleicht weiterhelfen.
»Maria, haben Sie die Turmzimmer schon mal inspiziert?«, fragte Laura, als Maria das Frühstücksgeschirr abräumte.
»Si, Signora, es ist soweit alles in Ordnung. Ich muss nur noch gründlich sauber machen, die Betten frisch beziehen und die Schränke lüften. Im Bad müsste der Duschkopf entkalkt werden. Das soll Alfredo machen. Und vielleicht sollte man neue Frühlingsblumen in die Kübel auf der Dachterrasse pflanzen, damit es schöner aussieht.«
»Ich habe schon mal darüber nachgedacht, ob wir die Dachterrasse auf der rechten Seite nicht überdachen sollten und den Fliesenbelag würde ich auch gern erneuern. Könnte mir Alfredo vielleicht einen guten Architekten empfehlen?«
»Ich werde ihn gleich nachher fragen, Signora.«
»Maria, ich habe noch eine andere Bitte an Sie. Dem Dottore geht es nicht so gut. Er hat ziemliche Probleme. Er hat den Tod seiner Frau noch nicht ganz verarbeitet. Sie wissen ja vielleicht auch, was die Leute so reden.«

»Si, Signora, ich weiß. Ich habe gehört, dass er seinen Kummer gern mit einem Glas zu viel betäubt.«
»Ja, deshalb will ich mich jetzt etwas mehr um ihn kümmern. Ich habe letzte Woche seine Wohnung gesehen und war erschrocken, wie schmutzig und durcheinander alles ist. Er ist der Sache nicht gewachsen und seine Putzfrau kommt schon seit längerem nicht mehr zu ihm. Würden Sie bitte ausnahmsweise heute zu ihm gehen und alles sauber machen. Ich hab's ihm schon angekündigt und er würde sich sehr darüber freuen. Vielleicht so ein paarmal, bis wir wieder jemand für ihn gefunden haben?«
»Das mache ich doch sehr gern, Signora. Ich würde mich freuen, wenn der Dottore wieder auf die Beine kommt. Er ist doch ein so guter Arzt!«
»Ja, ich habe ihn außerdem für die nächste Zeit zum Abendessen eingeladen. Das macht Ihnen doch nichts aus?«
»Aber nein, ob für drei oder für vier, ist doch egal«, sagte Maria und war stolz, dass sie die Signora so ins Vertrauen gezogen hatte.

Der Juwelier und Toto

Roberto war erneut auf dem Weg zum Juwelier in Varese, um vielleicht diesmal endlich etwas Geld zu bekommen. Er hatte ihm letzte Woche in Aussicht gestellt, dass eine reiche Engländerin, die in Laveno ein Ferienhaus besaß, das Smaragd-Collier vielleicht kaufen würde.
Ihm war klar, dass er nur einen Bruchteil des tatsächlichen Wertes von dem durchtriebenen Juwelier erhalten würde. Aber er brauchte dringend die fünftausend Euro, die er dem Chef der Diskothek für einige Kokain-Lieferungen schuldete. Der hatte ihm eine Frist gesetzt, die er bereits überschritten hatte. Nur mit Mühe konnte er ihn weiter vertrösten. Hauptsächlich, weil er wusste, dass Roberto größere Summen in Aussicht hatte. Das Collier war mindestens vierzigtausend Euro wert. Ein ganz schönes Sümmchen. Mal sehen, was der Juwelier rausrückt. Der weiß doch ganz genau,

dass mit dem Schmuck irgendwas nicht in Ordnung ist und wird mich im Preis enorm drücken wollen, folgerte er, als er auf die Landstraße nach Varese abbog.

»Viertausend Euro kann ich Ihnen für das Collier geben. Mehr ist nicht drin«, sagte der dickliche Juwelier mit einem entschlossenen Gesicht.

»Ein paar Euro muss ich ja auch noch verdienen. Wer weiß, wo der Schmuck auch her ist«, fügte er noch mit zusammen gekniffenen Augen listig hinzu.

»Das geht nicht, das ist unmöglich. Der Schmuck hat einen wesentlich höheren Wert. Ich wette, Sie haben ihn sehr gut verkauft. Es ist ein ganz seltenes altes Stück meiner Großmutter. Ich brauche mindestens sechstausend Euro dafür.«

»So, so, Ihrer Großmutter«, sagte der Juwelier. »Das können Sie mal Ihrer Großmutter erzählen.«

»Mindestens sechstausend Euro«, wiederholte Roberto fast flehend. »Ich brauche das Geld ganz dringend, sonst bin ich erledigt.«

»Also, gut. Ich gebe Ihnen fünftausend Euro. Keinen Euro mehr. Basta. Und das auch nur, weil ich noch den anderen Schmuck habe, für den ich bisher noch keinen Käufer gefunden habe.«

Er zählte ihm zehn Fünfhunderter auf den Verkaufstisch. Roberto steckte das Geld schnell ein. Immerhin hatte er es geschafft, die geschuldete Summe zu bekommen. Aber er ärgerte sich über sich selbst. Ich hätte achttausend Euro sagen sollten, vielleicht hätte ich dann sechstausend bekommen, dachte er enttäuscht. Das merke ich mir aber fürs nächste Mal.

In Intra suchte er sogleich die Diskothek auf.

Das Gebäude machte einen sehr herunter gekommenen Eindruck und in den Ecken roch es widerlich nach Urin. Überall lag noch der Müll vom Vortag herum und der Verputz des alten Gebäudes bröckelte stellenweise ab.

Der Eingang war noch verschlossen. Erst ab zehn Uhr abends fing der Betrieb hier an. Dann kamen die jüngeren Italiener und die erlebnishungrigen Touristen zum Durchtanzen. Es war in der Szene bekannt, dass Ecstasy und härtere Drogen hier zu haben waren und die Polizei machte auch von Zeit zu Zeit Kontrollen, ohne dem Inhaber bisher etwas nachweisen zu können. Der hatte seine Aufpasser und lehnte offiziell die Verantwortung für seine Gäste ab.

Toto, wie ihn jeder nur nannte, war ein kleiner drahtiger Sizilianer, der noch gute Kontakte zu seiner Heimat hatte. Von dort bezog er seine Ware, die wöchentlich über Kuriere, die den ganzen oberitalienischen Markt belieferten, zugestellt wurde. Es war ein dichtes, undurchdringliches Netz, in dem keiner mehr als nötig vom anderen wusste. Und das Geschäft florierte.

Roberto lernte Toto über Elena kennen, die öfter in der Disco an der Bar aushalf. Und wenn ihr Geld knapp war, nahm sie schon mal den einen oder anderen Gast mit zu sich nach Hause. Gegen Bares versteht sich.

Er suchte den Hintereingang, der nur für Eingeweihte geöffnet wurde. Silvio, der ziemlich dämlich und wie ein Gorilla aussah und seinem Chef nicht nur als Türsteher, sondern auch für andere ganz spezielle Angelegenheiten zur Verfügung stand, öffnete die Tür.

»Ach sieh an, Signor Sautter persönlich«, sagte er süffisant. »Da wird sich der Chef aber freuen!«

Roberto ging wortlos an ihm vorbei. Er wusste, ein falsches Wort zur falschen Zeit konnte hier handfeste Folgen haben.

Toto saß in seinem kleinen Arbeitszimmer über einen Computer gebeugt und tippte eifrig mit zwei Fingern in die Tastatur.

Als Roberto eintrat, schaute er nur kurz auf, tippte aber unbeirrt weiter.

»Sieh an, unser lieber Roberto, der dem lieben Toto sicherlich ganz viele Scheinchen vorbeibringen will! Gut so für dich mein Freund. Blätter mal hin!«, sagte er verschlagen, ohne ihn anzusehen.

Roberto, der ursprünglich erst nur mal viertausend Euro bezahlen wollte, weil er sonst wieder völlig blank war, verwarf diesen Gedanken jedoch gleich wieder. Es war besser, Toto nicht noch mehr

zu reizen, schließlich wollte er noch ein bisschen Koks für die nächsten Tage, die er ja auch wieder schuldig bleiben musste.
»Hier Toto, ich habe Wort gehalten, wie du siehst!«, sagte er süßlich. Dabei blätterte er die zehn Scheine schweren Herzens auf den Tisch.
»Okay, Alter. Weitere Geschäfte gibt's aber nur noch gegen cash, klar?«
»Mensch Toto, ich brauch wieder etwas Koks, nur ein bisschen für diese Woche.«
»Nur gegen Bares«, antwortete Toto lapidar. »Und dabei bleibt's.«
»Elena geht es schlecht Toto, und ich brauche auch was. Ich habe dir jetzt alles gegeben, was ich im Moment habe.«
»Und wie, bitte schön, komme ich an mein Geld?«, fragte Toto argwöhnisch. »Oder hast du das große Geschäft, von dem du gesprochen hast, schon gemacht?«
»In Kürze werde ich wieder flüssig sein, versprochen. Du kannst ja auch Zinsen verlangen, wenn dir dadurch die Entscheidung leichter fällt.«
Toto öffnet wortlos seinen Safe und entnahm ihm zwei kleine weiße Päckchen.
»Okay, weil du's bist. Tausend Euro, zahlbar bis nächste Woche mit zwanzig Prozent Zinsen«, grinste er.
Der wird mir schon nicht davon laufen, dachte er sich. Schließlich hatte er sich bereits genau über Roberto und seine Familie informiert und wusste, dass sein Vater in Cannobio als Arzt tätig war. Und der würde sicherlich nicht wollen, dass man über seinen Filius Schlechtes erfährt.
Roberto verließ schnell das Gebäude, er wollte sofort zu Elena, um auch ihr ein erlösendes Gefühl zu verschaffen. Aber vor allen Dingen brauchte auch er wieder etwas Aufputschendes.
Sein Herz raste und er verspürte ein Ameisenkribbeln unter der Haut.
Der Schweiß stand ihm auf der Stirn und rann ihm an den Wangen herunter, als er die Treppe zur kleinen Wohnung hinaufging. Ins-

geheim verfluchte er den Tag, an dem er Elena kennengelernt hatte.
Als Medizinstudent waren ihm die Auswirkungen seiner Sucht durchaus bekannt und er nahm sich immer wieder vor, dies ist das letzte Mal. Aber jedes Mal, wenn die Wirkung der Droge nachließ, fühlte er sich so schlecht wie heute und warf alle guten Vorsätze über Bord.
Er lernte Elena vor einem Jahr in Totos Diskothek kennen. An einem heißen Sommerwochenende war er mit alten Freunden verabredet, die er aus seiner Schulzeit kannte, und er kam extra zu diesem Treffen aus Milano mit seinem Auto angereist.
Sie verbrachten einen Nachmittag am Strand vor Intra und wollten abends in die Disco zum Mädchenabschleppen, wie sie verheißungsvoll meinten.
Claudio verteilte bereits am Strand einige Joints und alle waren bester Laune und ziemlich aufgedreht.
Es war für Roberto nicht das erste Mal, dass er Haschisch rauchte, aber in Verbindung mit dem konsumierten Bier war die Wirkung dieses Mal heftig.
Bevor die Disco öffnete, war er bei Claudio zu Hause, der mit seiner Mutter in einem alten Haus in Pallanza wohnte und dort eine eigene kleine Wohnung hatte. Und auch hier wanderte der Joint hin und her.
Gemeinsam mit den anderen Kumpels trafen sie sich später vor der Disco, vor der Totos Gorilla den Eingang bewachte. Er kontrollierte genau, wer rein ging und wer raus kam.
Es war eine ausgelassene Stimmung an diesem Abend. Seine Freunde hatten bald jeder ein Mädchen im Arm und tanzten berauscht und ohne Unterbrechung über die Tanzfläche.
Elena fiel Roberto sofort ins Auge. Sie saß am Tresen und bestellte sich gerade einen Cocktail.
In ihre glatten langen blonden Haare hatte sie sich einige dunklen Strähnen gefärbt. Sie trug ein hautenges Top mit ebenso engen Jeans und sah ziemlich scharf aus.

»Hast du Lust mit mir zu tanzen« fragte Roberto.
»Erst kannst du mir mal diesen Drink spendieren«, lächelte sie ihn an und zeigte ihre wohlgeformten weiße Zähne. Auf ihrer Schulter sah er ein kleines Fantasie-Tattoo, auf das er augenblicklich deutete und fragte: »Was soll das denn darstellen?«
»Ach gar nichts, das ist nur irgendein Ornament. Meine schöneren Motive kannst du leider nicht sehen.«
»So, wo hast du die denn versteckt?«
»Mal sehen, wie der Abend so läuft. Vielleicht zeige ich sie dir noch, wenn du ganz lieb bist«, säuselte sie. Dabei schaute sie ihn mit einem verführerischen, zweideutigen Blick an.
»Trinkst du auch so was«, fragte sie, auf ihren Cocktail deutend, und bestellte für ihn, ohne die Antwort abzuwarten, das gleiche Getränk. Als beide Drinks vor ihnen standen, warf sie in jedes Glas eine Tablette ein und meinte: »Du zahlst, dafür schenk ich dir einen unvergesslichen Abend.«
Dabei rührte sie sein Glas um und reichte es ihm grinsend mit einem aufmunternden Salute!
Robertos Freunde tanzten von Zeit zu Zeit an ihm vorüber und zwinkerten ihm vielsagend zu. Er war plötzlich ganz aufgedreht und fühlte sich in einem seltsamen Rausch. Voller Euphorie zog er Elena auf die Tanzfläche und tanzte exzessiv, wild gestikulierend mit ihr zur Diskomusik.
Auch Elena war ganz entrückt, bis sie plötzlich sagte: »Komm, wir gehen zu mir. Ich wohne hier gleich um die Ecke. Ich wollte dir doch noch meine anderen Tattoos zeigen.«
Sie nahm Roberto an der Hand und zog ihn hinter sich her zum Ausgang. Der Gorilla rief ihr noch nach: »Na, wieder ein Opfer gefunden, Elena. Viel Spaß!«
»Wir tanzen zu Hause weiter«, lachte sie und umarmte Roberto in eindeutiger Weise.
Ihre Wohnung lag in einem heruntergekommenen Haus, ein paar Straßen weiter und war in einem erbärmlichen Zustand. Überall lagen Kleidungsstücke herum, die Spüle war voller Geschirr

und auf dem Tisch standen leere Bierdosen und verdreckte Teller. Es war nur ein einziges Zimmer, in dem sich offenbar ihr ganzes Leben abspielte. Ein zerwühltes Bett stand in der einen Ecke. In der anderen stand ein verschlissenes Sofa mit einem gammeligen Sessel. Seitlich war eine kleine Küchenzeile, die auch schon bessere Zeiten gesehen hatte. Einzig ein winzig kleines Duschbad mit Toilette, das auch schon lange keinen Putzlappen gesehen hatte, schloss sich dem Raum an.

Roberto nahm dies aber alles nicht so recht wahr. Er fühlte sich wie auf rosa Wolken und wollte nur mit Elena das tun, was sie auf dem Weg zur Wohnung bereits eindeutig angekündigt hatte.

»Hast du schon mal gekokst?«, fragte sie ihn so nebenbei und holte ein kleines Tütchen aus einer verdreckten Schublade, schüttete etwas Weißes auf den Glastisch und zog das Pulver routiniert mit der Nase ein. »Hier bedien dich, dann hast du die schönste Nacht deines Lebens, so wahr ich Elena heiße«, sagte sie beschwörend und zog sich dabei langsam aus.

Roberto, der bisher ab und an mal einen Joint geraucht, aber sonst keine weiteren Erfahrungen mit härteren Drogen gemacht hatte, fühlte sich an diesem Tag so phänomenal wie nie und wollte sich vor Elena nicht blamieren.

»Klar, hab ich schon mal gekokst«, log er selbstbewusst und zog, genau wie Elena es ihm vorgemacht hatte, das Kokain mit der Nase ein.

Was dann folgte, waren für ihn nie zuvor erlebte sexuelle Exzesse, der ultimative Kick schlechthin, der ihn völlig vergessen ließ, dass er aus gutem Hause war und eine glänzende Zukunft vor sich hatte. Es war der Anfang seiner Kokainkarriere, die sein ganzes Leben verändern sollte.

Ausflug nach Ascona

Als Laura gerade im Begriff war, einen großen Strauß Kamelien von den beiden riesigen rosa und weißen Kamelienbäume am

Haus abzuschneiden, kam Alfredo auf sie zu. Er schaute etwas verlegen unter sich, wie immer wenn er mit Laura sprach. »Signora, Maria hat mir ausgerichtet, dass Sie einen Architekten benötigen. Ich kann Ihnen einen sehr guten Architekten aus Intra empfehlen, mit dem wir gerade einen Neubau machen. Er ist zwar noch etwas jung, aber sehr gewissenhaft und einfallsreich. Soll ich Ihnen den mal vorbeischicken?«

»Ja, sehr gern, Alfredo. Wissen Sie, ich möchte die Turmzimmer etwas modernisieren lassen und vor allen Dingen soll die Terrasse neu gestaltet werden. Das können Sie ihm ja schon einmal sagen. Am liebsten wäre mir, wenn er nachmittags kommen könnte.«

Sie lächelte Alfredo an und er ging mit einem »In Ordnung, Signora« verlegen zurück zu seiner Arbeit.

Fachmännisch überprüfte er seit Stunden die Natursteinmauer, die sich die Zufahrtsstraße hoch schlängelte, und besserte einige der schadhaften Stellen aus.

Wie gut, dass ich Alfredo habe, dachte Laura. Wenn er auch etwas zu introvertiert war und sie nie so richtig gerade heraus ansehen konnte. Das war, wie sie sich sicher war, reine Schüchternheit ihr gegenüber. Dabei hatte er das doch gar nicht nötig. Er war ein sehr guter Handwerker. Das hatte er ihr mehr als einmal bewiesen und er war, das hatte sie von seinem Chef persönlich erfahren, auch in seiner Firma der beste Mann.

Sie sah ihm nach und musste insgeheim lächeln, weil sein Gang immer so lustig aussah. Er war klein und stämmig und seine kräftigen Arme, die er immer leicht anwinkelte, verliehen ihm das Aussehen eines Turners aus Omas Zeiten.

Laura streifte die unteren Blätter der Kamelienstängel ab und band einen wunderschönen Strauß in Rosa und Weiß zusammen, um ihn anschließend im Wohnzimmer in die große Murano-Vase zu stellen.

Marc wollte heute etwas früher zu ihr kommen. Sie freute sich schon sehr auf diesen Abend und wollte heute besonders schön aussehen.

Sie hatten verabredet, einen Abendausflug in das zirka zwanzig Kilometer entfernte schweizerische Ascona zu machen. Dort wollten sie gepflegt in einem der schicken Ristorante essen gehen. Anschließend war noch ein Bummel durch Ascona geplant. Einfach hier und da mal reinschauen. Irgendwo war in diesem mondänen Ort immer etwas los.

Marc kam gegen neunzehn Uhr. Er hatte sich todschick gemacht und trug eine helle Leinenhose mit einem hellblauen Hemd und hatte einen dunkelbraunen Kaschmirpulli locker über die Schultern gehängt.

Dazu trug er sehr schöne braune Lederschuhe, war frisch rasiert und roch angenehm nach seinem aromatischen Rasierwasser.

»Donnerwetter Marc, siehst du heute gut aus«, sagte Laura und strahlte ihn an. »Mit dir kann man sich sehen lassen.«

Marc wurde verlegen. »Das verdanke ich nur dir, Laura. Seit Maria bei mir war, gibt es wieder frische Wäsche im Haus. Gebügelte Hemden und geputzte Schuhe. Ich bin dir dafür unendlich dankbar. Maria ist eine Perle!«

Dabei schaute er sie ebenfalls voller Bewunderung an.

»Aber anstatt über mich zu reden, sollten wir lieber über dich reden. Du siehst einfach hinreißend aus. Ich bin begeistert. Dieses Kostüm habe ich noch nie an dir gesehen.«

Laura freute sich über sein Kompliment und drehte sich vor ihm lachend im Kreis.

»Ja mein Lieber, das habe ich mir bei meinem letzten Einkauf in Milano gegönnt. Leider nicht ganz billig«, kokettierte sie.

»Darf ich bitten, Gnädigste«, verbeugte sich Marc mit einem Handkuss vor ihr und hielt mit der anderen Hand die Wagentür für Laura auf.

»Du musst schön hierbleiben bei Maria«, sagte Laura zu Pero, der angerannt kam und an der Autotür hochsprang.

»Das ist ein Abend für die Großen, die Kleinen müssen ins Körbchen«, sagte sie scherzend zu Pero, der mit hängenden Ohren beleidigt zum Haus zurücklief.

Sie fuhren die stark befahrene Uferstraße in Richtung Schweizer Grenze entlang. Vorbei an Cannobio und den kleinen italienischen Grenzorten.
Die vielen italienischen Pendler, die täglich aus ihren grenznahen Gemeinden in Richtung Schweiz zur Arbeit hin und zurückfuhren, waren bereits zu Hause, sodass meist nur noch Touristen die Seestraße bevölkerten. Hinzu kamen noch die Tessiner, die gern in Italien einkaufen gingen, um Geld zu sparen. Durch den günstigen Umrechnungskurs waren die Lebensmittelpreise wesentlich günstiger als in der Schweiz und das wussten die scharf kalkulierenden Schweizer auszunutzen.
Ascona war, wie immer um diese Zeit, eine Augenweide. Die kommunalen Gärtner hatten alle öffentlichen Beete in ein Meer von Frühlingsblumen verwandelt und die Privathäuser und Hotels wollten ihnen in nichts nachstehen.
Der Parkplatz neben der Piazza Motta hatte noch genug freie Plätze, sodass sie nicht ins Parkhaus fahren mussten.
Sie parkten ihren Wagen in Nähe des Sees und schlenderten erst einmal über die belebte Piazza, bevor sie sich für ein Ristorante entschieden.
Marc nahm Laura bei der Hand und flüsterte ihr ins Ohr: »Ich bin sehr stolz, mit so einer schönen Frau an meiner Seite ausgehen zu dürfen. Ich fühle mich wie zwanzig.«
Laura lachte und errötete. Dabei schaute sie ihm in die Augen und wenn sie sich nicht täuschte, sah sie mehr als nur einen freundschaftlichen Blick und ein kribbeliges, nicht unangenehmes Gefühl machte sich in ihr breit.
Auch sie fühlte sich heute um Jahre jünger und drückte fest seine Hand.
Sie entschieden sich fürs Ristorante ›Al Pontile‹, in dem sie beide früher schon einmal gespeist hatten und das ihnen in guter Erinnerung geblieben war. Die mediterranen Spezialitäten waren hier sehr empfehlenswert und Laura hatte sich vorgenommen, heute ein leckeres Fischgericht zu essen.

Alles war perfekt. Das Essen, der Tessiner Merlot, der Service. Es war ein gelungener Abend, den sie mit einem Bummel durch die kleinen Bars der Altstadt von Ascona abschließen wollten.
Tagsüber war es schon ziemlich warm und selbst am Abend konnte man in geschützten Ecken noch gut draußen sitzen.
»Heute kann es noch ein Gewitter geben«, meinte Marc mit einem prüfenden Blick zum Himmel. Im Süden bildeten sich bereits dunkle Wolken, die auf Ascona zukamen.
In der Via Borgo setzten sie sich zu einem letzten Absacker in eine Bar mit Livemusik. Sie waren allerbester Laune und Laura war erstaunt, wie gebildet Marc war. Es gab an diesem Abend kein Thema, von dem er keine Ahnung hatte. Ohne Überheblichkeit erklärte er ihr Dinge, von denen sie keine Ahnung hatte oder äußerte seine klugen Ansichten zu Wirtschaftsfragen, von denen sie zuvor annahm, dass er davon als Arzt eigentlich wenig Ahnung hatte. Außerdem hatte er einen erfrischenden Humor und konnte herzhaft sich selbst lachen. Er gefiel ihr von Stunde zu Stunde besser und sie spürte, dass er ein Mann war, zu dem man aufblicken konnte, ohne sich selbst dumm und einfältig vorzukommen.
Am Nachbartisch bemerkte Laura eine ältere, elegante, schmuckbehangene Dame, mit ihrem ebenfalls sehr eleganten Ehemann, die sich in Englisch unterhielten.
Laura, die nur mäßig Englisch sprach, konnte nur soviel verstehen, dass beide im Hotel Giardino wohnten und alles ganz wonderful fanden.
Sie musste unentwegt zu der Dame hinüber schauen, denn das Collier, das sie trug, erregte ihre ganze Aufmerksamkeit. Trotz der Dämmerung meinte sie, ihr gestohlenes Smaragd-Collier zu erkennen.
»Wie steht es mit deinem Englisch«, flüsterte sie zu Marc.
»Ganz gut, warum?«
Sie erklärte ihm leise, was sie vermutete, und bat ihn, seine Nachbarin zu fragen, ob sie dieses Collier schon lange habe und wo sie es gekauft habe.

Marc stand souverän ohne Scheu auf, ging zu dem Tisch hinüber und stellte charmant die besagten Fragen.
Die weißhaarige Dame war sehr freundlich und antwortete, ohne über die Fragen pikiert zu sein.
Als sie hörte, dass Laura bestohlen worden und dass sie Italienerin war, sprach sie in gebrochenem Italienisch weiter.
Mrs. Belham, so hieß die Dame, erzählte ihr, dass sie die Kette erst vor wenigen Tagen in Varese bei einem Juwelier gekauft habe.
Laura konnte nun das Collier genauer betrachten. Und tatsächlich! Es war das gestohlene Erbstück ihrer Großmutter, wie sie sicher an der fehlenden Ecke des Verschlusses erkennen konnte.
Mr. Belham, der sich nun auch in das Gespräch einschaltete, konnte ihr die Adresse des Juweliers nennen.
Er gab ihr noch zusätzlich seine Visitenkarte, damit sie sich wieder bei ihnen melden könne, wenn sie mehr erfahren habe.
Beide erzählten, dass sie oft am Lago weilten, sie hätten ein kleines Ferienhaus in Laveno, in das sie in einigen Tagen wieder zurückkehren wollten. Man unterhielt sich noch angeregt über Land und Leute, sprach über das Jazz-Festival in Ascona, das sie auch dieses Jahr wieder besuchen wollten.
Überhaupt sprachen sie begeistert von der Gegend hier um den Lago Maggiore.
Laura gab Mrs. Belham zum Abschied ebenfalls ihre Visitenkarte. Sie lud das Ehepaar in ihre Villa auf ein Glas Wein ein. Sie könnten doch einen kleinen Zwischenstopp bei ihr machen, wenn sie nach Laveno zurückreisten.
Man verabschiedete sich herzlich und Laura versprach, der Schmucksache nachzugehen und sich auf jeden Fall wieder zu melden.
»Wir müssen uns beeilen«, sagte Marc, »mir scheint, es wird gleich regnen, ich habe es schon donnern gehört.«
Noch auf der Piazza Motta fielen die ersten dicken Regentropfen, sodass sie zu ihrem Auto zurückrennen mussten, um nicht gänzlich durchnässt zu werden.

Lachend öffneten sie eilig die Fahrzeugtüren und sprangen schnell auf ihre Sitze. Und schon schossen riesige Blitze über den See und es donnerte furchterregend.
Ein sintflutartiger Wolkenbruch brach über sie herein, und es war besser, erst einmal überhaupt nicht loszufahren.
Der Regen prasselte mit heftiger Wucht auf die Frontscheibe, sodass es zwecklos war, die Scheibenwischer einzuschalten. Sie wären den Wassermassen nicht gewachsen gewesen.
»Du liebe Güte«, sagte Laura, »ich fühl mich wie in einem Unterseeboot.«
Als sich der Regen etwas abschwächte, startete Marc seinen Wagen und versuchte, ganz langsam loszufahren. Aber bereits nach dem Tunnel in Richtung Italien ging es schon wieder los. Es prasselten Unmengen Wasser vom Himmel und obwohl die Scheibenwischer wie wild hin und her wedelten, konnten sie kaum etwas erkennen.
»Lass uns noch einmal anhalten«, sagte Laura etwas ängstlich. »Das ist ja fürchterlich.«
Marc hielt am Straßenrand vor Moscia erneut an. Kein Auto fuhr an ihnen vorbei.
Außer dem Getöse des Naturschauspiels um sie herum, war nichts zu hören. Obwohl der See jetzt nur wenige Meter von ihnen entfernt war, waren nur noch die Wassermassen auf der Windschutzscheibe und ab und zu ein greller Blitz zu sehen.
»Hoffentlich regnet es bei uns nicht auch so stark, sonst gibt's wieder Erdrutsche«, meinte Marc und rückte etwas an Laura heran.
»Schade, dass der schöne Abend so feucht endet«, entgegnete sie und lächelte Marc bedauernd zu.
Schon nach wenigen Minuten war das Spektakel vorbei. Es regnete nur noch wenig, als sie ihre Fahrt Richtung Schweizer Grenze fortsetzten. Langsam passierten sie die grimmig dreinschauenden Schweizer Zöllner und kamen zur italienischen Grenzstation.
Hier fiel ihnen sofort ein Schild auf, auf dem stand, dass die Straße, nur bis Cannobio frei sei. Durch einen Erdrutsch vor Cannero war

die Uferstraße unterbrochen. Sie erkundigten sich beim Zöllner darüber, was passiert sei und er erzählte ihnen, dass die Straße nach Cannero durch herabstürzende Felsen und Geröll versperrt sei. Die Aufräumarbeiten würden sicherlich einige Tage in Anspruch nehmen.

»Dann musst du wohl oder übel bei mir übernachten«, meinte Marc mit einem vielsagenden, verschmitzten Lächeln, »das nennt sich ›Schicksal‹.«

Auch Laura musste schmunzeln und die Vorstellung, die Nacht in Marcs Haus zu verbringen, lies eine leise Vorahnung in ihr aufsteigen.

In Cannobio angekommen, schloss Marc die Haustür auf und erst jetzt im hellen Licht der Flurlampe sahen sie, wie nass sie wirklich waren.

»Jetzt erst mal raus aus den Kleidern und duschen«, sagte er unnachsichtig. »Wir holen uns sonst noch eine Erkältung.«

Laura kam hinter ihm die Treppe hoch und staunte, wie sauber und ordentlich alles aussah. Maria hatte ganze Arbeit geleistet.

»Du kannst im Gästezimmer schlafen. Aber ob das Bett bezogen ist, weiß ich nicht.«

Er öffnete die Tür zum Gästezimmer und Laura erblickte ein sauberes und gemütliches Zimmer. Hübsch möbliert mit einem französischen Bett und einem kleinen Balkon zum Garten hin.

Das Bettzeug lag frisch bezogen im darunter liegenden Bettkasten.

»Wunderbar, das ist doch genau richtig«, sagte sie. »Gibt es ein separates Bad dazu?«

»Bedaure«, sagte Marc. »Du musst Robertos Bad benutzen oder, wenn es dir nichts ausmacht, du gehst in mein Bad. Das ist geräumiger und etwas komfortabler.«

»Ich mach schon mal einen Wein auf, bis du geduscht hast«, sagte er zu Laura, die sogleich in seinem Bad verschwand.

Ihre nasse Jacke hängte er zuvor auf einen Bügel. Es wäre zu schade, wenn das teure Stück zu Schaden käme, dachte er und verschwand in der Küche.

»Marc, meine Sachen sind alle total durchnässt. Die müssen erst einmal getrocknet werden. Hast du vielleicht einen Bademantel für mich?«, rief Laura aus dem Badezimmer.
»Warte, ich bring dir einen.«
Er holte aus dem Gästezimmer den weißen Bademantel, der frisch gewaschen für Besucher bereit lag.
»Ich komme rein!«, rief er, an die Tür klopfend.
»Einen kleinen Moment - jetzt!«, rief Laura und hielt sich ein Handtuch vor den nackten Körper.
Als Marc eintrat und Laura mit hochgesteckten Haaren und nur mit einem Handtuch bedeckt vor sich stehen sah, spürte er einen mächtigen Kloß im Hals und war nur fähig, sich verlegen etwas zu räuspern. Man sah ihm seine Verwirrtheit an und er war ziemlich aufgewühlt. Wie lange schon war es her, dass er in solch einer erregenden Situation gewesen war. Er konnte nicht widerstehen und trat dicht hinter sie, um ihr in den Bademantel zu helfen.
Dabei berührte er sanft ihre Schulter und atmete den Duft ihrer Haut ein, bevor ihr Handtuch wie von selbst zu Boden fiel. Laura stand völlig nackt mit dem Rücken vor den dargebotenen Ärmeln des Bademantels vor ihm.
Marc umfasste Laura an den Schultern und dreht sie zu sich herum. Dabei schauten sie sich ernst in die Augen und als Laura Marcs zärtlichen Blick sah, war es mit ihrer Selbstbeherrschung vorbei.
Schon seit Tagen war ihr klar, dass sie sich hoffnungslos in Marc verliebt hatte und sein Blick verriet, dass auch er das Gleiche fühlte. Spontan schlang sie ihre Arme fest um ihn und küsste ihn auf den Mund.
Und plötzlich war alles ganz selbstverständlich. Es war, als würden alle Dämme der Welt aufbrechen. Marc erwiderte ihren Kuss mit einer Leidenschaft, die sie erzittern ließ. Er hob sie auf und trug sie zum Bett ins Gästezimmer.
Laura knöpfe ihm Hemd und Hose auf, während er ihren Körper mit Küssen bedeckte. Jede seiner zärtlichen Berührungen entlock-

ten ihr kleine spitze Schreie und als er sanft in sie eindrang, war es, als würden all ihre unerfüllten Sehnsüchte auf einmal in Erfüllung gehen.
Es wurde eine unvergessliche Liebesnacht, so schön, wie Laura es lange nicht mehr erlebt hatte. Marc war ein zärtlicher Liebhaber und seine sanften Berührungen, sein gutgebauter Körper, der von einer erstaunlichen Jugendlichkeit war, entlockten ihr liebkosende Worte, die sie ihm ins Ohr flüsterte.
Für Marc war es seit dem Tod von Gabriella die erste Liebesnacht und Laura vermochte es, dass er dabei keine Schuldgefühle hatte.
Nach dem Sturm der ersten Gefühle lagen sie eng umschlungen auf dem Bett, jeder dem anderen seine Liebe ins Ohr flüsternd.
Marc verließ als erster das Bett, holte die bereitgestellte Flasche Wein und kam mit zwei Gläsern zurück.
»Dieses Ereignis muss gefeiert werden. Ich fühle mich jung wie ein verliebter Teenager.«
Dabei goss er für jeden ein Glas Rotwein ein und reichte Laura ihr Glas.
»Salute, meine Liebste«, sagte er zärtlich zu Laura und stieß sein Glas an das ihre.
»Salute«, sagte auch Laura, nicht ohne ihn vorher noch einmal zu küssen. »Es war herrlich mit dir, Marc. Du bist ein wundervoller Liebhaber.«
»Komm, lass uns noch ein bisschen ins Wohnzimmer gehen. Ich könnte jetzt noch einen kleinen Imbiss vertragen. Liebe macht hungrig«, sagte Marc und zog Laura hinter sich her.
Im Kühlschrank lag nur ein spärliches Angebot. Aber immerhin war Brot und Käse da, dazu der Wein.
»Alles bestens«, sagte Laura, schnitt den Käse in kleine Stücke und nahm für jeden einen Teller mit.
Sie schmiegte sich an ihn und fütterte ihn wie ein kleines Kind mit den kleinen Käsehäppchen.
Er ließ sie dafür von seinem Brot abbeißen. Dazwischen küssten sie sich immer wieder, bis das Feuer ihrer Leidenschaft ein weiteres

Mal aufflammte, sodass sie sich erneut ihrer Liebe hingaben. Marc gestand Laura, dass er sich lange nicht mehr so wohl gefühlt habe, wie in der letzten Zeit mit ihr und dass er es bedaure, dass sie bereits so viele Jahre nach Gabriellas Tod versäumt hätten. Gabriellas Namen erwähnte er seit langem zum ersten Mal. Aber ohne diesen jammernden Unterton der vergangenen Jahre. So als habe er ihren Tod akzeptiert und sein Leben wieder im Griff.
Laura fühlte bereits eine enge Vertrautheit mit Marc und entschloss sich an diesem Abend, ihm ihr Geheimnis anzuvertrauen, das sie all die Jahre in ihrem Herzen verschlossen hatte und das sie besonders in den letzten Wochen bedrückte.
»Marc ich möchte mit dir mein Geheimnis teilen, das ich noch mit niemand jemals besprochen habe. Ich brauche dazu auch deinen Rat.«
Marc freute sich über ihr Vertrauen und versicherte ihr, dass sie sich ganz auf ihn verlassen könne. Er schweige wie ein Grab.
»Ich werde dir jetzt eine Geschichte erzählen, die du nie von mir gedacht hättest und die dich umhauen wird.«
Marc spürte, dass Laura ein großer Stein auf der Seele lastete und zog sie in seine Arme und streichelte ihr Haar.
Laura schmiegte sich an ihn, holt tief Luft und fing an zu erzählen.
»Ich war sechsundzwanzig Jahre alt, als mich mein Vater nach meinem Betriebswirtschaft-Studium nach Deutschland schickte. Ich machte bei einem Großverlag in Frankfurt für ein bis zwei Jahre ein Volontariat, das über einen Geschäftspartner vermittelt wurde. Außerdem lernte ich nebenbei noch Deutsch, das ich, wie du ja weißt, ganz gut beherrsche. Zuerst wohnte ich in einem kleinen Vorort von Frankfurt in einem teuren, spießigen Zimmer. Im Zeitungsverlag lernte ich eine Gruppe junger Studenten kennen, die dort aushilfsweise arbeiteten, um sich etwas zum Studium dazu zu verdienen. Eine der Studentinnen hieß Gina. Sie war sehr nett und als sie hörte, dass ich mich in meiner kleinen Wohnung außerhalb der Stadt nicht so wohl fühlte, bot sie mir die Mitgliedschaft in ihrer Wohngemeinschaft an. Sie und ihr Freund Enrico

hatten eine große Altbauwohnung im Westend der Stadt. Die war ziemlich teuer, deshalb hatten sie auch schon Lorenz, einen weiteren Studenten, bei sich wohnen. Wenn ich wollte, könnte ich ein Zimmer bekommen. Die Küche, das Wohnzimmer und das Bad würden wir uns teilen. Jeder hätte natürlich abwechselnd sauber zu machen et cetera. Ich war hoch erfreut und sagte sofort zu. Es war eine tolle Zeit.«

Laura erzählte und erzählte, nahm hin und wieder einen Schluck Wein und schaute Marc dabei völlig gedankenverloren an, so als hätte sie die Vergangenheit völlig in Beschlag genommen.

Nachdem sie eine Weile dem ganz still gewordenen und staunenden Marc einen Teil ihrer Geschichte erzählt hatte, machte Laura erschöpft eine Pause.

Sie bat Marc um ein Glas Wein und er spürte, wie sehr sie die Erinnerungen aufwühlten.

Zuerst einen tiefen Schluck nehmend, nahm sie die Geschichte wieder auf und erzählte weiter, bis sie sagte: »So, das war's. Was sagst du dazu? Findest du mich jetzt ganz schrecklich und herzlos?«

Marc sagte erst einmal gar nichts, Lauras Beichte hatte ihn doch sehr überrascht und nachdenklich gestimmt.

Er räusperte sich und meinte, dass er nach dieser Lebensbeichte erst einmal ein Glas Rotwein bräuchte.

»Du auch?«, fragte er. »Ja, bitte, mir auch.«

»Sind Enrico und Gina die richtigen Namen der beiden oder hast du sie in deiner beliebten Manier mit italienischen Namen angeredet«, fragte er.

»Sie waren Italienfans und fanden es schön, dass ich sie mit ihren italienischen Namen angesprochen habe. Sie heißen eigentlich Luise und Heinrich«, antwortete sie lächelnd.

»Und ihre Tochter weiß überhaupt nichts?«

»Das kann ich dir nicht sagen. Ich weiß auch überhaupt nichts über sie. Ich habe mich vereinbarungsgemäß all die Jahre nicht mehr bei ihnen gemeldet und mich, erst als ich erfahren habe, dass beide

nicht mehr am Leben sind, von dieser Verpflichtung befreit gefühlt.«
Laura machte ein ziemlich hilfloses Gesicht, sodass Marc sie in die Arme nahm und fest an sich drückte.
»Mach dir keine Sorgen, Laura, das werden wir schon auf die Reihe kriegen. Es ist zwar das Verrückteste, was ich je gehört habe, aber wir werden das Kind im wahrsten Sinne des Wortes schon schaukeln.« Dabei streichelte er ihre Haare und küsste sie auf die Stirn.
»Mir fällt ein Stein vom Herzen Marc, dass ich endlich einmal darüber sprechen konnte. Du glaubst ja gar nicht wie mich diese Tatsache in letzter Zeit bedrückt. Ich weiß einfach nicht, was ich zu Belinda, so heißt das Mädchen, sagen soll.«
»Ich denke, du solltest erst einmal sehen, was das für ein Mädchen ist und dann entscheiden, ob du ihr erzählst, wie alles damals war.«
»Mädchen ist eigentlich nicht der richtige Ausdruck. Sie ist eine junge Frau von immerhin zweiunddreißig Jahren.«
»Ich denke, du solltest sich die Dinge entwickeln lassen. Es könnte ja auch sein, dass ihr euch überhaupt nicht sympathisch seid oder sonst irgendwas. Wann kommt sie, sagst du?«
»Anfang Mai kommt sie mit ihrer Freundin hier an. Das sind jetzt noch zirka zwei Wochen, die ich mich darauf vorbereiten kann. Bitte Marc, steh mir dabei zur Seite. Ich brauche jetzt ganz dringend deine Unterstützung.« Marc drückte Laura fest an sich.
»Wenn du willst, bin ich ab sofort immer an deiner Seite, das sollst du wissen.«
Dankbar sah sie ihn an und nahm ihn bei der Hand. »Komm, lass uns schlafen gehen. Es ist schon so spät. Morgen früh muss ich zuerst Maria anrufen, damit sie sich nicht unnötige Sorgen macht.«
»Du wirst wohl die nächsten Tage, bis der Erdrutsch wieder beseitigt ist, hierbleiben müssen«, grinste Marc, und Laura wusste genau, warum er sie dabei so lüstern anschaute.

Laura war nicht zu Hause

Maria wunderte sich, als sie feststelle musste, dass Laura nicht in ihrem Zimmer war. Ihre Zimmertür stand offen, als sie ihr das Frühstück vor die Tür stellen wollte.

»Madonna, die Signora hat ja heute Nacht überhaupt nicht hier geschlafen!«, rief sie laut. Bevor sie sich die schlimmsten Unglücke ausmalen konnte, klingelte das Telefon.

»Hallo Maria, ich wollte nur kurz Bescheid sagen, dass es mir gut geht. Wir konnten gestern Abend nicht weiterfahren. Vor Cannero gab es einen Erdrutsch und die Straße wurde gesperrt. Wahrscheinlich wird sie sogar noch für einige Tage gesperrt sein. Ich habe hier beim Dottore übernachtet und alles im Griff. Machen Sie sich also keine Sorgen. Ich sage Bescheid, ob ich mit dem Boot komme oder nicht. Es könnte auch sein, dass ich bis zur Öffnung der Straße einfach hierbleibe.«

»Gut Signora, ich habe mich ganz schön erschreckt, als ich sah, dass Ihr Bett nicht benutzt wurde. Hier ist soweit alles in Ordnung. Der Blitz ist oben in den alten Kampferbaum gefahren – aber nicht so schlimm. Alfredo wird die Äste gleich heute Abend abschneiden. Also, bis später. Ciao Signora!«

Sie legte den Hörer auf und nahm das Frühstücksgeschirr wieder mit nach unten. Als sie in die Küche kam, erschrak sie sehr, als Roberto plötzlich vor ihr stand.

Er bekam sofort einen hochroten Kopf, so als hätte sie ihn bei etwas Verbotenem erwischt.

»O Maria, habe ich Sie erschreckt? Das tut mir leid. Ich habe Durst und wollte mir gerade ein Glas Milch aus dem Kühlschrank nehmen«, sagte er nervös.

»Du weißt doch, wo die Gläser sind«, sagte sie etwas misstrauisch geworden, weil sie den Eindruck hatte, dass er nicht die Wahrheit sagte.

Überhaupt, wie ungepflegt er aussieht, dachte sie. Ganz und gar nicht, wie der adrette, nette Junge von früher. Er hat sich doch sehr zu seinem Nachteil verändert.

Roberto nahm sich ein Glas, holte die Milchflasche aus dem Kühlschrank und schenkte sich etwas Milch ein.
»Die Signora schläft wohl noch?«, fragte er ganz nebenbei, »ich wollte nur mal kurz Hallo sagen.«
Maria erzählte ihm, dass sie vor wenigen Minuten angerufen habe und dass die Straße zwischen Cannobio und Cannero gesperrt sei.
»Die Signora war gestern mit deinem Vater zum Essen in Ascona und musste wegen dem Unwetter bei ihm übernachten, denn es gab einen Erdrutsch.«
»Ich könnte sie ja mit dem Boot abholen«, meinte Roberto. »Sie wissen doch sicherlich, wo der Schlüssel hängt.«
»Das muss die Signora entscheiden«, antwortete sie etwas schnippisch und räumte dabei das Geschirr in die Spülmaschine.
Roberto spürte, dass er jetzt besser gehen sollte, um nicht Marias Misstrauen noch mehr zu schüren. Er spürte ihre prüfenden Blicke ganz genau. Und ihre üblichen Fragen nach seinem Studium, passten ihm überhaupt nicht. Deshalb zog er es vor, sich schnellstmöglich zu verdrücken.

Die Fotos per E-Mail

Jetzt wo Bella wusste, dass Frau Caldini E-Mails verschicken konnte, ging sie davon aus, dass sie ebenso in der Lage war, E-Mails zu empfangen. Sicherlich konnte sie auch übermittelte Fotos auf ihrem Computer öffnen. Deshalb überspielte sie einige Fotos auf ihren PC, die sie mit ihrer neuen Digitalkamera gemacht hatte und hängte sie der E-Mail an.
Die Fotos zeigten Susanne und Bella, wie sie lachend in die Kamera schauten, ihr Wohnzimmer und ein Foto zeigte ihre Mutter, als sie noch nicht so abgemagert aussah. Sie teilte ihr mit, dass sie beide sehr erfreut seien, in ihrem Hause willkommen zu sein. *Damit Sie uns auch gleich erkennen, hänge ich Ihnen ein Foto von uns an. Die Blonde ist Susanne, die andere bin ich*, schrieb sie dazu.

Auch wird Sie vielleicht interessieren, wie Mutter zuletzt aussah. Dieses Bild habe ich drei Monate vor ihrem Tod aufgenommen.
Weiter schrieb sie ihr:
Wir werden am zweiten Mai mit meinem Auto losfahren. Ich habe mir die Strecke genau angeschaut. Wir fahren über Basel – Luzern – Gotthard. Das sind etwas mehr als sechshundert Kilometer. Ich kalkuliere sechs bis sieben Stunden Fahrt, mit ein bis zwei Pausen. Wir werden zirka um neun Uhr losfahren und ungefähr um siebzehn Uhr ankommen.
Sie schickte die E-Mail los und rief gleich darauf Susanne an, um sich mit ihr zum Einkaufsbummel in der City zu verabreden. Sie wollten sich beide einen neuen Bikini und sonst noch einiges für Italien kaufen. Dabei erzählte sie ihr auch gleich, dass sie einen Aidstest gemacht hatte und dass das Ergebnis negativ war.
»Was für ein Glück! Stell dir nur mal vor, wenn ich mich bei so einem Idioten und Betrüger infiziert hätte. Nicht auszudenken!«

Verliebt

Laura schmiegte sich fest an Marcs Rücken, der durch ihre Berührung wach wurde und verschlafen fragte, wie spät es sei.
»Erst kurz nach neun«, flüsterte sie ihm ins Ohr und gab ihm einen Kuss.
»Meine innere Uhr hat mich leider geweckt. Du kannst ruhig noch weiterschlafen, ich dusche erst mal und mache uns dann Frühstück.«
Marc murmelte etwas in seine Bettdecke und Laura ging zum Duschen ins Bad. Sie war nun schon die zweite Nacht in Marcs Haus und fühlte sich glücklich wie schon lange nicht mehr. Es war schon ein wundervolles Gefühl, in den Armen eines geliebten Menschen einzuschlafen und morgens mit ihm aufzuwachen.
Nach dem Anziehen stellte sie fest, dass überhaupt keine Panini und auch kein Brot im Haus waren. Deshalb ging sie schnell zur Panetteria an der Ecke und besorgte sich alles Nötige für ein reich-

haltiges Frühstück, denn mittlerweile kannte sie Marcs Vorliebe für Wurst, Käse und Konfitüre.
Als Marc aus dem Bad kam, erwartete ihn ein liebevoll gedeckter Tisch mit frischem duftenden italienischen Caffè lungo.
»In der Panetteria habe ich erfahren, dass die Straße wieder offen ist. Ich werde nach dem Frühstück Maria Bescheid sagen, dass wir heute spätestens zum Abendessen da sind. Das ist dir doch recht?«
»Unser kleines Liebesnest hier fand ich auch nicht schlecht«, sagte Marc grinsend und küsste sie aufs Ohr.
»Was würdest du sagen Laura, wenn ich schon sehr bald die Praxis schließe. Ich habe sowieso nur noch wenige Patienten und meine Finanzen sind in Ordnung. Wir hätten dann einfach mehr Zeit für einander und könnten schöne Reisen machen und so weiter. Jetzt zählt für mich jedes Jahr – schließlich werde ich bald vierundsechzig.«
»Das wäre, ehrlich gesagt, ganz wundervoll«, antwortete Laura und schlang ihre Arme um seinen Hals.
»Das Gleiche habe ich mir schon insgeheim gewünscht, aber nicht zu fragen gewagt.«
»Also, abgemacht! Ich werde meinen Patienten entsprechend Bescheid sagen und in der Praxis einen Aushang machen. Dann könnte ich in ein, zwei Monaten aufhören.«
»Und wie wäre es, wenn du dann auch gleich zu mir in die Villa ziehst? Ganz ohne Verpflichtung, Marc. Wenn's nicht klappt mit uns beiden, solltest du dich zu nichts verpflichtet fühlen.«
»Mit diesem Gedanken könnte ich mich durchaus anfreunden.«
»Das wäre doch wunderbar. Wir könnten ja jeder offiziell ein eigenes Schlafzimmer bewohnen, die Betten in den Zimmern sind sowieso breit genug für zwei. So gibt es kein Gerede und Maria und Alfredo sind außerdem sehr diskret.«
»Von mir aus kann das jeder wissen, wir haben doch nichts zu verbergen und eigentlich möchte ich es auch gar nicht verheimlichen. Das soll ruhig jeder sehen, dass wir total verliebt sind«, sagte Marc

überschwänglich, öffnet das Fenster zum Garten und rief in deutscher Sprache hinaus:
»Ich bin in Laura Caldini verliebt!«
Laura eilte zu ihm, schloss schnell das Fenster und umarmte ihn lachend.
»O du mein wunderbarer Marc!«, rief sie glücklich und presste sich fest an ihn.
»Man könnte meinen, wir wären erst zwanzig!«
»Das ist unser zweiter – oder dritter – Frühling, Laura. Wir werden den Herbst und Winter einfach überspringen und mit dem Frühling wieder von vorn anfangen!«
Nach dem Frühstück fuhren sie noch einmal nach Ascona und genossen auf der Piazza die Sonne in einem Ristorante. Laura fiel plötzlich das Collier wieder ein. Sie sagte Marc, dass sie morgen, da er ja tagsüber in der Praxis sei, nach Varese fahren wolle, um den Juwelier auszufragen. Sie wollte unbedingt wissen, was an der Sache faul ist.

Es fehlt Geld

Maria war ganz aufgeregt, als Alfredo in die Küche kam. Sie stand auf der Leiter und wühlte in verschiedenen Dosen im Hängeschrank.
»Gut, dass du kommst, Alfredo, mein Haushaltsgeld ist weg! Es müssen genau sechshundert Euro in sechs Hundertern gewesen sein, die ich hier in eine der Dosen gesteckt habe. Ich habe schon alles abgesucht. Oder habe ich sie vielleicht woanders hingelegt?«
Alfredo, der Marias zunehmende Vergesslichkeit amüsant fand und seine Witze darüber machte, meinte grinsend zu ihr: »Schau doch mal im Kühlschrank nach, vielleicht hast du dein Geld dort versteckt. Wie neulich, als du deinen Schlüsselbund in den Kühlschrank gelegt hast.«
Maria lachte.
»Mach auch noch Witze, du.«

Sie suchte eifrig weiter und machte tatsächlich auch den Kühlschrank auf, um nachzusehen. Dabei stockte sie und schaute lange grübelnd hinein, bevor sie ihn wieder zumachte.
Einen Moment stand sie etwas nachdenklich vor Alfredo, der verschmitzt lächelte.
»Ich wage es kaum, auszusprechen, Alfredo, was mir eben durch den Kopf geht. Aber gestern stand Roberto hier ganz plötzlich in der Küche, als ich vom Zimmer der Signora kam. Ich hatte ein ganz ungutes Gefühl, weil er einen roten Kopf bekam und sehr erschrocken aussah. So als hätte er was angestellt. Er wird doch nicht?« Sie sprach nicht weiter und sah Alfredo mit großen Augen fragend an.
»Das wäre allerdings das Allerletzte«, meinte Alfredo empört. »Aber lass uns erst noch einmal alles genau durchsuchen, bevor wir so einen Verdacht überhaupt weiterdenken.«
Nun stellten sie die ganze Küche auf den Kopf. Alle Schränke wurden aufgemacht und durchsucht, jede Kaffeetasse umgedreht, ja selbst in der Kühltruhe sahen sie nach.

»Alfredo, du meinst doch nicht im Ernst, dass ich das Geld in der Kühltruhe aufbewahren würde!«, meinte Maria leicht empört. »So durcheinander bin ich nun auch wieder nicht!«
Sie konnten keinerlei Geld finden. Im Kühlschrank fiel Maria lediglich auf, dass die beiden Aufbaufläschchen der Signora, die der Dottore zuletzt mitgebracht hatte, nicht mehr an der gleichen Stelle in dem Fach mit dem Kunststoffdeckel standen. Sie standen in dem offenen Fach daneben. Sie war ziemlich sicher, dass sie die Fläschchen in das abgedeckte Fach gestellt hatte. Das dritte Fläschchen stand bei der Signora im Bad auf der Konsole. Aber diesem Umstand maß sie wenig Bedeutung bei. Vielleicht hatte sie selbst wieder etwas umgeräumt. Sie war in letzter Zeit doch etwas vergesslich und manchmal – wenn viel zu tun war – auch ein wenig durcheinander. Schließlich war sie auch schon vierundsechzig, da durfte man schon etwas vergesslicher sein.

Maria sah Alfredo bedeutungsvoll an. »Wir können doch nicht unseren Verdacht aussprechen. Die Signora würde uns sicherlich nicht glauben oder böse auf uns sein, wenn wir solch eine Behauptung ausplaudern. Was sollen wir denn nur tun?«
»Du weißt ja, dass ich dir erzählt habe, dass Roberto Schulden hat. Vielleicht war er so abgebrannt und wusste keinen anderen Ausweg, als das Haushaltsgeld zu stehlen. Er wusste bestimmt, dass du es in der Küche aufbewahrst.«
»Ich schlage vor, dass wir vorerst mal nichts sagen. Mein Geld im Portemonnaie reicht noch für diese Woche und nächste Woche bekomme ich neues Haushaltsgeld. Und wenn noch ein bisschen fehlen sollte, legen wir privat das fehlende Geld dazu«, schlug Maria vor.
»Wir werden ihn ab sofort etwas mehr unter die Lupe nehmen und wenn noch einmal etwas vorkommt, doch der Signora Bescheid sagen - ja sagen müssen. Es wäre schon ein Trauerspiel nach all den Jahren, die er in diesem Haus so herzlich aufgenommen wurde. Das wäre für die Signora – und natürlich auch für den Dottore - bestimmt ein herber Schlag!«

Wieder zurück

Laura fuhr mit Marc am Sonntagabend zur Villa zurück. Die Uferstraße war wieder frei und nur noch eine kleine Baustelle zeigte an, wo der Erdrutsch die Straße verwüstet hatte.
Marc verbrachte die kommende Nacht offiziell im Gästezimmer und fuhr am anderen Morgen nach dem Frühstück wieder nach Cannobio zurück, um seine Praxis zu öffnen.
Laura saß eine Weile verträumt auf ihrem kleinen Balkon, das Frühstücksgeschirr vor sich stehend und schaute gedankenversunken auf den See. Sie hatte ihre Markise über dem kleinen Balkon ausgefahren, weil es bereits sehr heiß war.
Draußen steuerten schon die ersten Motorboote vorbei und ein Boot mit einem Wasserskifahrer im Schlepptau kreiste direkt vor

ihren Augen. Unwillkürlich musste sie lachen. Ein Neuling, der mehr unter als über dem Wasser war, veranlasste den Motorbootfahrer, immer wieder anzuhalten und zurückzufahren, um dann erneut zu starten.
Gleichzeitig fuhr ein großer Ausflugsdampfer mit vielen Touristen an Bord langsam in Ufernähe vorbei und Kinder winkten den am Ufer stehenden Häusern zu. Laura winkte ihnen unbeschwert zurück.
Wie schnell sich doch alles ändern kann, dachte sie. Gestern war sie noch allein und heute schon eine glückliche, verliebte Frau. Und das in ihrem Alter! Eine große Zufriedenheit und ein unbeschreiblich warmes Glücksgefühl durchströmte sie.
Marc war erst wenige Minuten weg und schon fehlte er ihr. Es wäre zu schön, wenn wir für immer zusammen bleiben könnten und er zu ihr in die Villa ziehen würde. Mal abwarten, was die nächsten Tage so bringen, dachte sie und brachte das Frühstücksgeschirr selbst nach unten in die Küche.
Maria, die gerade für Pero frisches Wasser hinstellte, erzählte sie, dass sie gleich nach Varese fahren wollte. Sie müsse dort einen Juwelier aufsuchen, um ihn wegen des gestohlenen Schmuckes zu befragen.
Dann berichtete sie Maria von dem Zufall in Ascona, als sie ihr Smaragd-Collier bei Mrs. Belham entdeckte.
Maria war ganz blass geworden, als sie die Geschichte hörte. »Madonna, was da noch alles rauskommen wird!«, stöhnte sie auf und machte ein betretenes Gesicht.
»Ja, ich bin auch schon gespannt, was ich alles erfahren werde. Also, Maria, sie wissen, wo ich bin. Mein Handy ist eingeschaltet.«
Sie holte ihren Lancia aus der Garage und fuhr bei strahlendem Sonnenschein in Richtung Intra, um mit der Autofähre auf die Ostseite des Sees überzusetzen.

Bei Elena

Es klingelte an der Tür, aber Roberto erwartete niemanden. Er machte deshalb keine Anstalten zu öffnen. Er fühlte sich zu kraftlos und zerschlagen.

Elena lag an seiner Seite auf dem zerwühlten, schmutzigen Bett in der kleinen Wohnung und war, genauso wenig wie er, nicht in der Lage aufzustehen.

Mit wirren Augen schaute er an die Zimmerdecke und sah sie in grelle Farben getaucht und dunkle Figuren bewegten sich wie Schatten im Raum. Ich werde langsam verrückt, dachte er für einen kurzen Augenblick.

Elena lag zusammengekrümmt neben ihm und erweckte einen erbärmlichen Eindruck. Ihre Augen waren weit geöffnet und ihre Pupillen bewegten sich hin und her. Dabei gab sie stöhnend undefinierbare Laute von sich.

Auf dem Tisch lag eine benutzte Spritze mit den üblichen Utensilien der Heroinabhängigen, daneben ein Tütchen mit etwas Kokain.

Roberto war froh, nicht selbst an der Nadel zu hängen. Und das wollte er auch auf jeden Fall vermeiden. So meinte er bis zum heutigen Tag, einen Weg zurück offen zu haben. Seine tägliche Kokain-Dosis wollte er anfangs nicht überschreiten, aber nun brauchte er bereits mehrmals täglich einen Kick.

Das wird schon wieder. Ich kann jederzeit wieder damit aufhören, bildete er sich ein.

Um Elena machte er sich mehr Sorgen. Ihr Bedarf an Heroin stieg ständig und das Geld dafür musste sie durch Freier verdienen, die sie aus der Disco abschleppte. Mittlerweile ging sie auch schon mal auf ›Rentnerfang‹, wie sie immer sagte. Sie setzte sich in eines der vielen Straßencafès, in denen die Touristenscharen saßen, und schaffte es immer, einen geilen Ausländer anzubaggern. Die wollten zu Hause unter Freuden doch was zu erzählen haben. Und so ein Ferienabenteuer war ihnen schon ein paar Euro wert. Elena wusste das gezielt auszunutzen und ein zusätzlicher Griff in deren Portemonnaie sicherte ihr meistens den nächsten Trip. Roberto dachte angestrengt darüber nach, wie er möglichst schnell zu mehr Geld kommen könnte. Die sechshundert Euro, die er Maria aus ihrem Küchenschrank gestohlen hatte, hatte er bereits wieder bei Toto lassen müssen. Zuerst musste er schnellstens nach Varese fahren, um nachzuhören, ob wieder etwas verkauft worden war.

Er stand auf, ging zur Spüle, die übervoll mit schmutzigem Geschirr stand und öffnete die untere Schranktür. Dort befand sich eine Schüssel mit einem dunklen, bitter stinkenden Sud, den er schon mehrmals durchgesiebt hatte.

Er nahm eine leere Weinflasche, spülte sie aus, goss mit zittrigen Händen die Flüssigkeit in die Flasche und verschloss sie fest mit einem alten Korken. Dann stellte er sie in die hinterste Ecke des Schrankes.

Seit Tagen schon hatte er eine Idee im Kopf, die ihn nicht mehr losließ und deren Umsetzung für ihn immer mehr Gestalt annahm. Wenn alles gut geht, bin ich bald ein gemachter Mann, dachte er zufrieden und legte sich wieder zu Elena aufs Bett, um seinen wilden Fantasien nachzuspüren.

Beim Juwelier

Den kleinen Juwelierladen hatte Laura schnell gefunden, da er unmittelbar auf der Zufahrtsstraße zum Zentrum lag. Sie fand ganz in der Nähe einen Parkplatz und blieb für einen Moment im Fahrzeug sitzen, um sich ihre Strategie noch einmal ganz genau zu überlegen.

Dann stieg sie entschlossen aus und steuerte zielsicher auf den Laden zu.

»Was kann ich für Sie tun, Signora«, sagte ein kleiner, dicklicher Mittvierziger mit einem gefälligen Grinsen im Gesicht.

Ziemlich unsympathisch, dachte Laura und schaute den Mann abschätzend an.

»Sind Sie hier der Chef?«, fragte sie knapp, worauf dieser sie mit übertriebener Freundlichkeit anschaute.
»Si, Signora, ganz persönlich!«
»Dann habe ich mal eine ganz persönliche Frage an Sie«, meinte sie ebenfalls arrogant, öffnete ihre Handtasche und entnahm ihr die Fotografie ihres Smaragd-Colliers. Diese hielt sie dem Dicken unter die Nase.
»Dieses Collier hier haben Sie vor einigen Tagen an eine Engländerin verkauft, die ich letzte Woche kennen gelernt habe. Ich möchte jetzt von ihnen wissen, wo Sie das Collier her haben.«
Der Dicke war sichtlich erschrocken und kleine Schweißperlen standen ihm augenblicklich auf der Stirn.
»Ja, so ein ähnliches Collier habe ich verkauft. Aber ob es genau dasselbe ist, kann ich Ihnen nicht sagen«, sagte er nervös und wedelte sich mit einem Prospekt frische Luft zu.
»Es ist genau dasselbe, Signore, das können Sie mir glauben. Ich habe es an dem beschädigten Verschluss genau erkannt. Also, woher haben Sie das Collier?«
»Das kann ich und muss ich Ihnen doch nicht beantworten. Ich beziehe meine Ware aus aller Welt, auch auf Auktionen. Aber weshalb wollen Sie das denn so genau wissen?«, fragte er nun, noch mehr schwitzend, sodass ihm bereits kleine Rinnsale die Wangen hinunter liefen.
»Das kann ich Ihnen genau sagen. Mein gesamter Schmuck wurde vor einigen Monaten aus meiner Villa gestohlen, unter anderem auch dieses Collier. Und ich nehme an, dass Ihnen der Schmuck angeboten wurde und Sie ihn weiterverkauft haben. Wenn Sie mir dazu keine detaillierten Aufklärungen geben, werde ich die Polizei verständigen. Ich glaube kaum, dass Ihnen das angenehm sein wird. Man wird Sie sehr wahrscheinlich als Hehler verhaften und Sie müssen ihre Quelle dann sowieso angeben.«
Jetzt war es vollends um ihn geschehen. Er schwitzte aus allen Poren und fuhr sich mehrmals mit seinem Taschentuch nervös übers Gesicht.

»Um Himmelswillen, Signora, wer wird denn gleich mit so etwas drohen.«
»Wer also hat Ihnen den Schmuck verkauft?«
»Den Schmuck habe ich einem jungen Mann abgekauft. Ich konnte ja nicht wissen, dass er gestohlen ist«, jammerte er nun gänzlich eingeschüchtert.
»Wie heißt der junge Mann und wo wohnt er?«
»Das kann ich Ihnen nicht sagen. Er kommt aus Intra, ist ungefähr Ende zwanzig, Anfang dreißig, zirka ein Meter achtzig groß, hat dunkle Haare und einen kleinen Leberfleck unter dem rechten Ohr. Mehr weiß ich auch nicht.«
Laura erstarrte, als er den Leberfleck erwähnte.
»Sie kennen wohl den jungen Mann«, fragte der Juwelier hinterlistig.
»Nein, wie kommen Sie denn darauf«, antwortete sie mürrisch mit einem entschlossenen Blick.
»Was ist mit dem anderen Schmuck? Haben Sie den auch verkauft?«
»Nein, den habe ich noch hier, quasi in Kommission, Sie verstehen?«, antwortete er unterwürfig.
»Ich kann Ihnen den Schmuck gleich holen und zurückgeben.«
Er machte einige Schritte in Richtung seines angrenzenden Büros und sagte, als er plötzlich abrupt stehen blieb.
»Wie kann ich denn eigentlich wissen, dass das der Wahrheit entspricht, was Sie mir hier erzählen?«, fragte er nun misstrauisch geworden.
»Ich habe von jedem Schmuckstück ein Foto dabei, das ich für meine Versicherung anfertigen musste. Hier sind sie.«
Dabei zog sie energisch alle Fotos aus ihrer Handtasche und legte sie dem Juwelier vor, der jedes Foto eingehend betrachtete.
»In Ordnung. Und keine Polizei! Kann ich mich darauf verlassen?«
»Abgemacht«, sagte Laura. Bitte holen Sie mir jetzt den Schmuck.«

Er verschwand für einige Minuten im Nebenzimmer und kam mit einem kleinen Kästchen zurück.

»Hier bitte, hier ist alles drin. Sie können jedes Stück mit Ihren Fotos vergleichen.«

Laura entnahm die einzelnen Schmuckstücke und legte neben jedes Stück zur Sicherheit das passende Foto. Alle Schmuckstücke, außer dem Collier, waren vorhanden. Sie legte sie in das Kästchen zurück und nahm es unter ihren Arm.

»Ist damit die Angelegenheit erledigt oder werden Sie noch weitere Nachforschungen betreiben?«, fragte er sie einschmeichelnd.

»Ich denke ja. Bis auf die Tatsache, dass Sie wahrscheinlich Ihrer Kundin den Preis für den Schmuck zurückzahlen müssen. Dazu werden Sie noch von mir hören. Alles Weitere geht Sie nichts mehr an. Ich danke Ihnen, arrivederci.«

Sie verließ den Laden mit hoch erhobenem Kopf und beeilte sich, schnell zu ihrem Fahrzeug zu kommen, damit keiner sehen konnte, dass sie Tränen in den Augen hatte. Im Auto saß sie noch eine Weile ganz still und in ihrem Kopf schwirrten die wildesten Gedanken hin und her. Es konnte doch unmöglich sein, dass Roberto den Schmuck gestohlen hatte. Warum denn nur, warum?, fragte sie sich immer wieder und machte sich beunruhigt auf die Heimfahrt.

Luca Stefani

Luca Stefani stand mit seinem schwarzen Alfa Romeo in der Einfahrt zur Villa und sah sich suchend um, als Maria auf ihn zukam.

»Suchen Sie jemanden?«, fragte sie freundlich den sportlich aussehenden Mann.

»Buongiorno, Signora, ich bin Architetto Luca Stefani. Herr Bassi hat mich im Auftrag von Signora Caldini gebeten, wegen eines kleinen Umbaus einmal vorbeizuschauen. Ich sollte zwar nachmittags kommen, aber ich war gerade hier in der Nähe. Da dachte ich, ich schaue mal kurz vorbei. Ist die Signora zu sprechen?«

»Ich bin Signora Bassi. Bedaure, sie ist heute früh nach Varese gefahren. Ich kann Ihnen nicht genau sagen, wann sie wieder da ist. Aber ich denke, sie hat nichts dagegen, wenn ich Ihnen die Turmzimmer gleich einmal zeige. Um die geht es nämlich.«
»Sehr gern«, sagte der sympathisch wirkende junge Mann.
Als sie zur Villa kamen, begeisterte sich Luca Stefani über die cremefarbene Fassade und die, durch hohe Bogen aufgelockerte offene Loggia, in der üppige Kübelpflanzen standen. Davor die in Form geschnittenen Buchs-Hecken, die durch zwei symmetrisch stehende Marmorbüsten eingerahmt wurden.
Sie durchquerten die Loggia, in der schon viele Feste gefeiert worden waren, um zur Eingangstür und zum Treppenhaus zu gelangen. Hintereinander schritten sie zu den Turmzimmern im oberen Stockwerk.
Maria ging voran und zeigte ihm die Zimmer.
»Wunderschön wohnen Sie hier, Signora. Einfach traumhaft!«
»Ja, das wissen wir zu schätzen. Man muss es sich nur immer wieder vor Augen führen«, sagte sie lächelnd zu ihm.
»Hier ist die Terrasse. Soweit ich weiß, möchte die Signora hier einen Teil überdachen und den Belag erneuern. Was mit den Zimmern ist, kann ich auch nicht genau sagen. Ich weiß nur, dass das Bad erneuert werden soll.«
Sie standen auf der oberen großen Terrasse, die sich rund um die Turmzimmer ausbreitete,
und schauten in die umliegende Landschaft.
Es bot sich ihnen eine grandiose Aussicht.
»Ganz schön heiß hier oben. Verständlich, dass hier eine Überdachung angebaut werden soll«, sagte Luca und schaute sich den alten Terracottaboden etwas genauer an.
Maria stand etwas abseits im Schatten und fragte:
»Darf ich ihnen ein Glas Wein oder sonst etwas anbieten, Signor Stefani? Sie können sich gern noch einen Moment im Garten aufhalten. Vielleicht kommt ja zwischenzeitlich die Signora zurück.«
Beim Hinuntergehen konnte er in die Wohnräume schauen und

fand auch hier anerkennende Worte über den ausgezeichneten Geschmack der Signora.
»Ich danke für Ihre Freundlichkeit und nehme gern ein Glas Wasser oder wenn es keine große Mühe macht, einen Caffè«, sagte er und setzte sich an den kleinen Tisch im Schatten der großen Pinie.
»Macht überhaupt keine Mühe. Ich habe eine Espressomaschine, aus der ich ständig frischen Caffè zapfen kann«, sagte Maria und verschwand in der Küche.

Einkaufsbummel

Bella traf Susanne in der Frankfurter Fressgasse. Sie hatte ihren Wagen im Parkhaus abgestellt und es waren nur ein paar Schritte bis in die Fußgängerzone.
Vergnügt bummelten sie durch die Straßen der noblen Frankfurter Einkaufsecke in Nähe des alten Opernhauses.
Hier mussten sie anschließend bei ihren reichlichen Einkäufen viele Euros locker machen.
»Alles ist teurer geworden, seit wir den Euro haben«, schimpfte Susanne. »Da können uns die Politiker erzählen, was sie wollen.«
»Stimmt«, sagte Bella und nahm einen edlen, türkisfarbenen Bikini vom Bügel.
»Hoppla, ganz schön sexy!«, rief Susanne und hielt selbst auf dem Ständer nach einem für sie geeigneten Bikini Ausschau.
»Welche Größe nimmst du denn?«, fragte sie.
»Mal sehen. Man kann nie so genau sagen, wie er ausfällt. Achtunddreißig oder vierzig. Den hier gibt nur in vierzig. Ich probier ihn mal an«, sagte Bella und verschwand in der nebenstehenden Umkleidekabine.
»Ganz schön heftig«, rief sie hinter dem Vorhang vor. »Neunundachtzig Euro sollen die paar Zentimeter Stoff kosten.«
»Vielleicht sollten wir lieber in Italien was kaufen. Die Italiener sollen doch besonders schicke Sachen haben, was meinst du?«

Bella riss den Vorhang auf und Susanne pfiff anerkennend durch die Zähne.

»Donnerwetter, da liegen alle Paparazzi flach! Sieht echt scharf aus! Den musst du nehmen, du siehst einfach super aus!«

Bella strahlte und schaute sich im Spiegel an. Sie sah wirklich umwerfend aus.

Der türkise Bikini passte ausgezeichnet zu ihrem braunen Teint und ihren dunklen Haaren und ihre schlanke Figur konnte sich ebenfalls sehen lassen.

»Neunundachtzig Euro hin und her, den nehm' ich!«, sagte sie entschlossen und verschwand wieder in der Kabine.

Auch Susanne probierte gerade ein ›Nichts‹ von einem Bikini an und stellte sich vor Bella.

»Na, was meinst du – auch nicht schlecht, was?«

»Sehr gewagt, aber du siehst toll aus!«

»Bingo, den nehm' ich«, sagte auch Susanne und schaute erst jetzt auf das Preisschild.

»Schlappe vierundachtzigfuffzig«, scherzte sie. »Ob wir uns jetzt noch einen Kaffee leisten können?«

Sie lachten und bezahlten an der Kasse ihre ›Schnäppchen‹.

Maria merkt etwas

Maria merkte sofort, dass die Signora bedrückt war, als sie aus Varese zurückkam. »Konnten Sie über den Diebstahl etwas in Erfahrung bringen?«, fragte sie einfühlsam.

»Ich habe doch tatsächlich meinen kompletten gestohlenen Schmuck wiederbekommen, bis auf das Collier natürlich!«

»Und, konnten Sie auch noch etwas mehr erfahren?«

»Der Juwelier konnte mir nur sehr wenig sagen. Er hat den Schmuck in Kommission genommen. Wer ihn gebracht hat und wie er heißt, konnte er mir nicht sagen. Ich weiß noch nicht, ob ich die Polizei einschalten soll. Ich muss mir das alles noch einmal sehr genau überlegen«, sagte Laura ausweichend.

Mehr wollte sie Maria auf keinen Fall erzählen. Vielleicht stellte sich ja alles als Hirngespinst heraus.
Es gab sicher viele junge Männer mit einem Leberfleck unter dem Ohr. Aber wenn Roberto das nächste Mal da ist, werde ich ihn mit dem Schmuck konfrontieren und zur Rede stellen, nahm sie sich fest vor.
Auf keinen Fall durfte Marc etwas davon erfahren. Er hatte sich gerade aus seinem seelischen Tief befreit und diese Geschichte würde ihm das Herz brechen und ihn erneut belasten.
»Übrigens Signora, heute war Architetto Stefani wegen des Umbaus der Turmzimmer da. Ein sehr netter junger Mann. Er war zufällig in der Nähe und kam deshalb gleich vorbei. Ich habe ihm die Turmzimmer schon mal gezeigt. Er war ganz begeistert von Ihrem Anwesen und lobte Ihren guten Geschmack. Anfang nächster Woche wird er noch einmal vorbei kommen. Vorher will er aber anrufen, damit Sie auch zuhause sind. War doch richtig so?«
»Natürlich - schade, dass ich nicht da war. Na gut, dann hat er sich ja schon ein Bild von den Zimmern machen können. Ich liebäugele damit, diese Zimmer und das Bad in weiß und naturweiß zu gestalten, damit es schön hell und freundlich wirkt. Die Zimmer sind nicht so groß, eine helle Wandfarbe und helle Fliesen lassen die Räume sicher größer erscheinen.«
»Das kann bestimmt sehr schön aussehen. Kommt der Dottore heute auch zum Essen?«, fragte Maria.
»Ja Maria, es kann sein, dass der Dottore bald immer hier essen und wohnen wird. Er will seine Praxis in Kürze schließen und sich zur Ruhe setzen. Aber alles Weitere werde ich Ihnen erzählen, wenn es so weit ist.«
Maria schmunzelte in sich hinein, als sie zur Küche zurücklief, um das Abendessen vorzubereiten.
Habe ich mich doch nicht geirrt, dachte sie lächelnd, das Bett vom Dottore war doch überhaupt nicht benutzt. Zwar war alles zurückgeschlagen, aber man konnte sehen, dass niemand die Nacht darin verbracht hatte. Aber bei der Signora sah es dafür zerwühlter aus

als sonst. Und beide schauten sich in letzter Zeit so verliebt an. Ja, ja die Liebe, seufzte sie. Da konnte sie heute Abend Alfredo ja einige Neuigkeiten berichten.
Marc kam beladen mit einer Kiste Wein in die Küche.
»Bitte Maria, stellen Sie den Wein in den Keller. Ich hatte diese Kiste noch bei mir stehen. Da ich seit Wochen hier verköstigt werde, ist das nur eine kleine Wiedergutmachung.«
»Gern Dottore.«
»Hm, hier riecht es aber wieder köstlich. Da läuft einem ja das Wasser im Mund zusammen. Sie sind eine begnadete Köchin Maria«, sagte er freundlich lächelnd zu ihr.
»Ist die Signora oben?«
Maria fühlte sich geschmeichelt. Sie mochte den Dottore gut leiden und freute sich, dass die Signora offensichtlich mit so einem netten Mann glücklich war, wenn sie es auch nur vermuten konnte.
»Sie ist oben in den Turmzimmern, Dottore.«
Marc lief pfeifend die Treppe hoch und fand Laura auf der großen Dachterrasse vor.
Sie saß gedankenversunken auf einem der Eisenstühle und blätterte in Wohnzeitschriften.
»Ciao, amore«, begrüßte sie Marc. Er umarmte und küsste sie zärtlich auf den Mund.
»Bist du schon da, wie schön. Schau mal hier, wie findest du diese Farbkombination?« Sie zeigte auf eine Abbildung in der Wohnzeitschrift ›Casa‹. Sie deutete auf ein Wohnzimmer in warmen Naturtönen mit einem weißen Fliesenbelag.
»Weißt du, der Architekt war heute schon da, als ich leider nicht zuhause war. Ich mache mir schon mal ein paar Gedanken, wegen der Turmzimmer und der Terrasse. Es könnte ja sein, dass Bella jetzt öfter kommt. Dann soll doch alles besonders schön für sie sein.«
»Sieht sehr edel aus«, meinte Marc zustimmend. »Marc, du glaubst es nicht! Ich habe heute eine E-Mail von Bella erhalten, in der sie mir mitteilt, dass sie beide am 2. Mai ankommen werden.

Sie hat ein paar Fotos angehängt und ich bin völlig durcheinander, Marc. Sie sieht fast genauso aus wie ich in ihrem Alter!«
»Dann muss sie ja wunderschön sein«, lachte Marc und nahm sie in den Arm.
»Diese Ähnlichkeit muss doch jedem sofort auffallen, auch ihrer Freundin Susanne!«
»Tja, dann musst du ihr möglichst bald die Wahrheit sagen. Wo hast du denn die Fotos?«
»Auf meinem Computer kannst du sie dir anschauen. Er ist noch an.«
Sie gingen in ihr Büro hinunter und Marc schaute sich die Bilder auf dem Bildschirm an.
»Das sind ja zwei nett aussehende Mädels. Und Bella sieht ganz besonders reizend aus«, zwinkerte er ihr zu.
»Laura jammerte etwas ängstlich: »Wie soll ich es ihr nur schonend beibringen, ohne dass sie mich dafür hassen wird, dass sie erst jetzt alles erfährt?«
»Laura, mach dich nicht schon vorher verrückt. Wir lassen die Dinge einfach auf uns zukommen. Ich werde dir dabei helfen. Wirst schon sehen, es wird alles gut!«
Laura seufzte. »Wie lief es denn heute in der Praxis«, wollte sie wissen.
»Eigentlich ganz gut. Es waren ein paar Touristen da mit kleinen Wehwehchen. Und sogar drei alte Patienten. Denen habe ich schon mal gesagt, dass ich demnächst die Praxis aufgebe. Außerdem habe ich ein Schild im Wartezimmer aufgehängt und die Schließung mitgeteilt. Ich denke, in ein bis zwei Monaten werde ich alles abgewickelt haben. Auf Roberto kann ich nicht mehr warten. Bis der mit allem fertig ist, bin ich ein uralter Mann!«
»Wann kommt denn Robert mal wieder vorbei, hast du eine Ahnung?«
»Nein, er wird hoffentlich ordentlich beim Studieren sein. Immerhin ist er schon bald dreißig und sollte so langsam mal fertig werden. Ich könnte ihm vielleicht bei der Suche nach einer

Assistenzarztstelle behilflich sein.« Marc schaute auf seine Uhr. »Übrigens, vor dem Essen muss ich leider noch einmal nach Cannobio. Ich habe mich heute früh mit dem Apotheker über meine Absichten, die Praxis aufzugeben, unterhalten. Interessanterweise hat er einen Neffen, für den eventuell eine Praxisübernahme infrage kommen könnte. Klingt eigentlich ganz vielversprechend. Anhören kann ich mir das ja mal. Wir treffen uns deshalb auf ein Glas Wein, um in Ruhe ausführlich über das Ganze zu sprechen.«
»Das wäre doch bestens, wenn du die Praxis verkaufen könntest. Ist doch so viel besser als einfach aufgeben. Dann könntest du wenigstens die unteren Räume vermieten, vielleicht auch das ganze Haus, wenn du zu mir ziehen würdest.«
»Ja, daran habe ich auch schon gedacht. Aber Laura, ich möchte auf keinen Fall auf deine Kosten leben. Die Mieteinnahmen zum Beispiel würden dann auf dein Konto gehen.«
»Lass dir darüber mal keine grauen Haare wachsen, Geld ist doch wirklich nebensächlich bei dieser Entscheidung.«
»Ja schon, aber trotzdem möchte ich kein schlechtes Gewissen haben. Sag, warst du eigentlich in Varese beim Juwelier?«
Laura stieg bei seiner Frage unwillkürlich eine leichte Röte ins Gesicht.
Sie schaute verlegen zur Seite und meinte bemüht nebenbei: »Stell dir vor, ich habe meinen ganzen Schmuck zurückbekommen. Bis auf das Collier natürlich.«
Und sie erzählte Marc in allen Einzelheiten, was sie beim Juwelier erlebt hatte, ohne jedoch Roberto zu erwähnen.
»Konnte der Juwelier denn überhaupt keine Angaben machen, wer ihm den Schmuck angedreht hat?«
»Er sagte lediglich, dass ein junger Mann die Ware in Kommission gegeben habe. Name und Adresse sind ihm nicht bekannt. Und so richtig beschreiben konnte er ihn auch nicht.«
»Und was ist jetzt mit dem Collier? Das willst du doch sicher auch zurückbekommen, oder?«

»Ich habe dem Juwelier schon gesagt, dass er den Schmuck zurückkaufen muss. Mal sehen, was Mrs. Belham dazu meint. Sie werden sicherlich bald einmal vorbeischauen.«
»Willst du denn die Polizei nicht über die Sache informieren?«
»Nein, das ist im Moment nicht nötig. Das entscheide ich, wenn ich mehr weiß«, sagte Laura entschlossen, um weitere Fragen in dieser Richtung zu vermeiden.
Nach einem kurzen Gartenrundgang verabschiedete sich Marc für ein paar Stunden, um über die mögliche Praxisübernahme zu verhandeln. Laura setzte sich mit einem Buch in den Garten und Pero legte sich sofort treuherzig zu ihren Füßen. Sie schaute auf, als ein Auto auf die Villa zufuhr. Es war Roberto, der sein Fahrzeug auf der Seite parkte, ausstieg und auf sie zukam. Laura verspürte einen Stich im Herzen. Ich werde ihn jetzt gleich mit dem Schmuck konfrontieren, um Gewissheit zu erhalten. Die Sache musste schnellstens geklärt werden.

Robertos Geständnis

Roberto sah noch schlechter aus als bei seinem letzten Besuch. Er war unrasiert, seine Augen hatten einen eigentümlichen Glanz und er wirkte sehr nervös und zittrig. Er hatte sich erst vor wenigen Minuten eine Dosis Kokain gegönnt und fühlte sich im Augenblick ziemlich obenauf, wenn er auch überhaupt nicht danach aussah.
»Ciao, amore«, sagte er selbstbewusst zu Laura und gab ihr einen Kuss auf die Wange.
Laura wendete sich ab und sagte: »Gut, dass du kommst. Ich muss unbedingt mit dir reden.«
»So, was gibt's denn?«, fragte Robert und war sogleich auf der Hut, denn Laura war sehr abweisend. Vielleicht hatte Maria ihr erzählt, dass sie ihn letzte Woche in der Küche überrascht und ihr danach Geld gefehlt hatte.
»Komm bitte mal mit nach oben. Ich muss dir was zeigen!«
Roberto fühlte sich unwohl in seiner Haut. Er liebte keine Überra-

schungen, schon gar nicht, wenn sie mit ihm zu tun hatten und Lauras Tonfall klang ausnehmend scharf.
Eigentlich war er nur gekommen, um Laura um etwas Geld zu bitten. Aber so musste er erst mal abwarten, was sie von ihm wollte.
Im Wohnzimmer holte Laura eine Schachtel hervor und hielt sie ihm geöffnet unter die Nase.
»Kennst du diesen Schmuck, Roberto?«, fragte sie ihn ohne Umschweife.
Roberto erschrak. Jetzt nur keinen Fehler machen, dachte er.
Er konnte jedoch nicht verhindern, dass ihm plötzlich viele kleine Schweißperlen auf der Stirn standen.
»Das ist doch dein gestohlener Schmuck. Woher hast du ihn denn? Hat ihn die Polizei wiedergefunden und zurückgebracht?«, fragte er bemüht teilnahmslos.
»Ich habe ihn mir persönlich zurückgeholt«, sagte Laura und schaute Roberto fest in die Augen.
»Von einem zwielichtigen Juwelier aus Varese. Er hat ihn von einem jungen, dunkelhaarigen Mann mit einem Leberfleck unter dem rechten Ohr, den er jederzeit identifizieren kann! Was sagst du dazu Roberto?«, fragte Laura nun in scharfem Tonfall.
Roberto wurde bleich. Er stammelte: »Du wirst doch nicht mich verdächtigen, nur weil ich auch einen Leberfleck unter dem rechten Ohr habe. Da gibt es doch sicherlich mehr junge Männer.«
»Roberto, ich sehe dir an, dass du mir etwas verheimlichst, dafür kenne ich dich zu gut. Ich habe dem Juwelier gesagt, dass ich vorerst keine Polizei benachrichtigen werde, weil ich erst einmal mit dir reden wolle. Wenn du mir nun versicherst, dass du nichts mit dem Einbruch zu tun hast, kann ich ja morgen zur Polizei gehen. Die wird dann ihre Untersuchungen durchführen und den Dieb mit Sicherheit, mit Hilfe des Juweliers finden.«
Roberto schwitzte nun fürchterlich und lief unruhig hin und her. Er fühlte sich in der Falle und dachte krampfhaft darüber

nach, wie er am besten seinen Hals aus der Schlinge ziehen konnte.
Mit äußerster Wachheit und einem Gefühl der Stärke, die das Kokain in ihm erzeugte, trat er die Flucht nach vorn an.
»Gut, Laura, ich gestehe dir, dass ich aus einer Verzweiflung heraus, deinen Schmuck gestohlen habe. Ich brauchte ganz dringend Geld und wusste mir keinen anderen Rat mehr. Ich hatte und habe Schulden. Und du kannst mir glauben, meine Gläubiger kennen da keinen Spaß. Ich wollte dich besuchen. Da zufällig keiner im Haus war, kam ich urplötzlich auf die Idee und habe einen Einbruch vorgetäuscht.«
Laura war, trotz ihrer Vorahnung, entsetzt über sein Geständnis.
»Wie konntest du mich nur so hintergehen. Warum hast du denn nicht vorher mit mir gesprochen. Ich hätte dir doch Geld gegeben. Was sind das denn für Schulden?«
Roberto überlegt fieberhaft, welche Geschichte er ihr am besten erzählen sollte.
Das mit dem Kokain durfte er Laura auf keinen Fall sagen, dazu kannte er sie zu gut. So etwas würde sie ihm nie finanzieren.
Er musste sich schnell eine einleuchtende Version einfallen lassen.
»Ich habe Spielschulden gemacht, als ich mit meiner ganzen Clique in Milano unterwegs war. Wir hatten alle ziemlich getrunken und waren anschließend in einer Bar, in der im Nebenzimmer gezockt wurde. Da haben wir dann aus Spaß mal mitgespielt und wurden leichtsinnig. Ich habe dreißigtausend Euro verloren und hatte anschließend keinen Cent mehr.«
»O Madonna!«, rief Laura aus, »wie konntest du nur!«
»Für den Schmuck habe ich bisher ja nur fünftausend Euro erhalten. Mehr sollte ich erst nach dem Verkauf des restlichen Schmuckes bekommen. Glaube mir Laura, ich wusste mir einfach nicht mehr zu helfen«, lamentierte er und schaute sie ergeben an.
»Hast du nicht eine Sekunde an deinen Vater und seinen guten Namen gedacht? Wo waren denn deine gute Erziehung und dein

Anstand geblieben? Dein Vater darf das auf keinen Fall erfahren, er hat in den letzten Jahren genug Kummer gehabt.«
Das war ganz in Robertos Sinn. Nur nichts seinem Vater erzählen. Das war besser so, sonst würde vielleicht auch noch diese Geldquelle versiegen. Er machte ein sehr reuevolles Gesicht und schaffte es tatsächlich, dass seine Augen feucht wurden.
»Jetzt fehlen mir immer noch fünfundzwanzigtausend Euro, damit ich die Gläubiger vom Hals habe«, sagte er, in der Hoffnung, dass Laura diese Summe herausrückte.
Laura war auf einmal ganz still geworden. Sie blickte Roberto traurig an und schüttelte dabei den Kopf.
»Du hast mich bitter enttäuscht. Du warst für mich immer wie ein Sohn, Roberto.«
»Nicht immer«, grinste er Laura nun unverschämt an, worauf diese den Blick senkte.
»Wie weit bist du denn mit deinem Studium? Aber ich erwarte eine ehrliche Antwort.«
»Na ja, das wird noch einige Jahre dauern. Die ganze Angelegenheit hat mich natürlich sehr in Beschlag genommen. Ich kann an nichts anderes mehr denken. Du kannst dir ja gar nicht vorstellen, wie brutal diese Gläubiger sind. Die schrecken vor nichts zurück!«
»Also gut, Roberto, ich gebe dir die fünfundzwanzigtausend Euro und du zahlst deine Schulden zurück. Dafür musst du mir aber versprechen, ab sofort nichts mehr vor mir zu verheimlichen und keine weiteren krummen Sachen mehr zu machen. Das ist eine einmalige Zahlung, damit wir uns richtig verstehen!«
Roberto frohlockte innerlich. So einen glücklichen Ausgang hatte er nicht erwartet. Das ließ für die Zukunft vielleicht auf noch mehr hoffen. »Ich weiß gar nicht, wie ich dir danken soll, Laura. Und keine Polizei?«
»Nein, keine Polizei – und kein Wort zu deinem Vater. Noch eins musst du mir versprechen. Ab sofort ziehst du dein Studium zügig durch, damit du endlich auf den richtigen Weg kommst und außerdem hältst du dich von diesem schlechten Milieu fern!«

»Die nächste Rate ist schon heute Abend fällig, Laura. Könntest du mir heute schon was geben?«

»Du zahlst alles auf einmal und keine Raten, damit du ganz schnell mit diesen Leuten nichts mehr zu tun hast. Ich gebe dir gleich einen Scheck.«

Laura ging in ihr Arbeitszimmer und stellte Roberto einen Scheck aus.

»Hier – und jetzt gehst du besser, damit dich dein Vater nicht sieht, wenn er nachher wiederkommt«, sagte Laura niedergeschlagen.

»Wieso wiederkommt, wohnt er jetzt bei dir?«

»In letzter Zeit wohnt er mehr oder weniger hier im Gästezimmer. Mehr soll er dir besser selbst sagen.«

Was sich da wohl abspielt, rätselte Roberto und verabschiedete sich überschwänglich herzlich von Laura. Vorerst hatte er sein Ziel erreicht und konnte Toto seine Schulden zurückzahlen. Außerdem hatte er noch genügend Geld, um die nächsten Tage seinen Kokainbedarf zu finanzieren. Er brauchte fast schon jede Stunde eine Prise Koks. Aber was kam danach? Er musste auf jeden Fall verhindern, dass Laura ihr Testament ändern würde. Und nach diesem heutigen Vorfall war es umso wahrscheinlicher, dass sie ihn vielleicht ganz als Erben streichen würde. Wieder kam ihm ein Plan in den Sinn, der ihm schon lange durch den Kopf geisterte. Nur mit seiner Verwirklichung konnte es ihm gelingen, zu verhindern, dass Laura den Notartermin für eine Testamentsänderung wahrnehmen konnte. Es gab keinen anderen Weg für ihn, wollte er nicht das gesamte Caldini-Vermögen verlieren.

Maria wird informiert

Maria und Laura standen vor der alten Feige im oberen Obstgarten, als Marc mit Pero zu ihnen nach oben kam. Er sah glücklich aus und lachte beiden zu.

»Stell dir vor, Laura, ich glaube, das mit der Übernahme der Praxis könnte klappen. Der Neffe des Apothekers war heute Abend auch

schon bei dem Gespräch dabei und er hat sich die Praxis gleich angesehen. Ich denke, der beißt an«, strahlte er.
»Das ist ja wundervoll – und was ist mit dem Haus? Würde er es auch dazu mieten?«
»Ja, das wäre sogar die Bedingung. Er ist verheiratet, hat eine kleine Tochter und möchte gern das komplette Haus bewohnen. Er fände es sogar ideal, wenn Familie und Praxis unter einem Dach wären.«
Maria schaute Marc verwundert an.
»Wollen Sie denn Ihre Praxis aufgeben, Dottore?«, fragte sie erstaunt.
»Ja, Maria, ich werde hier bei der Signora einziehen. Ich denke Laura, wir sollten Maria Bescheid sagen. Sie ist doch kein Plappermaul und kann schon mal was für sich behalten, stimmt's Maria?«, sagte er zu Maria gewandt.
»Aber ja, Dottore, das sollten Sie doch nach all den vielen Jahren wissen, die ich bei der Signora bin.«
Laura ergriff nun das Wort und lächelte dabei wie ein ertappter Teenager.
»Also, die Sache ist die, Maria. Der Dottore und ich haben uns verliebt und möchten ab sofort für immer zusammen leben. Er wird seine Praxis verkaufen oder vermieten, je nach dem. Wir möchten noch viele schöne Jahre gemeinsam hier verleben.«
Nun war es heraus und Laura atmete tief durch.
»Das freut mich aber für Sie beide, ganz ehrlich! Sie passen wunderbar zusammen. Alfredo darf ich das aber doch erzählen?«
»Aber natürlich, Sie und Alfredo gehören doch sozusagen zur Familie. Wir möchten es vorerst nur noch nicht an die große Glocke hängen. Das braucht seine Zeit und spätestens an meinem sechzigsten Geburtstag, der ja auch leider schon bald sein wird, werden wir es ganz offiziell verkünden«, meinte Laura und sah Marc dabei tief in die Augen.
Dieser lächelte hocherfreut und nahm Laura vor Marias Augen in die Arme und küsste sie herzlich auf den Mund.

Maria konnte man ansehen, dass sie sich über diese Geste vor ihren Augen freute, zeigte es ihr doch an, dass beide ein großes Vertrauen zu ihr hatten.
»Was macht ihr beiden denn eigentlich hier oben. Gibst schon was zu ernten?«, fragte Marc verschmitzt.
»Leider nein. Unsere Feige geht wahrscheinlich kaputt. Schau dir mal die Blätter an. Die werden alle gelb und die Früchte scheinen einzutrocknen.«
»Dann wird es in diesem Jahr leider nichts mit der leckeren Feigenkonfitüre«, meinte Maria bedauernd. »Ich werde Alfredo sagen, er soll die Feige erst mal nur runter schneiden, vielleicht treibt sie ja wieder neu aus und ist noch nicht ganz verloren. Ich denke, dass sie einen Pilz hat. Sehen Sie mal hier die gelblichen Flecken am Stamm.«
Laura schaute sich den Stamm genauer an. »Richtig, so sah doch auch der Stamm der Schirmakazie aus, die wir fällen mussten«, meinte Laura und hob bedauernd die Schultern.
»Ich denke, Sie können nun gleich das Essen servieren Maria«, sagte Laura und hakte sich bei Marc ein, um mit ihm zum Haus zurückzuspazieren.

Die Fahrt beginnt

»Endlich Urlaub«, rief Bella aus, als Susanne aus ihrer Haustür trat. Sie öffnete den Kofferraum ihres roten Cabrios und beide luden Susannes Gepäck ein.
»Die beiden kleinen Koffer nehmen wir auf den Rücksitz, sonst geht der Deckel nicht mehr zu«, sagte Susanne lachend.
»Man könnte meinen, wir wandern aus.«
»Ich habe das Verdeck extra zugelassen, weil wir ja gleich auf der Autobahn sind. Das fährt sich so angenehmer«, meinte Bella und schwang sich fröhlich hinter das Lenkrad.
»Wir können uns auch gern beim Fahren abwechseln, wenn du mir dein Kleinod auch mal anvertrauen willst«, meinte Susanne

schmunzelnd. Sie wusste genau, dass Bella ganz stolz auf ihren roten kleinen Sportwagen war und sicher die ganze Strecke allein fahren wollte.

»Mal sehen. Jetzt fahren wir erst mal los, Richtung Basel.«

Es herrschte viel Verkehr auf der A5, da der 2. Mai ein ganz gewöhnlicher Montag war und der ganz normale Berufsverkehr, einschließlich der vielen Laster, unterwegs war. Und diese Baustellen! Ständig musste langsam gefahren und eine Baustelle nach der anderen passiert werden.

Staus auf der A5 waren normal, wusste Bella. Und die Baustellen, auf denen man überhaupt keine Aktivitäten feststellen konnte, ärgerten sie sehr und sie schimpfte, was das Zeug hielt.

»Wie wär's denn mit einen Kaffee?«, fragte Susanne, als sie das Hinweisschild zur nächsten Raststätte sah. »Aufs Klo müsste ich auch mal.«

»Aber wir halten nur kurz an. Ich dachte, dass wir erst am Vierwaldstätter See eine Kleinigkeit essen. Dort müssten wir so zirka um die Mittagszeit sein«, meinte Bella und bog an der nächsten Ausfahrt zur Raststätte ab.

Den Vierwaldstätter See erreichten sie nach Plan gegen Mittag. Susanne, die die Gegend noch aus ihrer Jugendzeit kannte, empfahl einen Aufenthalt in Beckenried.

»Hier finden wir bestimmt ein schönes Restaurant und können direkt am See sitzen.«

Die Gegend war von der Autobahn aus gut einsehbar. Das Wetter war sonnig und der grünlich schimmernde Vierwaldstätter See, den lediglich eine Dunstwolke etwas überdeckte, lag malerisch vor ihnen.

»Schön hier«, meine Bella als sie durch das kleine Örtchen Beckenried fuhr. Typische Schwyzerhüsli zogen auf der langen Uferstraße an ihnen vorbei, bis sie zu einigen Hotels am See kamen.

»Hier könntest du anhalten. Das Restaurant hat Seeterrasse und sieht ganz gemütlich aus.«

»Okay«, sagte Bella und parkte auf dem gegenüberliegenden Parkplatz.
»Grüetzi mit'nand«, begrüßte sie eine emsig servierende Bedienung und räumte schnell noch einige Teller vom Nebentisch.
Susanne und Bella setzten sich an den Tisch ganz vorn am Ufer. Von hier aus hatten sie einen freien Blick über den See und zu den gegenüberliegenden Orten. »Da drüben liegt Gersau. Dort habe ich vor vielen Jahren mit meinen Eltern einmal Urlaub in einem Ferienhaus gemacht«, meinte Susanne und deutete auf die andere Seite des Sees.
»Hier könnte ich es auch mal aushalten«, meinte Bella und schaute sich die Landschaft ringsum interessiert an.
»Ja schon – hier ist es landschaftlich sehr schön. Aber das Wetter ist leider sehr unbeständig. Als wir damals öfter hier waren, gab's wenig Sonne, aber viel Bewölkung und Regen. Einmal hat's sogar im Juni geschneit!«
Erneut kam die Bedienung zu ihrem Tisch.
»Was hättet Sie gärne?«, fragte sie, bemüht hochdeutsch zu sprechen.
»Die Karte bitte, und für jeden erst einmal einen Kaffee«, bestellte Bella.
»S'isch, räächt!«
Susanne pfiff leise durch die Zähne, als sie anschließend die Preise auf der Speisekarte studierte. »Mein lieber Schieber, nicht schlecht. Für einen Chefsalat wollen die hier stolze achtzehn Fränkli. Und der Kaffee kostet auch das Tässchen 3 Fränkli.«
»Wenn's schmeckt, soll's mir recht sein« , meinte Bella und bestellte, nach Absprache mit Susanne, für jeden einen Fitness-Salat mit Entenbrüstchen und dazu je ein Gläschen Sekt.
»Wir müssen doch noch auf unseren Urlaub anstoßen. Und das ist jetzt der erste richtige Moment, in dem in mir Urlaubsgefühle aufkommen.«
Die anschließende Fahrt durch den etwa neun Kilometer langen Beckenried-Tunnel rief in Bella ungute Erinnerungen an das große

Gotthard-Unglück aus von 2001 wach. Damals starben elf Menschen in der höllischen Hitze eines Tunnelbrandes, den ein alkoholisierter Lastwagenfahrer ausgelöst hatte. Sie fuhr deshalb äußerst konzentriert und hielt sich genau an die Geschwindigkeitsbeschränkung.

»Grausam, wenn man hier im Tunnel anhalten müsste«, meinte sie und war heilfroh, als wieder Tageslicht in Sicht war. Sie fuhren weiter in Richtung Gotthard und der Vierwaldstätter See verschwand aus ihrem Blickfeld.

»Richtiger Blödsinn, den die Schweizer hier machen«, meinte Susanne, als sie an langen Lastwagenkolonnen vorbeifuhren, die in die rechte Fahrspur, durch Absperrungen, dirigiert wurden und hier zum Anhalten verurteilt waren.

Wie sie später erkennen konnten, wurden die Lastwagen mittels Ampelanlagen scheibchenweise wieder dem fließenden Verkehr zugeführt. So wollte man wohl vermeiden, dass zu viele Lastwagen auf einmal den Gotthard-Tunnel durchquerten.

»Das nenn ich ein Wetterchen«, sagte Bella und öffnete für einen Moment alle Fenster, um frische Luft ins Fahrzeug zu lassen. Strahlender Sonnenschein mit blauem Himmel begrüßte die beiden auf der Südseite des Tunnels.

»Jetzt sind wir im sonnigen Tessin, der Sonnenstube der Schweiz, wie es in der Werbung so schön heißt«, meinte Susanne und holte ihre neue Sonnenbrille aus der Handtasche.

»Schau doch mal – schon wieder lauter Lastwagen!«

Nun wiederholte sich das gleiche Spiel auf der Südseite des Tunnels.

Auch hier standen lange Kolonnen von Brummis aus aller Herren Ländern, mit mies dreinschauenden Fahrern am Steuer.

»Verstehst du das?«, meinte Susanne erneut. Uns ist im Tunnel doch kaum ein Fahrzeug entgegengekommen.«

»Soweit ich weiß, kostet das einmalige Durchfahren durch die Schweiz jeden Brummifahrer sehr viel Geld. Dafür dürfen die Fahrer dann ewig im Stau stehen. Das nenn‘ ich Abzocke!«

»Es ist halt auch ein Nadelöhr. Jeder der über die Schweiz nach Italien will, muss hier durch den Gotthard-Tunnel fahren. Oder oben drüber. Das geht aber nur im Sommer, sonst ist er meistens gesperrt.«
Bella schaltete das Radio ein und stellte einen italienischen Sender ein. Der Ansager sprach in einem schwindelerregenden Tempo, sodass beide laut lachen mussten.
»Der spricht ja ohne Punkt und Komma. Unglaublich, dass man so schnell sprechen kann«, lachten sie erneut.
Sie fuhren durch eine beeindruckende bergige Landschaft und Bella musste aufpassen, dass sie nicht zu schnell wurde, da die scharfen Kurven und die stark abfallende Straße nicht ganz ungefährlich waren.
»Ich bin schon ganz aufgeregt.«
»Weißt du, was wir vergessen haben?«, fragte Susanne.
»Was denn?«
»Wir haben kein Gastgeschenk gekauft!«
»Irrtum, meine Liebe. Ich habe selbstverständlich daran gedacht und habe bei einer Frankfurter Seidenmalkünstlerin ein ganz tolles Seidentuch für Frau Caldini anfertigen lassen. Alles in Blau-Grün-Tönen, die besonders auf gebräunter Haut gut aussehen. Und ich gehe einfach mal davon aus, dass Frau Caldini gebräunte Haut hat.«
»Du denkst einfach an alles – perfekt!«, lobte Susanne.
»Schau mal, hier ist ja schon Bellinzona angezeigt. Da kann es ja nicht mehr weit sein. Bellinzona liegt nämlich neben Locarno. Und Locarno ist schon der erste Ort am Lago Maggiore. Das hab ich alles heute früh extra noch mal im Atlas nachgeschaut.«
Im Radio lief gerade das Lied ›Fuoco nel Fuoco‹ von Eros Ramazzotti und beide trällerten die Melodie eifrig und laut mit, obwohl ihnen der Text nicht geläufig war.
»Toller Sänger, der Ramazzotti«, fand Susanne und Bella stimmt ihr zu.

»Hier musst du gleich abbiegen. Siehst du das braunbunte Schild ›Lago Maggiore‹?«
Susanne war schon ganz aufgeregt und schaute, ob sie in der Ferne bereits den See sehen konnte.
Aber sie sahen vorerst nur reine Industriebauten links und rechts der Straße. Auf einem Schild entdeckten sie dann, dass es nur noch wenige Kilometer bis Locarno war.
Als sie an einem kleinen Flughafen vorbei kamen, sahen sie am Himmel lauter bunte Segel, die sich beim näheren Betrachten als Gleitschirmflieger entpuppten, die in Gruppen im wahrsten Sinne des Wortes ›vom Himmel‹ fielen.
»Halt doch mal an, das interessiert mich«, meinte Susanne und Bella parkte ihr Fahrzeug am Rand des kleinen Seitenwegs. Von hier aus konnten sie genau beobachten, was auf dem kleinen Flugplatz vor sich ging.
Eine kleine Maschine startete und flog, mit vielen Gleitschirmfliegern an Bord ziemlich hoch in die Luft, um anschließend ihre Passagiere ganz oben wieder auszuspucken. Vom Wind getragen, dauerte es dann eine ganze Weile, bis die fliegenden Männer wieder festen Boden unter den Füßen hatten.
»Das muss ein tolles Gefühl sein. Ich weiß nicht, ob ich mich das trauen würde«, meinte Susanne und hielt sich die Hand über die Augen, um besser sehen zu können.
»Die Sonne blendet ja ungemein«, meinte sie. Bella schaute auf die Uhr.
»Wir sind voll in der Zeit. Jetzt muss gleich der See kommen, dann sind es nur noch etwa fünfundzwanzig Kilometer, dann sind wir schon da!«
Sie stiegen wieder ein und fuhren weiter in Richtung Italien, als kurz vor dem Locarno-Tunnel der erste Zipfel vom See zu sehen war.
Am Ufer lagen malerisch viele kleine Boote in der Sonne und der See blinkte ihnen zu.
»Ob Frau Caldini wohl ein Boot hat?«

»Das werden wir schon bald wissen«, sagte Bella und fuhr zügig durch den Tunnel. »Ah, schau, hier geht's ab nach dem berühmten Ascona. Da wohnen ziemlich viele Promis, soviel ich weiß.« Bella zeigte dabei auf das Ausfahrtsschild. »Ich glaube hier wohnen einige Schriftsteller und Schauspieler. Auch unser ehemaliger Bundespräsident soll hier leben oder gelebt haben.«

»Das können wir uns doch auch mal anschauen.«

»Klar, sagte Bella, aber nicht heute. Wir werden erwartet!«

Als sie den nächsten Tunnel bei Ascona durchfahren hatten, strahlten sie sich glücklich an. Der Anblick des Sees und der kleinen engen Uferstraße begeisterte sie.

»Sieh nur, wie schön es hier ist. Und da vorn ist auch eine kleine Insel!«

»Das sind die Brissago-Inseln«, belehrte sie Bella, die sich schon vor der Reise eingehend in Reiseführern informiert hatte.

»Schau mal, hier stehen viele Pflanzen in den Gärten, die ich nur aus Kübeln kenne. Hier ist sogar ein Eukalyptusbaum und dort stehen Bananenstauden.« Bella zeigte in Richtung der Pflanzen und war begeistert. Die schmucken Häuser, an denen sie vorüberfuhren, wetteiferten mit ihrer Pflanzenpracht. Beeindruckend waren die üppig blühenden blauen Glyzinen, die sich an vielen Zäunen entlang schlängelten und in voller Blüte standen. Zu ihnen gesellten sich leuchtende Azaleen und viele pinkfarbene Mittagsblumen hingen von den hübschen Steinmauern wie Sterne herunter. Mächtige Hanfpalmen und alte Zypressen zogen an ihnen vorüber und Rosen, in allen erdenklichen Farben, blühten bereits um die Wette. Bella hatte schon nach dem letzten Tunnel das Verdeck ihres Cabrios geöffnet. Ein wunderbarer Blütenduft wehte ihnen entgegen, den sie tief einatmete.

»Der Ort da oben sieht doch sehr romantisch aus«, meinte Susanne und deutete zu einem malerischen Ort am Steilhang des Sees.

»Das muss ›Ronco sopra Ascona‹ sein«, meinte Bella. »Ich habe gelesen, dass dort der Schriftsteller Erich Maria Remarque gelebt hat. Und auch gestorben ist, glaube ich.«

»Ein Traum!«, schwärmte Susanne und lehnte sich bequem, die Arme weit ausgestreckt, zurück.
Wieder kamen sie vorbei an einem kleinen Bootshafen, durchfuhren das Grenzörtchen Brissago und kamen zur schweizerisch-italienischen Grenze.
Viele Fahrzeuge mit italienischem Kennzeichen fuhren vor ihnen und konnten ohne Kontrolle die Grenze passieren. Auch sie fuhren ohne Halt an den Schweizer Beamten vorbei.
Auf der italienischen Seite stand eine Gruppe schick uniformierter Grenzbeamte, die sich wild gestikulierend miteinander unterhielten.
Als Bella und Susanne an den Grenzern vorüberfuhren, machten sie auch keinerlei Anstalten, ihre Ausweise zu kontrollieren. Einer zwinkerte ihnen freundlich lächelnd zu und kurz danach wurden sie von einem großen Schild mit der Aufschrift Benvenuti in Italia begrüßt. Italien hieß sie herzlich willkommen!

Die Ankunft

Jetzt müssten sie bald hier sein, dachte Laura, als sie auf ihre Armbanduhr schaute. Sie war ziemlich nervös und ging in Gedanken noch einmal alles durch, was sie sich für den Empfang ihrer Gäste vorgenommen hatte. Zuerst würde sie den beiden einen kleinen Imbiss mit Prosecco zur Begrüßung anbieten. Dann wollte sie ihnen das Haus und ihre Zimmer zeigen und ihnen danach Gelegenheit zum Auspacken und Entspannen geben. Das Abendessen würde gegen halb neun serviert. Mit Maria hatte sie alle Einzelheiten abgesprochen.
Hoffentlich kommt Marc nicht so spät, dachte sie. Seine Unterstützung war ihr jetzt besonders wichtig. Sie wollte ihn beiden gleich als ihren Lebensgefährten vorstellen. Das würde später keine Unklarheiten heraufbeschwören.
Sie überprüfte ihre Erscheinung im Spiegel. Eine gut gekleidete, gepflegte Frau schaute sie an. »Wird schon gut gehen, Laura«,

sagte sie zu ihrem Spiegelbild und ging hinunter zu Maria in die Küche, um mit ihr das Abendessen durchzugehen. Zuvor nahm sie noch einen Teelöffel ihrer Aufbautropfen und musste sich heftig schütteln. Das Zeug schmeckte einfach fürchterlich, aber es schien ihr gut zu helfen. Sie fühlte sich in letzter Zeit einfach fabelhaft.
Es hupte, als sie bereits nach unten gehen wollte. Schnell schaute sie aus dem Fenster und sah, dass Marc gerade sein Auto abschloss. Gott sei Dank, er ist rechtzeitig da, dachte sie erleichtert und eilte hinunter, um ihn zu begrüßen.
»Schön, dass du schon da bist«, sagte sie und küsste ihn herzlich auf den Mund. Er lächelte sie fröhlich an und drückte sie fest an sich.
»Es könnte sein, dass ich die beiden schon gesehen habe«, meinte er verschmitzt. »An der Tankstelle in Cannobio ist mir ein kleiner, roter Sportwagen aufgefallen, in dem zwei bildhübsche junge Frauen saßen. Eine davon ganz besonders schön.«
Laura griff sich ans Herz und atmete tief durch. »Ich bin so aufgeregt, Marc. Hoffentlich geht alles gut. Mein eigener Mut verlässt mich im Moment etwas.«
»Soll ich dir sicherheitshalber ein leichtes Beruhigungsmittel geben?«, fragte Marc besorgt.
»Nein, besser nicht, du weißt doch, dass ich von zu vielen Tabletten nichts halte. Da muss ich jetzt durch«, sagte sie entschlossen.
Sie waren gerade beim Hinaufgehen, als ein kleiner roter Sportwagen durch das mächtige Tor zur Villa einbog und wenige Sekunden später vor der Villa einparkte.
»Sie sind da!«, flüsterte Laura, etwas bleich geworden, und fasste sich ans Herz.
Marc umklammerte ihre Hand fest und stützte sie leicht beim Hinuntergehen.
Bella und Susanne stiegen schwungvoll aus ihrem Fahrzeug aus und schauten sich begeistert um.
»Gigantisch!«, sagte Susanne und lachte Bella an, die ebenfalls einen glücklichen Ausdruck im Gesicht hatte.

»Schau mal, die Gastgeber kommen«, flüsterte Susanne und beide gingen Laura und Marc entgegen.
»Herzlich willkommen in Cannero«, sagte Laura und drückte zuerst Susanne die Hand, während Marc Bella aufs Herzlichste begrüßte. Dann ging sie mit klopfendem Herzen auf Bella zu und sagte: »Es ist schön, Sie endlich kennen zu lernen. Ich freue mich ganz besonders. Hatten Sie eine gute Reise?«
»Es war eine wunderschöne Fahrt, besonders nach dem Gotthard-Tunnel. Der Verkehr war danach auch etwas weniger und bei diesem schönen Wetter war die Reise die reinste Erholung«, sagte Bella und schaute der schönen Gastgeberin direkt in die Augen. Sehr sympathische Erscheinung - wir sehen uns ja fast etwas ähnlich, dachte sie spontan und machte sich aber darüber keine weiteren Gedanken.
»Waren Sie schon einmal hier in der Gegend?«, fragte Marc an Bella gewandt.
»Nein, das ist zwar nicht das erste Mal, dass ich in Italien bin. Aber eigentlich doch, denn ich war noch viel zu klein, als ich mit meinen Eltern an der italienischen Riviera war. Vielleicht drei oder vier Jahre alt.«
»Sie sprechen ja beide deutsch, woher können Sie die Sprache so perfekt«, fragte Susanne.
Marc lächelte und antwortete als Erster.
»Ich bin Deutscher. Und Laura hat vor vielen Jahren in Deutschland studiert und sehr gut Deutsch gelernt. Wir sprechen untereinander sehr oft Deutsch, damit Laura in der Übung bleibt.«
»Ach so, ein Glück für uns«, meinte Susanne, »sonst wären wir ganz schön aufgeschmissen!«
»Unser Italienisch beschränkt sich leider auf ein paar Floskeln aus einem Reise-Wörterbuch«, lachte Bella und fügte an Laura gewandt hinzu: »Zuerst einmal ganz herzlich Dank für Ihre großzügige Einladung. Wir wissen das sehr zu schätzen und sind total begeistert von der schönen Gegend hier und von Ihrer Villa.«
Plötzlich leckte ein großer schwarzer Hund Bellas Hände ab und

sie erschrak ein wenig. »Das ist Pero, der tut Ihnen nichts. Er ist nur ein wenig aufdringlich. Vor allem wenn Besucher kommen, die er mag. Sie scheinen ihm zu gefallen«, sagte Laura und alle lachten, als Pero auch noch übermütig an Bella hochsprang.
»Du bist der Pero! Ja, guten Tag Pero. Du bist aber ein schöner Hund«, sagte Bella und streichelte ihn hinter den Ohren, was er sich schwanzwedelnd mit sichtlichem Vergnügen gefallen ließ.
»Möchten Sie zuerst ausladen oder wollen wir zuerst einen Rundgang durch den Garten und das Haus machen?«, fragte Laura.
»Ehrlich gesagt, würde ich mich gern ein bisschen frisch machen und dann alles besichtigen. Ich fühle mich etwas renovierungsbedürftig«, meinte Bella und Susanne stimmte ihr zu. Sie nahmen die kleinen Koffer von den Hintersitzen und öffneten den Kofferraum.
»Dann zeige ich Ihnen erst einmal Ihre Zimmer«, sagte Laura und ging mit ihnen ins Haus. Marc nahm zwei Koffer aus dem Kofferraum und folgte ihnen nach.
Schon beim Hinaufgehen zeigten sich Susanne und Bella begeistert von der schönen Villa, um dann vollends bei den Turmzimmern und der fantastischen Aussicht in Entzücken zu geraten.
»Die Villa ist ein Traum, Frau Caldini«, sagte Bella.
»Bitte nennen Sie mich doch Laura und am liebsten wäre es mir, wenn wir uns gleich duzen, wenn es Ihnen, äh dir, nichts ausmacht. Das gleich gilt natürlich auch für Susanne.«
Susanne und Bella schauten sich strahlend an und Bella ergriff das Wort: »Aber sehr gern, in unserem Alter ist das Duzen sowie ganz normal und wir haben damit überhaupt keine Probleme. Sehr gern, Laura!«
Marc, der alles gehört hatte und gerade die Koffer im kleinen Aufenthaltsraum absetzte, meinte:
»Darf ich mich gleich anschließen. Ich heiße Marc und bin der Lebensgefährte von Laura.« Dabei schaute er zu Laura, und als diese bei seinen Worten lächelte, sagte er noch: »Lasst uns das nachher bei einem Gläschen Prosecco besiegeln.«

»Wir lassen euch jetzt einen Moment allein. Das Bad ist dort drüben«, zeigte Laura an. »Die Zimmer sind beide gleich groß und haben Seeblick. Wer welches Zimmer nimmt, müsst ihr unter euch ausmachen. Wir haben einen kleinen Begrüßungsimbiss für euch vorbereitet und erwarten euch in etwa einer halben Stunde unten im Salon.«

»Bis dann«, sagte Marc und ging mit Laura die Treppe hinunter.

»Donnerwetter! Im Salon!«, sagte Susanne und spitzte anerkennend die Lippen.

Susanne und Bella schauten sich bewundernd die beiden Schlafzimmer an, die fast identisch waren und Bella warf sich spontan rücklings auf das hinter ihnen stehende Bett.

»Unglaublich schön ist hier alles«, schwärmte sie, während Susanne ihre Koffer ins andere Zimmer trug.

Bella ging zum Badezimmer. Das geräumige Bad mit Wanne und Dusche war mit handbemalten, sizilianischen Fliesen aus dem neunzehnten Jahrhundert in Aubergine und Blau dekoriert und der hellste Blauton der Fliesen wiederholte sich in der Wandfarbe. Die gleichfarbige Toilette war durch eine Verbindungstür abgetrennt.

»Klassisches, italienisches Bad, schätze ich«, sagte sie anerkennend, als Susanne ihr folgte. »Einfach toll – selbst das Bad.«

Susanne hatte bereits ihren Kosmetikkoffer in der Hand und stellte die ersten Utensilien auf die nebenstehende Kommode.

»Wie findest du denn Laura und Marc?«, fragte Bella.

»Sehr, sehr nett – beide. Ich finde sogar, dass Laura dir irgendwie ähnlich sieht. Vielleicht seid ihr doch verwandt! Und Marc ist sehr charmant und sieht gut aus. Was schätzt du, wie alt die beiden sind?«

»Schwer zu sagen. Ich würde sagen, Laura ist so um die fünfzig bis fünfundfünfzig und Marc so Ende fünfzig.«

»Na ja, das werden wir sicher alles noch erfahren. Auch was Laura dir Wichtiges mitzuteilen hat. Eins nach dem anderen.«

Susanne entledigte sich ihrer Kleider und ging als erste duschen.

Begrüßungsempfang

»Und, was sagst du zu den beiden?«, fragte Marc, als er im Salon den Prosecco öffnete.

»Ich bin sehr berührt. Es ist ein ganz merkwürdiges Gefühl, das ich im Moment verspüre. Ich habe ein Kribbeln im Bauch und kann es nicht fassen, dass Bella nun hier vor mir steht. Schließlich habe ich sie nur ganz kurz nach ihrer Geburt gesehen. Und all die Jahre dazwischen ...«

Laura schluckte und konnte vor Rührung nicht weiterreden. Marc nahm sie in den Arm und drückte sie ganz fest an sich.

»Alles wird gut, Laura. Glaub mir! Bella ist ein ganz reizendes Geschöpf und ihr werdet euch sicher mögen. Alles andere kommt bestimmt von ganz allein und braucht seine Zeit.«

»Du hast ja so recht. Sie ist einfach bezaubernd. Ich habe nur Angst davor, wie sie reagieren wird, wenn sie die Wahrheit erfährt.«

Maria kam herein und brachte eine Schale mit leckerer Antipasti.

»Ich habe zu den verschiedenen Bruschette noch etwas ›Bocconici di parma‹ (Backpflaumen in Parmaschinken) gemacht«, sagte sie stolz und stellte die Antipasti-Platte auf den Beistelltisch, auf dem auch schon die Proseccogläser bereitstanden.

»Wunderbar Maria, sieht ja alles sehr, sehr köstlich aus.«

Marc und schob sich sogleich ein Stück Bruschetta in den Mund.

»Sieht nicht nur köstlich aus, es schmeckt auch ganz ausgezeichnet!«, ergänzte er.

Maria lächelte ihm dankbar zu, denn für Komplimente war sie sehr empfänglich.

»Ich hole noch etwas Oliven und Grissini.« Und schon war sie wieder in der Küche verschwunden.

Als Bella und Susanne in den Salon kamen, hatten sie ihre sportliche Kleidung abgelegt und mit einem eleganten Sommerkleid vertauscht.

Bella trug ihre halblangen, dunklen Haare offen und das zartgelbe Chiffonkleid passte hervorragend zu ihrem leicht gebräunten Teint und ließ ihre Haut leuchten.

Susanne, in ein dunkelblaues Etwas gehüllt, sah nicht weniger gut aus und hatte ihre langen, hellblonden Haare seitlich zusammen gebunden.

»Ihr seht einfach toll aus«, sagte Marc. »Da stehen die Verehrer doch sicherlich Schlange, was?«, fragte er scherzend.

»Vielen Dank für die Blumen – es hält sich so in Grenzen. Der Richtige war jedenfalls noch nicht dabei«, meinte Susanne und Bella gab ihr einen freundschaftlichen Schubs.

»Wieder mal ganz schön vorlaut, meine Susanne«, meinte sie lächelnd und nahm den dargebotenen Prosecco in die Hand.

Maria kam mit Oliven und Grissini herein, stellte sie ab, ging auf Susanne zu und streckte ihr die Hand entgegen.

»Buongiorno, benvenuti in Cannero! Mi chiamo Maria«, sagte sie verlegen mit einer kleinen Verbeugung.

»Buongiorno«, antwortete Susanne einwandfrei, denn diese Begrüßung hatten sie in letzter Zeit oft genug geübt.

Laura schaltete sich ein und stellte Maria vor.

»Das ist unsere gute Seele Maria. Sie kocht und kümmert sich um alles hier im Haus. Ihr Mann Alfredo, der noch nicht da ist, pflegt unseren großen Garten. Er macht auch die kleineren Arbeiten im und am Haus.«

Maria gab auch Bella die Hand und schaute sie begeistert an. »Buongiorno, benvenuti, Signorina!«

»Buongiorno, grazie«, antwortet Bella und lächelte sie freundlich an.

Maria drehte sich zu Laura herum und meinte: »Das ist doch sicherlich eine Verwandte von Ihnen, Signora, bei dieser Ähnlichkeit!?«

Laura war froh, dass die beiden kein Italienisch verstanden, so konnte sie Maria ungeniert antworten.

»Das ist eine lange Geschichte. Ja, wir sind verwandt. Das erzähle ich ihnen später einmal.« Dabei sah sie Marc lange an und eine leichte Röte überzog ihr Gesicht.

Marc räusperte sich und übernahm das Gespräch. Er überreichte nun allen, auch Maria, ein Glas Prosecco und sagte: »Noch einmal ganz herzlich willkommen. Wir freuen uns sehr, dass ihr da seid und wünschen euch einen wunderschönen Urlaub und unvergessliche Tage am Lago Maggiore. Salute!«

»Salute«, klang es wie aus einem Mund und die Gläser klirrten aneinander.

Nachdem sie einige Häppchen gegessen hatten, machten sie einen Rundgang durch die Villa. Laura zeigte ihnen jedes Zimmer und erklärte einige Details zu der Geschichte des Hauses. Anschließend durchquerten sie den Garten und genossen das umwerfende Panorama.

Bella konnte ihre Begeisterung über die Pflanzenvielfalt des Gartens nur schwer im Zaum halten.

Sie war doch sehr überrascht, welche exotischen Pflanzen in diesem Klima bestehen konnten und frei ausgepflanzt waren. Viele davon hätte sie nur am Mittelmeer vermutet.

Laura erklärte ihr, dass der Winter hier am Lago sehr mild sei und die Temperaturen selten unter null Grad absinken.

»Die großen Wassermassen des Sees wirken ausgleichend und verhindern, dass die Temperaturen unter Null Grad absinken. Gleichzeitig verhindern sie, dass es im Sommer zu heiß wird«, ergänzte Marc ihre Erläuterungen.

»Wir haben hier im Winter manchmal das reinste Frühlingswetter und es ist normal, dass man auch dann in den Cafés am See im Freien sitzen kann. Mit der entsprechenden Kleidung, versteht sich«, sagte Laura und ging weiter zum neu angelegten Gartenbereich.

Hier entfalteten die Hortensien bereits die ersten leuchtend blauen Blüten.

»Das ist aber früh für Hortensien und dieses intensive Blau. Sieht aus wie unecht«, meinte Bella.

Sie setzten sich für einen Moment an den neuen Granittisch und schauten zu den englischen Rosen hinüber, die ebenfalls üppig mit Knospen besetzt waren und von denen einige bereits in hellen Pastelltönen aufblühten.

»Die Rosen habe ich mir erst letztes Jahr aus England liefern lassen. Sie blühen fürs erste Jahr schon ganz wundervoll und haben einen herrlichen Duft«, meinte Laura, worauf Marc zu dem Beet lief, drei leicht aufgeblühte Rosenstiele abbrach und jedem der Frauen eine Rose überreichte.
»Unser Rosenkavalier!«, sagte Susanne und alle lachten.
Sie setzten ihren Rundgang fort und Bella staunte, wie gut Laura sich mit allen Pflanzen auskannte.
Auf dem Weg zurück zum Haus begegnete ihnen Alfredo, der gerade mit einem Schubkarren um die Ecke bog.
»Alfredo, kommen Sie, ich möchte Ihnen unsere Gäste vorstellen«, rief Laura ihm zu.
»Das ist Signor Bassi, genannt Alfredo«, machte Laura ihn mit Susanne und Bella bekannt.
»Signorina Bella und Signorina Susanne«, stellte sie ihre Gäste vor und Alfredo schüttelte ihnen die Hand und schaute etwas verlegen lächelnd unter sich.
»Maria und Alfredo wohnen und arbeiten hier schon seit dreißig Jahren. Sie sind wahre Glücksgriffe und sehr diskret. Leider werden sie uns im nächsten Jahr verlassen. Dann wird Alfredo pensioniert und will in seine Heimat Kalabrien zurück. Ich weiß noch gar nicht, wie das dann werden wird.«
Sie lächelten ihm alle freundlich zu und Alfredo fuhr, höflich nickend, mit seinem Schubkarren weiter in den oberen Garten.
»Wohnen Maria und Alfredo unten am Tor in dem kleinen Haus?«, fragte Bella interessiert und kraulte dabei Pero hinter den Ohren, der sie nicht aus den Augen ließ und ständig ihre Hand ableckte.
»Ja, das war zu früheren Zeiten einmal das Gärtnerhaus. Wir haben es dann ein bisschen umgebaut und wohnlich hergerichtet. Sie haben es sich sehr gemütlich zurechtgemacht. Hinter dem Haus ist übrigens noch ein kleiner Gemüsegarten, mit vielen Kräutern, die Maria gern in der Küche verwendet«, meinte Laura und warf Pero dabei ein Stöckchen in Richtung Zufahrt. Er rannte mit fliegenden Ohren wie eine Rakete hinter dem Stöckchen her, brachte

es sogleich zurück und legte es Bella zu Füßen. Dabei schaute er sie auffordernd an.

»Da hast du aber eine große Eroberung gemacht, Bella«, meinte Laura. »Man könnte ja glatt eifersüchtig werden. Diese Zuneigung hat er nicht zu allen Besuchern.«

Insgeheim fragte sie sich, ob Pero vielleicht die geheime Verbindung zwischen ihnen spüren konnte. Schon an der Haustür kam ihnen ein köstlicher Duft entgegen.

»Hier riecht es aber lecker«, sagte Susanne. »Wenn das Essen so gut schmeckt, wie es riecht, dürfte es ein wahrer Genuss sein! Da bekommt man doch ganz plötzlich einen riesigen Hunger.«

»Schon die kleinen Snacks waren eine Wucht«, meinte Bella. »Ich glaube, hier werden wir ganz schön verwöhnt. Wenn ich da an unser Fast Food-Essen zu Hause denke!«, lachte sie.

Der Esstisch war liebevoll gedeckt. Maria hatte das feinste Geschirr mit den edlen Silberbestecken eingedeckt und eine wunderschöne Blütendekoration in der Mitte aufgestellt. Sie spürte genau, wie wichtig der Signora dieser Besuch war, wenn sie sich auch noch keinen rechten Reim darauf machen konnte.

»Was machen wir nur, wenn Maria nicht mehr da ist?«, stöhnte Laura, als Maria hereinkam und die Signora fragte, ob sie zuerst einen aperitivo servieren sollte.

Laura bestellte für alle noch einmal einen kühlen Prosecco, als plötzlich das Telefon klingelte, das im Nebenzimmer stand. Sie entschuldigte sich für einen Moment und nahm den Anruf entgegen. Es war Architetto Stefani, der sich wegen einer Terminvereinbarung meldete. Sie verabredeten für den nächsten Nachmittag ein Treffen in der Villa und Laura begab sich wieder zu ihren Gästen.

Marc referierte gerade über die Po-Ebene und erzählte, dass dort zu Urzeiten einst Meer war.

»Erst im Eiszeitalter häuften die von den Alpen kommenden Flüsse ihr mitgeführtes Material an. Daraus wurde im Laufe vieler Jahre dann fruchtbares Land. Die Po-Ebene, die sich über rund fünfhundert Kilometer von der Lombardei bis zum Piemont erstreckt, ist eine der fruchtbarsten Zonen Italiens. Was viele überhaupt nicht wissen, Italien ist Europas größter Reisproduzent. Ich erzähle euch das deshalb, weil Maria heute ein köstliches Risottogericht aus der Lombardei als ›Primi Piatti‹ zubereitet hat. Es heißt ›Risotto con asparagi verdi e spugnole‹, auf Deutsch: ›Risotto mit grünem Spargel und Morcheln‹. Ich bin gespannt, wie es euch schmecken wird. Wenn ihr Lust habt, können wir gern einmal einen Ausflug zu den Reisfeldern machen. Das ist nicht sehr weit und wirklich sehr sehenswert.«

Laura mischte sich ein und erzählte, dass gerade der junge Architekt angerufen habe. Er komme morgen am Nachmittag vorbei.

»Deshalb muss ich morgen dann auch da sein. Ich schlage vor, dass wir für morgen noch kein großes Programm planen und ihr euch erst einmal ein bisschen hier eingewöhnt. Nach dem Essen können wir vielleicht noch an den Strand gehen. Das wird euch sicher auch interessieren.«

»Gehört der Strand hier zum Haus?«, fragte Bella und war überrascht, dass es sogar ein kleines Badehäuschen gab, in dem alle nötigen Dinge, wie Strandliege, Luftmatratze vorhanden waren.

»Darf ich fragen, woher du meine Eltern kennst und wieso ich in all den Jahren nichts von dir wusste?«

Laura wurde leicht nervös und Marc kam ihr sofort zur Hilfe.

»Das ist, wie so oft im Leben, man verliert sich aus den Augen und erinnert sich erst durch einen Zufall wieder an liebe Freunde«, sagte er, um Laura eine Brücke zu bauen.

»Ich habe in Frankfurt vor über dreißig Jahren ein Volontariat in einem Großverlag gemacht. Dort lernte ich deine Eltern kennen, die dort gejobbt haben. Und wie das damals halt so war, boten sie mir ein Zimmer in ihrer Wohnung an. Wir hatten eine Wohngemeinschaft mit noch einem jungen Mann. Als ich nach Italien zurückging, war ich sofort in der Druckerei meines Vaters so eingespannt, dass sich der Kontakt verloren hat. Erst als ich in Milano einen früheren Freund zufällig wieder traf, hat er mir vom

Tod deiner Eltern erzählt. Ich habe deshalb sofort einen Brief an dich geschrieben und den Rest weißt du ja selbst.«
Laura schwieg einen Moment und blickte Bella prüfend in die Augen. Ob das schlüssig und einleuchtend war, dachte sie.
»Dann muss das aber doch eine große Freundschaft gewesen sein, wenn du uns hier so großzügig einlädst. Schade nur, dass Mutter das nicht mehr erlebt hat. Sie hätte sich sicher sehr gefreut.«
»Erzähl mir doch ein wenig, wie alles passiert ist – oder warte, das heben wir uns für nachher auf, wenn wir zum Strand laufen. Jetzt kommt erst einmal das Essen dran. Wir müssen Marias Arbeit doch auch etwas würdigen.«
Maria servierte und strahlte. »Buon appetito!«

In Elenas Wohnung

Als Roberto die kleine Wohnung betrat, schlug ihm ein fürchterlicher Gestank entgegen.
Die Fenster waren geschlossen, die Vorhänge zugezogen und überall lag Müll herum.
Die schmutzigen Teller mit Essensresten standen wild aufgestapelt auf der Spüle.
Verdammt, hier müsste mal Ordnung gemacht werden. Hier stinkt ja alles zum Himmel. Wie konnte er sich nur in solch einer Umgebung aufhalten, in solch einem stinkenden Loch. Er, ein Mann aus gutem Hause, der bald das Feinste vom Feinen genießen konnte.
Er ging zum Fenster und riss es auf.
Aus der Ecke hörte er ein Stöhnen und sah, dass sich Elena unter ihre schmutzige Decke verkrochen hatte. Er ging zu ihr hin und zog das schmuddelige Etwas mit spitzen Fingern zurück. Ein Häufchen Elend lag blass und abgemagert gekrümmt vor ihm. Nichts war von der attraktiven Blonden übrig geblieben, die er einst in der Disco kennengelernt hatte.
»Elena, was hast du genommen, sag es mir.«
Elena schaute ihn wie aus weiter Ferne an.

»Hilf mir«, sagte sie mit weinerlicher, kaum hörbarer Stimme. »Ich brauche was, egal was!«

Er selbst hatte erst vor wenigen Minuten Kokain genommen, deshalb fühlte er sich so cool. Obwohl er wusste, dass auch für ihn die Abstände zwischen einer Drogeneinnahme immer geringer wurden.

Ich kann jederzeit aufhören, wenn ich will, das sagte er sich immer dann, wenn er gut drauf war und gerade etwas eingenommen hatte.

Seine Schulden war er zum Glück erst einmal los. Im Gegenteil, es ging ihm gut, seit er den Scheck bei der Bank eingelöst hatte. So konnte er großzügig sein und Elena an seinem Reichtum etwas teilhaben lassen.

Er holte sein Kokain aus der Jackentasche und mixte daraus einen Cocktail, den er Elena in die Vene spritzte. Wenige Minuten später war sie wieder ansprechbar, stand auf und lief unruhig im Zimmer auf und ab. Sie ging zu der geöffneten Rotweinflasche, die auf dem Tisch stand und nahm einen kräftigen Schluck. Das wiederholte sich, bis die Flasche leer war.

»Wenn du so weiter machst, bist du bald am Ende«, sagte Roberto und warf die Flasche in den Mülleimer.

»Ich werde mich heute wieder mal bei Toto sehen lassen«, sagte Elena spontan, ohne weiter auf ihn einzugehen. Sie packte ihre Tasche und ging hinaus, ohne Roberto noch einmal anzusehen. Kaum hatte sie die Tür hinter sich zugemacht, kontrollierte Roberto, ob seine gefährliche Mixtur, die er in die alte Weinflasche gefüllt hatte, noch da war.

Zum Glück stand sie unberührt, gut versteckt hinter einigen alten Putzmitteln. Und die Gefahr, dass Elena zu den Reinigungsmitteln griff, war gering. Er holte sie hervor und füllte vorsichtig eine geringe Menge in ein kleines leeres Konfitürenglas, das er vorher sorgfältig ausgespült hatte.

»Du musst mir Glück bringen«, sagte er zu dem Glas, streichelte den Deckel und steckte es in seine Jackentasche. Das selbst gebraute Oleandergift hatte er schon lange vorbereitet. Sorgfältig zerkleinerte Oleander-Blätter, Blüten- und Samenansätze sowie -Stängel hatte er mit wenig Wasser in einem Mixer püriert und anschließend mehrere Tage ziehen lassen. Diese todbringende Mixtur drückte er danach durch ein Baumwolltuch und der herausfließende Saft war äußerlich in nichts von der Kräutertinktur des Apothekers zu unterscheiden. Und bitter waren sie seines Wissens nach beide.

Jetzt muss ich nur noch den richtigen Moment abpassen. Der beste Zeitpunkt wird sein, wenn Maria zum Einkaufen geht und Laura vielleicht im Garten arbeitet, dachte er.

Er verließ die Wohnung, um Laura einen Besuch abzustatten und um das Terrain zu sondieren.

Am See

»Es hat allen wunderbar geschmeckt, Maria«, lobte Marc, als Maria den Espresso brachte.

»Grazie mille, Dottore«, freute sich Maria und räumte die Dessertteller ab.

»È stato eccellente«, radebrechte Bella und alle lachten.

»Nun, wie sieht es aus, wollen wir noch einen Verdauungsspaziergang zum Strand machen?«, fragte Laura und als alle zustimmten, nahm Laura noch für alle Fälle ein Handtuch mit. Langsam liefen sie hinunter zum See.

Marc pfiff nach Pero, der sofort angerannt kam.

»Hol deine Leine«, sagte er zu ihm, worauf der schwarze Setter schnurstracks losrannte und mit einer Leine im Maul zurückkam.

»Du bist aber ein schlauer Hund«, lobte ihn Bella und streichelte ihn, was er sogleich als Aufforderung ansah, an ihr hochzuspringen, um sie abzulecken.

»Pfui, Pero, das darfst du nicht«, schimpfte Laura, worauf er sofort Sitz machte und alle mit unschuldigen Augen ansah.

»Bis wir über die Straße sind, muss er leider angeleint werden. Die

Straße ist einfach zu gefährlich«, sagte sie und knipste die Leine an sein Halsband.
»Die italienischen Fahrer sind meistens wenig geduldig. Sie fahren beängstigend nah auf und überholen unentwegt, auch an den gefährlichsten Stellen«, meinte Bella und erinnerte sich an einige brenzlige Situationen auf der engen Uferstraße.
»Ja, das stimmt. Besonders auf die rasenden Motorradfahrer musst du hier achten. Die sind unberechenbar. Einfach verrückt!«
Laura warf Pero den dicksten Stock, den sie finden konnte, ins Wasser, worauf dieser blitzartig hinterher flog und Susanne nass spritzte, die gerade ihren Fuß ins Wasser gestreckt hatte.
»Da könnte man doch glatt hinterher, es ist gar nicht so kalt«, sagte sie lachend.
Sie setzten sich alle auf den großen Felsen, plauderten noch eine Weile über vergangene Zeiten, und schauten sich aus dieser Perspektive die wunderschöne Landschaft an.
»Hier kann man es aushalten. Es ist herrlich hier«, sagte Bella und erzählte dann von ihrem Haus im Taunus, das sie nach dem Tod der Mutter allein bewohnte.
»Meine Eltern haben das Haus nach eigenen Entwürfen bauen lassen. Du weißt ja sicher, dass beide Architekten waren und ein eigenes Architekturbüro aufgebaut hatten. Da war ich gerade sechs Jahre alt. Der Zeitpunkt wurde so gewählt, weil ich dann gleich im Ort eingeschult werden konnte«, sagte sie an Laura gewandt.
»Und wann ist das mit deinem Vater passiert?«, fragte Laura einfühlsam.
»Vater starb vor zwanzig Jahren. Ich war erst zwölf Jahre alt und es war ein riesiger Schock für Mutter und mich. Es war einfach fürchterlich. Er ist bei einem Zusammenstoß mit einem Lastwagen auf der Autobahn tödlich verunglückt. Wir konnten es lange Zeit nicht fassen. Wir hatten ihn so geliebt und waren immer eine sehr glückliche Familie.«
Bella musste nun die Tränen unterdrücken, die ihr immer noch, wenn sie von diesem Unglück sprach, in die Augen schossen.

Gefasst erzählte sie weiter: »Mutter hat danach das Architekturbüro weitergeführt. Bis zu dem Tag, als sie ihre Diagnose ›Brustkrebs‹ erhielt. Das war vor gut fünf Jahren. Erst glaubten wir, dass sie es schaffen würde. Aber dann hat der Krebs doch gesiegt und die letzten Monate waren für sie die reinste Qual. Sie hat so sehr gelitten.« Bella schluckte, bevor sie weitersprach.
»Mutter hat, als sie von der Krankheit erfuhr, das Architekturbüro verkauft. Ich habe in dieser Zeit meine kleine Wohnung in Frankfurt aufgegeben und bin wieder zu Hause eingezogen, um Mutter zu pflegen und für sie da zu sein. Vor einem halben Jahr ist sie dann leider verstorben.«
Alle schwiegen betroffen für einige Minuten. Marc löste das Schweigen auf und ergriff als erster das Wort.
»Hast du keine Geschwister?«
»Nein, meine Eltern wollten wohl keine weiteren Kinder, was ich immer sehr bedauert habe. Es wäre schön, einen Bruder oder eine Schwester zu haben.«
»Aber du hast doch mich«, sagte Susanne und nahm Bella in die Arme.
»Ja, dafür bin ich auch sehr dankbar. Es ist schön, eine gute Freundin zu haben, auf die absolut Verlass ist.«
»Und welche Pläne für die Zukunft hast du nun?«, fragte Marc und sah dabei Laura verstohlen von der Seite aus an.
»Ich bin ausgebildete Gartenbauarchitektin. Pflanzen haben mich schon immer sehr interessiert und sind meine Passion. Zur Zeit arbeite ich noch im Architekturbüro. Außerdem schreibe ich als freie Fachautorin für verschiedene Gartenzeitschriften.«
»Was meinst du, mit ›zur Zeit arbeite ich noch‹?«
»Nun, ich war bis vor kurzem fast verlobt mit dem Juniorchef, als ich per Zufall über Susanne erfuhr, dass er schwul ist.« Ihr fiel erst jetzt auf, dass sie schon seit Wochen nicht mehr an Henry gedacht hatte. Sie erzählte so unbeteiligt und so wenig berührt, dass alle lachen mussten.

»Es war, wenn ich ehrlich bin, kein großer Verlust für mich. Ich habe unbewusst immer irgendwie gespürt, dass wir eigentlich nicht zusammen passen.«
»Bei so einer Schönheit wie dir, wird es doch nicht schwer sein, den ›Richtigen‹ zu finden. Dir müssen die Männer doch nur so nachlaufen«, meinte Marc und schaute sie bewundernd an.
»Nun, es hält sich in Grenzen. Aber ich habe auch nicht danach Ausschau gehalten. Ich denke, das entscheidet das Schicksal.«
Susanne, die die ganze Zeit ruhig zugehört hatte, meinte, dass Bella in letzter Zeit auch viel zu viel gearbeitet hätte und einfach mal kürzertreten sollte, auch, da sie finanziell doch völlig unabhängig sei.
»Da arbeite ich auch schon gedanklich dran. Ihr müsst wissen, mein Vater war sehr vorausschauend und hat für meine Mutter und für mich getrennt je eine hohe Lebensversicherung abgeschlossen. Mutter hat ihr Geld in all den Jahren, und natürlich durch die Krankheit, aufgebraucht und mir nur das Haus vererbt. Aber fast das ganze Geld, das ich erhalten habe, ist noch vorhanden. Das habe ich erst mal fest angelegt.«
»Das freut mich, dass du so gut abgesichert bist«, sagte Laura. »Da musst du deinem Vater ja richtig dankbar sein.«
Auf dem See fuhr gerade ein großer Ausflugsdampfer mit vielen Passagieren an Bord vorbei.
»Da müssen wir auch mal mitfahren«, meinte Susanne und winkte den Vorbeifahrenden lebhaft zu.
»Ich denke, dass ihr heute nicht zu spät ins Bett wollt. Es war doch sicherlich ein anstrengender Tag«, sagte Laura und pfiff Pero zu sich heran, um ihn anzuleinen.
Langsam schlenderten sie zur Villa zurück und tranken zum Ausklang des Tages noch ein Glas Wein im Salon.
Als Susanne verstohlen gähnte, meinte Laura, dass sie keine Rücksicht zu nehmen bräuchten und gern zu Bett gehen könnten, worauf Bella und Susanne allen eine gute Nacht wünschten und sich auf ihre Zimmer begaben. Als sie allein waren, kuschelte sich

Laura an Marc und fragte ihn, wie er den heutigen Tag beurteile. »Es war ein sehr schöner, interessanter Tag und ich denke, für den Anfang ist alles bestens gelaufen. Man sieht, dass Bella ihre Eltern sehr geliebt hat und offensichtlich eine liebevolle und schöne Kindheit hatte. Das kann dich doch nur freuen. Aber umso schwerer wird es vielleicht sein, sie mit der Wahrheit zu konfrontieren. Ich denke, dass du da ganz behutsam vorgehen musst, damit sie nicht einen zu großen Schock erleidet.«
»Das sehe ich ganz genauso. Ich bin sehr gerührt, welch sympathische Person Bella ist und kann es noch gar nicht fassen, dass diese schöne, erwachsene Frau hier bei mir ist.«
»Ich schlage vor, dass wir beide auch zu Bett gehen. Ich muss morgen früh wieder in die Praxis. In Anbetracht der Lage mache ich aber Morgen etwas früher Feierabend. Ich denke, dass ich am Nachmittag wieder da bin.«
Hand in Hand gingen sie die breite Treppe nach oben und wie selbstverständlich folgte Marc Laura in ihr Schlafzimmer.

Die erste Nacht in Italien

»Guten Morgen, gut geschlafen?«, fragte Bella und zog Susanne, die wie ein Embryo zusammengerollt im Bett lag, die Decke weg. Susanne blinzelte in die helle Morgensonne, streckte beide Arme in die Luft und dehnte ihren Körper wie eine Katze nach allen Richtungen.
»Ich habe geschlafen wie ein Murmeltier! Hoppla, du bist ja bereits angezogen!« Sie ging ans Fenster und strahlte Bella an.
»Was für ein Traum dieses Haus. Und die Bewohner sind super nett, findest du nicht auch?«
»Einfach klasse hier, alles ist vom Feinsten. Und du hast recht, sehr, sehr nette Leute. Obwohl mir ehrlich gesagt, immer noch nicht ganz klar ist, weshalb wir zu dieser Ehre kommen. Nach so langer Zeit meldet sich Laura wieder, um uns dann übergroßzügig zu verwöhnen. Irgendwie komisch.«

»Was soll's! Man soll die Feste feiern, wie sie fallen. Ich bin auf jeden Fall total begeistert und freue mich schon auf die nächsten Tage. Hier werden wir doch bedient wie im Fünf-Sterne-Hotel!«, grinste Susanne, ging an Bella vorbei ins Bad und bemerkt im Vorbeigehen: »Du siehst Laura übrigen total ähnlich, finde ich!«
Komisch, genau das Gleiche habe ich auch schon gedacht, ging es Bella durch den Kopf und es beschlich sie ein undefinierbares, eigenartiges Gefühl.
Beim anschließenden Frühstück auf der überdachten Terrasse war nur noch Laura zugegen.
Marc war bereits unterwegs zu seiner Praxis.
Bella fiel plötzlich ein, dass sie ja noch ein kleines Gastgeschenk für Laura hatte. So eilte sie schnell nach oben, um das handgemalte Seidentuch zu holen, und überreichte es ihr.
Laura freute sich sichtlich über die Geste und legte das Tuch sofort um ihre Schulter. Die Farben standen ihr ausgezeichnet.
»Darf ich, ohne indiskret zu sein, fragen, was Marc, den Maria Dottore nennt, so macht?«, fragte Bella.
»Aber ja! Marc ist Arzt und praktiziert in Cannobio. Er kam vor über zwanzig Jahren mit seiner italienischen Frau Gabriella, die zwischenzeitlich leider verstorben ist, und seinem Sohn Roberto, hierher, um die Praxis seines Schwiegervaters zu übernehmen. Gabriella ist vor einigen Jahren hier im See ertrunken. Marc hat lange gebraucht, bis er diesen Verlust überwunden hat. Sie hatten eine sehr glückliche Ehe geführt und ich war mit beiden sehr eng befreundet. Und wie das Leben so spielt, haben wir uns erst vor wenigen Wochen plötzlich so verliebt, dass wir unseren Lebensabend – so Gott will - gemeinsam verbringen möchten. Marc wohnt hier erst seit kurzem. Er hat ein Haus in Cannobio, in dem auch seine Praxis ist und will alles so bald wie möglich vermieten oder verkaufen, um ganz hier bei mir zu wohnen. Und seinen Sohn Roberto, er ist achtundzwanzig Jahre alt, werdet ihr sicher auch bald kennen lernen.«

»Warst du schon einmal verheiratet?«, wollte Bella weiter wissen.
»Nein, ich habe nie geheiratet. Ich war mit unserer Firma verheiratet und habe erst vor einem halben Jahr alles verkauft. Außerdem habe ich mich bis zum Tod meines Vaters um ihn gekümmert. Ich habe in Milano gelebt und war nur an den Wochenenden und in den Sommermonaten hier am See. Vor einem halben Jahr bin ich fest hier nach Cannero gezogen und habe unser Haus in Milano mit der Druckerei verkauft.«
»Das finde ich wunderbar, wenn man in deinem Alter noch jemanden kennen und lieben lernt. Und Marc ist ganz besonders nett!«, mischte sich Susanne ein.
»Das finde ich auch«, lachte Laura.
»Ich war eigentlich noch nie so zufrieden und glücklich mit einem Mann, wie mit ihm!«
»Da geht es uns beiden ja richtig schlecht«, sagte Susanne lachend.
»Bella ist auf einen Schwulen hereingefallen und mein Traummann hat sich auch noch nicht blicken lassen. Aber was nicht ist, kann ja noch werden. Man soll die Hoffnung nie aufgeben.«
»Hast du auch keinen festen Freund?«, fragte Laura amüsiert.
»Alle Verflossenen waren letztlich nicht das Gelbe vom Ei und mein Dauerverehrer, der mich jederzeit heiraten würde, ist es auch nicht. Ich finde, er sollte die absolute Liebe sein, sonst kommt er für mich nicht infrage. Ich weiß, dass Bella da ganz genauso denkt, stimmt's?«, fragte sie und schaute Bella dabei fragend an.
»Ich sagte ja schon, ich glaube an das Schicksal. Aber so langsam wird es schon Zeit. Wir sind beide immerhin über dreißig und möchten ja auch mal Kinder. Die biologische Uhr tickt!«
Laura musste lachen. Wie unbeschwert die heutige Jugend sich über solch ein Thema äußern konnte.
»Was machst du denn sonst so, Susanne«, fragte sie.
Ich bin Kontakterin in einer Frankfurter Werbeagentur, das heißt, dass ich die Schnittstelle zwischen Agenturkunde und Kreativabteilung bin. Da kommt man viel mit den verschiedensten Menschen in Berührung. Das finde ich spannend und interessant. Ich denke,

ich bin auch ganz erfolgreich, mein Chef hat mir nämlich ungefragt mein Gehalt erhöht.«

»Das passt zu dir, finde ich. Ich glaube, du bist sehr unkompliziert und kontaktfreudig.«

»Bin ich!«, sagte Susanne zufrieden.

»Wie habt ihr euch denn kennen gelernt?«

Bella ergriff das Wort.

»Wir kennen uns noch aus der Tennis-Jugend. Wir haben jahrelang in der gleichen Mannschaft gespielt und waren ein sehr erfolgreiches Doppel. Heute spielen wir nur noch ab und zu mal Tennis.«

Maria kam ins Zimmer und wollte abräumen, als plötzlich Roberto hinter ihr stand.

»Ciao Laura, ich wollte mal kurz reinschauen und Hallo sagen.«

Dabei schaute er fragend in die Runde, worauf Laura ihm ihren Besuch vorstellte.

Als er merkte, dass beide nur deutsch sprachen, wechselte er sofort ins Deutsche und begrüßte die beiden äußerst charmant.

»Das ist Roberto, Marcs Sohn«, sagte Laura ziemlich kühl.

»Ich dachte, du bist in Milano beim Studieren«, fügte sie spitz hinzu.

Roberto, der am Vorabend bereits Laura besuchen wollte, hatte heimlich vom Garten aus gesehen, dass sein Vater und Besucher bei Laura waren. Deshalb kam er lieber nicht ins Haus und log nun, dass er erst morgen eine wichtige Vorlesung zu besuchen habe.

»Darf ich fragen, wer die Damen sind«, fragte er einschmeichelnd.

Ihm war sehr wohl die Ähnlichkeit zwischen Laura und der dunkelhaarigen Deutschen aufgefallen, was seinen Argwohn nur noch intensivierte.

»Bella ist die Tochter von guten Freunden und Susanne ist ihre Freundin«, sagte Laura und deutete jeweils auf eine der jungen Frauen.

Laura waren die dunklen Schatten unter seinen Augen und seine fahrigen Bewegungen nicht verborgen geblieben. Auch seine auf-

gedrehte und aufdringliche Art störte sie in diesem Moment ganz besonders.
Wie sehr hatte er sich doch in letzter Zeit verändert. Und wenn sie an den unsäglichen Zwischenfall dachte, erschauerte sie.
Ihr fiel auf, dass selbst Maria Roberto mehrmals kritisch anschaute, als sie das Geschirr abräumte.
Roberto, der nur gekommen war, um eine günstige Gelegenheit abzupassen, um seine Giftmischung in die Kräuterfläschchen im Kühlschrank einfüllen zu können, spürte, dass dies nicht der richtige Zeitpunkt war. Die Deutschen passten ihm überhaupt nicht in den Kram und er wurde das Gefühl nicht los, dass Laura ihm etwas verheimlichte. Es wird noch eine bessere Gelegenheit geben, dachte er und umfasste mit einer Hand die kleine Giftflasche in seiner Jackentasche.
»Ich fahre noch weiter nach Cannobio zu Vater«, sagte er deshalb und verabschiedete sich rasch. »Man sieht sich.«
Laura war sein ungepflegter Auftritt vor ihren Gästen etwas peinlich und sie schaute beide entschuldigend an.
»Roberto macht mir im Moment ein bisschen Sorgen«, sagte sie. »Er ist scheinbar schlechten Einflüssen ausgesetzt und ich möchte nicht, dass Marc sich deshalb Sorgen machen muss.«
Bella und Susanne, die sich zurückhaltend verhalten hatten, bemerkten, dass es Spannungen zwischen den beiden gab. Sie schwiegen rücksichtsvoll und wollten Laura Gelegenheit geben, ihre Sorgen zu äußern.
»Ihr müsst wissen, dass Roberto für mich immer wie ein eigener Sohn war. In letzter Zeit hat er mir allerdings einige Enttäuschungen bereitet, über die ich nicht sprechen möchte. Er studiert Medizin in Milano und ich glaube, dass er sein Studium sehr vernachlässigt und Marc davon nur wenig weiß. Er hat mir vor kurzem versprochen, sich zu bessern und konzentrierter zu arbeiten. Sein heutiges Erscheinen hier sagt mir allerdings, dass das nicht stimmen kann, sonst wäre er nicht hier, sondern in Milano.« Laura machte ein betrübtes Gesicht.

»Ich hoffe nur, dass er seinem Vater keinen Kummer macht!«, sagte sie noch einmal und wollte das Thema damit vorerst beenden.
»Was wollt ihr heute denn unternehmen? Ich schlage vor, dass ihr euch die nähere Umgebung anschaut, denn ich falle heute leider aus. Der Architekt kommt heute Nachmittag. Ich möchte gern eure Zimmer und die Terrasse modernisieren und vor allen Dingen euer Bad soll zeitgemäßer werden.«
»Es ist aber doch alles wunderschön, so wie es ist«, sagte Bella. »Gut, vielleicht das Bad ist etwas veraltet, aber alles funktioniert.«
»Das schon. Aber ich hoffe sehr, dass ihr mich öfter besuchen kommt und da möchte ich, dass alles perfekt ist. Die Terrasse möchte ich auch zum Teil überdachen, sonst kann man sie im Sommer kaum benutzen, weil es zu heiß ist.«
»Ich denke, wir fahren nur mal nach Cannobio, der Ort sah beim Durchfahren sehr hübsch aus«, meinte Susanne.
»Gut, dann unternehmt ihr erst mal was allein. Ich möchte euch auf jeden Fall Milano zeigen und je nach Lust und Laune noch andere interessante Städte. Und wenn ihr wollt, können wir auch mal ans Meer fahren. Das sind auch nur zirka zwei Stunden über die Autobahn.«
Sie vereinbarten, am späten Nachmittag wieder da zu sein und machten sich auf zu ihrem ersten Ausflug.

Roberto besucht Marc

»Welch seltener Besuch! Hallo Roberto, gut dass du mal vorbeikommst. Ich muss nämlich mit dir reden.«
Marc schloss die Tür zum Wartezimmer, in dem nur noch eine ältere Frau wartete, und schaute Roberto prüfend an.
»Du siehst schlecht aus, mein Junge«, sagte er. »Ziemlich krank sogar. Was ist denn los mit dir, soll ich dich mal untersuchen?«
»Nein, nein, ich bin nur etwas überarbeitet«, log Roberto und setzte sich seinem Vater gegenüber auf den Stuhl.

»Was willst du denn mit mir bereden?«
»Nun, zwei Dinge, die mein Leben wesentlich verändern. Zum einen werde ich die Praxis aufgeben und vermieten, einschließlich der Wohnung oben. Ich kann und will nicht warten, bis du dein Studium beendest. Solltest du wider Erwarten eine eigene Praxis aufmachen wollen, bin ich selbstverständlich bereit, dich finanziell zu unterstützen. Dadurch hast du freie Standortwahl und musst dich diesbezüglich nicht eingeschränkt fühlen. Was sagst du dazu?«
Roberto machte große Augen. Das war doch überraschend für ihn. Aber es war ihm ehrlich gesagt, egal. Was sollte er mit der alten Praxis. Wo er doch in Kürze einige Millionen kassieren wird. Und ob er sein Studium dann überhaupt noch weiterführen würde, war sehr fraglich.
So antwortete er völlig ehrlich. »Das ist in Ordnung, das macht mir nichts aus, weil ich sowieso nicht in Cannobio bleiben will. Was dann später einmal sein wird, werden wir sehen. Aber was ist das Zweite?«
Nun wurde Marc etwas verlegen. Er räusperte sich und sagte, jedes Wort bedächtig formulierend: »Du weißt, dass ich deine Mutter sehr geliebt habe und über ihren Tod schwer hinweggekommen bin. Ich gebe offen zu, dass ich sogar ein wenig Alkoholprobleme hatte. Laura hat mir hier sehr geholfen und mich aus diesem Tief herausgeholt. Wir haben uns immer schon sehr gemocht und waren stets sehr gut befreundet. Aber nun ist mehr daraus geworden. Wir haben uns verliebt!«
Marc machte eine Pause und sah Roberto abwartend an, der nur schwer seine Überraschung verbergen konnte.
»Laura und ich werden unseren Lebensabend gemeinsam verbringen. Das heißt ganz genau, ich ziehe zu ihr in die Villa!«
Nun war es heraus und Marc fühlte sich erleichtert. In Roberto aber klingelten alle Alarmglocken gleichzeitig.
Was hatte das für ihn zu bedeuten? Ob Laura ihm von dem Schmuck erzählt hatte? Ihm trat der Schweiß auf die Stirn und seine Stimme zitterte, als er antwortete. »Das sind ja nette Neuigkeiten!

Wie schön für euch. Und ich habe demnach kein Zuhause mehr!«, sagte er etwas zynisch.

»Sei doch nicht albern«, sagte Marc.

»Du bist mittlerweile ein erwachsener Mann, der endlich mal auf die Füße kommen sollte. Und bei Laura wirst du auch immer willkommen sein, wie all die Jahre zuvor, das weißt du doch genau. Außerdem sagte ich dir doch, dass ich dich bei einer eigenen Praxis finanziell unterstützen werde. Und wenn ich einmal sterbe, beerbst du mich doch ohnehin.«

Roberto grübelte darüber, was er mit seinem Vater machen sollte, wenn Laura erst einmal gestorben war. Der würde demnach dann ja in der Villa wohnen.

Seine Pläne sahen eigentlich ganz anders aus. In denen kam sein Vater überhaupt nicht vor. Wenn er erst einmal die Villa geerbt hatte, würde er sie garantiert verkaufen. Es sei denn, Laura hätte noch ein paar Millionen auf dem Konto, was er ihr durchaus zutraute. Erst mal eins nach dem anderen, dachte er.

»War ja nicht so gemeint. Ich freue mich für dich«, sagte er deshalb versöhnlich.

»Wieso bist du heute eigentlich hier in Cannobio und nicht in der Uni?«

»Ich wollte mir noch ein paar Sachen aus meinem Zimmer holen und fahre gleich wieder zurück«, log er, verabschiedete sich und bat beim Hinausgehen die nächste Patientin ins Zimmer.

Der Architekt kommt

Der junge Architekt war Laura auf Anhieb sympathisch. Seine offene und ungekünstelte Art gefiel ihr. Sie zeigte ihm die oberen Turmzimmer und er holte sofort einige Skizzen aus seiner Mappe, die er bereits angefertigt hatte.

»Bei meinem letzten Besuch hat mir Signora Bassi schon die Räume gezeigt und ich habe sie mir skizziert«, sagte er. »Nun müsste ich nur noch wissen, welches Ambiente Ihnen vorschwebt.«

Laura erklärte ihm, dass sie an eine helle, weiße oder cremefarbene Ausstattung denke.
»Es soll alles schön hell und freundlich sein und vor allen Dingen soll das Bad komplett modernisiert werden. Junge, moderne Menschen sollen sich hier wohlfühlen.«
»Und die Terrasse wollen Sie überdachen?«
»Nur einen Teil, damit man sie im Sommer auch bei Sonne benutzen kann und die Fliesen sollten möglichst mit denen der Zimmer harmonieren, wenn nicht sogar identisch sein, damit alles eine Einheit bildet.«
»Das ist ganz nach meinem Geschmack. Ich mache ihnen zuerst ein paar Skizzen und Vorschläge. Dann sehen wir weiter.«
Sie plauderten noch eine Weile über die Historie des Hauses und Laura lud ihn noch auf einen Caffè auf der überdachten Terrasse vor dem Salon ein.
Sie unterhielten sich angeregt über ihre Heimatstadt Milano. Luca Stefani hatte dort studiert und gab ein paar lustige Anekdoten aus seiner Studentenzeit zum Besten, als plötzlich Bella und Susanne im Zimmer standen.
Laura hatte sie überhaupt nicht kommen hören, so intensiv war sie mit dem jungen Mann in ein lebhaftes Gespräch verwickelt und schwelgte in alten Zeiten.
Luca Stefani stand sofort auf, als die beiden ins Zimmer traten und Laura stellte sie einander vor.

»Das ist Signor Luca Stefani. Er ist Architekt und soll die Turmzimmer umbauen und das ist mein Besuch aus Deutschland, Signorina Bella und Signorina Susanne.«
In erstaunlich gutem Deutsch begrüßte er die jungen Damen und schaute Bella besonders intensiv in die Augen, worauf diese leicht errötete.
»Nanu, Sie sprechen ja Deutsch«, sagte Laura verblüfft.
»Ja, ich habe viele deutsche Kunden hier am Lago, die ihr Ferienhaus umbauen möchten. Da muss man einfach Deutsch sprechen.

Die Mutter meines Freundes ist Schweizerin und hat ihn und mich viele Jahre in Deutsch unterrichtet.
»Das ist ja bestens. Da könnten Sie vielleicht mit den jungen Damen etwas Interessantes unternehmen, wofür wir schon etwas zu alt sind. Vielleicht einmal einen Discobesuch oder so was ähnliches. Aber ich möchte Sie nicht dazu nötigen.«
Laura hatte sehr wohl bemerkt, dass ihm Bella ganz besonders gefiel. Er konnte seine Augen gar nicht abwenden von ihr. Sonst hätte sie ihm diese Frage nie gestellt. Und auch Bella, fiel ihr auf, war etwas verlegen. Na, wenn's da nicht gefunkt hat, freute sich Laura. Denn Luca Stefani war ihr ganz besonders sympathisch und nach allem, was er ihr so erzählt hatte, ein gebildeter und interessanter Mann.
»Das wäre mir ein ganz besonderes Vergnügen«, sagte er, Bella dabei anlächelnd, »wir könnten noch meinen Freund Adriano mitnehmen, der sich kulturell in der Gegend sehr gut auskennt. Er hat hier in Intra einen kleinen Zeitungsverlag.«
Susanne war sofort Feuer und Flamme und antwortete spontan.
»Das wäre doch super, findest du nicht auch Bella?«
Luca schaute Bella fragend an.
»Wie wäre es am Samstag. Ich könnte mit Adriano und meinem Boot kommen und Sie beide abholen. Wir könnten gemeinsam essen gehen und anschließend eine Disco besuchen oder auch was anderes machen. Adriano hat da sicher gute Ideen.«
»Ja, sehr gern«, sagte nun auch Bella leicht errötend.
»Das ist doch wundervoll«, mischte sich Laura ein.
»Vorher könnten Sie und Ihr Freund erst noch auf ein Glas Wein vorbeischauen. Wir haben unten am See eine Boje, an der Sie Ihr Boot festmachen können.«
»Also abgemacht, ich freue mich«, sagte Luca und verabschiedete sich höflich von den Damen.
»Wahrscheinlich komme ich sowieso schon früher noch einmal vorbei. Wegen der Turmzimmer«, ergänzte er lächelnd und schaute Bella dabei an.

»Morgen wollte ich mit Bella und Susanne einen Ausflug nach Milano machen und ihnen die Stadt zeigen. Am besten Sie rufen vorher kurz an, damit Sie nicht umsonst hierher fahren.«
Bella schaute Luca von der Terrasse im ersten Stockwerk hinterher, als er zu seinem Wagen ging. Er musste ihren Blick gespürt haben, denn kurz davor drehte er sich noch einmal um und winkte lächelnd zu ihr hinauf.
»Netter junger Mann«, sagte Laura und schaute Susanne mit einem Zwinkern an und grinste, worauf Susanne ebenfalls mit einem Auge zurückzwinkerte und meinte: »Hat hier etwa der Blitz eingeschlagen, Bella leuchtet so!«
Nun mussten Laura und Susanne lachen und auch Bella konnte sich ein etwas verlegenes Lächeln nicht verkneifen.
»Der könnte mir auch gefallen – aber leider hat er mich nicht so intensiv angeschaut. Er hatte nur Augen für dich!«, sagte Susanne.
»Vielleicht ist das dein viel zitiertes Schicksal, Bella.«
»Vielleicht«, sagte Bella mit einem tiefen Seufzer.
»Nun erzählt, wie hat euch Cannobio gefallen?«
»Sehr gut. Wir haben unser Auto hinten auf dem großen neuen Parkplatz abgestellt und sind am See entlang bis zum Ende flaniert. Mit einem kleinen Zwischenstopp in einem Ristorante. Auf der Piazza war ein riesiger Trubel. Fast alle Tische und Stühle waren besetzt. Dann sind wir hoch durch die Gässchen auf die andere Seite des Städtchens.«
»Wir haben die Straße neben der Kirche gleich in ›Fressgasse‹ umgetauft, weil hier ja ein Schlemmerladen nach dem anderen kommt«, fügt Susanne noch hinzu.
»Auf dem Rückweg waren wir auch noch in Cannero. Unten am See ist es ja wunderschön und herrlich ruhig, weil keine Autos fahren. Dort haben wir uns noch ein leckeres Eis gegönnt.«
»Man gönnt sich ja sonst nix!«, ergänzte Susanne Bellas Erzählung.
»Ja, Cannero wird auch die ›Perle am Lago Maggiore‹ genannt. Ich suche euch mal einen Plan von der Westseite des Sees heraus,

damit ihr bei Bedarf mal nachschauen könnt«, sagte Laura und verschwand im Wohnzimmer.

Diese Gelegenheit nutzte Susanne sofort, um bei Bella nachzuhaken.

»Na, was sagst du zu Signor Luca?«, fragte sie schelmisch.

»Nicht schlecht, aber erst mal abwarten. Henry sieht auch gut aus! Und was ist dabei herausgekommen?«

»Du darfst jetzt nicht alles zu kritisch sehen, das wäre schlecht. Immer schön locker bleiben und alles auf sich zukommen lassen!«, meinte Susanne altklug.

Freudiges Gebell kündigte allen an, dass Marc im Anmarsch war. Pero war ihm schon von der Einfahrt aus nachgerannt und begrüßte ihn überschwänglich.

Er warf sich vor Marc auf den Rücken und streckte alle Viere von sich, was Marc zu einem heftig kraulenden Begrüßungsritual veranlasste. Dabei winkte er lachend mit einer Flasche Prosecco zur Terrasse hoch und rief: »Heute gibt's was zu feiern, stellt schon mal die Gläser raus!«

Er berichtete anschließend, dass er heute die Praxis und Wohnung verpachtet habe. Zu einem sehr guten Preis. Allerdings mit der Bedingung des Vorkaufsrechts. Aber damit hätte er keine Probleme.

»Und alles schon ab dem 1. Juli. Na, was sagst du jetzt, Laura – ist das nicht toll!«

Laura umarmte und küsste ihn. Sie freute sich, dass Marc dann auch tagsüber für sie da war. »Dann können wir endlich machen, was wir wollen!«, sagte sie strahlend.

Sie stießen auf ihre neue Freiheit an und Laura erzählte Marc in lustiger Form von Bellas Eroberung. Sie waren bester Laune, als Maria das Essen servierte und Laura sie fragte, wo sie die anderen Flaschen der Aufbautropfen deponiert habe, weil ihre Flasche schon bald wieder leer sei.

Maria erklärte ihr, dass sie die Tropfen oben in der Kühlschranktür verstaut habe. »In dem Fach mit dem Deckel«, sagte sie.

Marc übersetzte seinen Gästen kurz, dass Laura seit einiger Zeit ein Aufbaupräparat einnehme, das ihr sehr gut bekäme.
»Aufbautropfen – das klingt ja interessant. Ist das auch was für uns?«, fragte vorwitzig Susanne.
»Ich glaube nicht, dass ihr das schon nötig habt. Aber mir bekommen sie ausgezeichnet. Marc hat mir eine Kräutertinktur mixen lassen, die ich regelmäßig nach dem Frühstück einnehme. Einfach für einen besseren Allgemeinzustand. Ein völlig homöopathisches Mittel, aber ekelhaft im Geschmack!«
Sie besprachen noch den nächsten Ausflug nach Milano, bevor sie den Tag auf der geschützten Terrasse, mit dem herrlichen Blick über den See und das allabendliche Lichtermeer, ausklingen ließen.

Ausflug nach Milano

»Wir nehmen besser meinen Wagen. Der ist bequemer zu dritt«, meinte Laura und holt ihn aus der Garage.
Sie sah strahlend aus und freute sich auf ihre alte Heimatstadt Milano, die sie den beiden heute zeigen wollte. Sie hatte sich schon zuvor ein kleines Programm für einen Tag zusammengestellt. Zuerst wollte sie ihnen natürlich den Dom zeigen. Seine gewaltigen Dimensionen würden ihren Besuch bestimmt beeindrucken. ›Santa Maria Nascente‹, wie der Dom offiziell heißt, war einzigartig unter allen Sakralbauten der Welt. Fast sechshundert Jahre bauten die Milaneser an ihrem Dom und ließen keinen Stil aus, der sich während der Bauzeit Bahn brach.
Heraus kam ein Stilgemisch aus französisch-italienisch-deutscher Gotik, durchmischt mit Barock, Griechisch-Römisch und sogar Jugendstil.
Selbstverständlich wollte sie mit ihnen auch auf die weltberühmten Dachterrassen, die ›Terrazzi‹, des Domes, die man via Lift oder durch endlose Wendeltreppen erreichen konnte. Wenn das Wetter mitspielte, hatte man von dort oben einen atemberaubenden Blick

bis zu den Gipfeln des Tessins. Ein Kranz von Bergen zeichnet sich dann nach Norden am Horizont ab.
Später wollte sie mit ihnen durch die berühmte, exklusive Einkaufsstraße ›Corso Vittorio Emanuele‹ flanieren. Anschließend hinüber zur gleichnamigen ›Galleria‹, diesem Wunder aus Glas, Stahl, Stuck und Marmor, deren Glaskuppel exakt den gleichen Proportionen wie die Kuppel der Peterskirche in Rom entsprach.
Eventuell wäre auch noch das ›Quadrilatero della Moda‹, das sündhaft teure Milaneser Karree, in dem jeder Milaneser, der auf sich hält, sehen und gesehen werden will, eine gute Gelegenheit, um klangvolle Modemarken und Modetrends zu besichtigen.
Genug Euros und ihre Kreditkarte hatte sie eingesteckt. Sie wollte sich den beiden gegenüber großzügig erweisen, wenn sie auch befürchtete, dass ihnen das nicht recht sein könnte.
Als Abschluss plante sie eine Autorundfahrt an einige exponierte Sehenswürdigkeiten der Stadt, denn alles zu Fuß zu bewältigen, wäre viel zu anstrengend.
Was sie ihnen aber auf jeden Fall noch zeigen wollte, war ihre ehemalige Druckerei mit der Villa, in der sie aufgewachsen war.
So machten sie sich gut gelaunt auf den Weg nach Milano, um einen interessanten und informativen Tag zu erleben.

Das Gift

Roberto parkte sein Fahrzeug in Nähe der Villa unter einem Baum, seitlich der Seestraße, sodass er von der Straße aus nicht gesehen werden konnte. Er wusste, dass Maria um diese Zeit ihre Einkäufe erledigte und wollte warten, bis sie an ihm vorbei fuhr.
Zum Glück habe ich noch einen Hausschlüssel, freute er sich.
So konnte er jederzeit unbemerkt ins Haus. Er wollte gerade aussteigen, als Maria mit ihrem kleinen alten Fiat an ihm vorüber fuhr.
Er wartete noch ein paar Minuten, bevor er zu Fuß zur Villa schlich und durch das offene Tor unbemerkt hinauf lief.

Pero begrüßte ihn schwanzwedelnd und lief dicht hinter ihm her.
»Verpiss dich, Pero«, sagte er schimpfend und versuchte, den Hund abzuweisen. Er hatte jetzt Wichtigeres zu tun, als mit Pero zu spielen. Vorsichtig ging er auf die Villa zu und entdeckte, dass Lauras Lancia nicht in der Garage stand. Dafür parkte Bellas roter Sportwagen neben dem Haus. Jetzt nur keinen Fehler machen. Laura scheint nicht da zu sein.
Aber die Deutschen, vielleicht waren die im Haus. Er musste auf der Hut sein. Vorsichtig wollte er die Haustür öffnen, fand sie aber abgeschlossen vor. Es ist also niemand im Haus, sonst wäre die Tür nicht abgeschlossen, freute er sich.
Erleichtert schloss er vorsichtig auf und schlich auf leisen Sohlen zur Küche, öffnete den Kühlschrank und entnahm ihm beide Kräuterfläschchen, die er jeweils bis zur Hälfte ins Spülbecken entleerte. Mit zittrigen Händen füllte er in beide Fläschchen das mitgebrachte Oleandergift und verschloss sie wieder. Dabei tröpfelte etwas von der giftigen Substanz auf den Boden.
Dumm, dass ich etwas verschüttet habe, dachte er und wischte eilig mit einem Küchentuch all die kleinen Flecken auf und steckte das Tuch in seine Hosentasche. Dann stellte er die Fläschchen vorsichtig zurück an ihren Platz. So leise wie er gekommen war, verließ er die Villa in Richtung Auto, nicht ohne von Pero in gleicher Weise erneut belästigt zu werden.
»Verdammter Mistkerl, hau ab!«
Pero ließ jedoch nicht locker. Er wollte mit ihm spielen und sprang immer wieder an seinem Hosenbein hoch. Dabei holte er ihm unbemerkt sein mit Gift getränktes Küchentuch aus der Hosentasche und lief davon, um sein beliebtes *Spiel Fang mich* zu
spielen.
Endlich war er Pero los. Eilig lief er durch das große Tor zu seinem Fahrzeug und fuhr ungesehen nach Intra zurück.

Zurück aus Milano

Müde und erschöpft kam Laura mit ihren Gästen aus Milano zurück. Marc erwartete sie schon und Maria war bereits mit dem Abendessen fertig und fragte, ob sie gleich servieren sollte.

»Maria, warten Sie bitte noch ein paar Minuten mit dem Essen. Wir werden uns alle erst ein wenig frisch machen«, sagte Laura, nachdem sie Marc begrüßt hatte, und verschwand sogleich mit Bella und Susanne für einige Minuten in die oberen Räume zum Umziehen.

»Es war ein ganz toller Tag«, schwärmte Bella, nachdem sie geduscht und frisch angezogen mit Susanne im Salon erschien.

»Aber auch sehr anstrengend. Wir sind sehr viel gelaufen und haben eine Menge gesehen.«

Jeder wusste Marc etwas zu erzählen, und er bedauerte, nicht selbst dabei gewesen zu sein.

»Ein Tag Milano ist natürlich viel zu wenig. Wir müssten öfter einmal hinfahren. Aber das könnten wir ja noch einmal einplanen«, sagte Laura.

»Und dann fährst du auch mit, Marc. Du hast ja bald mehr Zeit.«

Kaum hatten sie sich am Esstisch niedergelassen, da meldete Maria, dass Signor Stefani soeben angekommen sei und die Signora sprechen wolle.

»Bitten Sie ihn doch herein, Maria, vielleicht möchte er mit uns zu Abend essen«, sagte Laura erfreut und schaute dabei Bella verschmitzt an, die leicht errötete.

Luca Stefani kam in den Salon und entschuldigte sich, dass er ganz ohne Anmeldung vorbei kam. Er sei auf dem Weg nach Cannobio zu einem Kunden und wollte nur kurz seine ersten Entwürfe abgeben.

Laura stellte ihn Marc vor, der ihn wohlwollend begrüßte. Sie sah ihm sofort an, dass auch er Luca sympathisch fand.

»Das finde ich aber nett von Ihnen, dass Sie so schnell schon Pläne gemacht haben. Hätten Sie nicht Lust mit uns zu Abend zu essen?«, fragte ihn Laura ohne Umschweife.

»Das wäre mir eine ganz besondere Ehre. Ich müsste nur kurz mit einem Kunden telefonieren und den Termin verschieben. Wenn dies möglich ist, nehme ich Ihre Einladung sehr gern an.« Dabei schaute er verstohlen zu Bella hinüber, die ihm mit leuchtenden Augen zulächelte.

Er ging zum Telefonieren ins Nebenzimmer und kam kurz darauf zufrieden lächelnd zurück. »Alles klar, ich habe meinen Termin auf morgen verschoben. Ich möchte mich herzlich für Ihre Einladung bedanken«, sagte er zu Laura, die Maria nach dieser Zusage um ein weiteres Gedeck bat.

Laura erzählte beim Essen ausführlich von ihrem Tagesausflug und verstand es wunderbar, Bella und Luca in Gespräche zu verwickeln. Marc, dem Lauras Taktik ganz schnell klar war, lächelte in sich hinein und zwinkerte Susanne, die das Spiel ebenfalls durchschaute, geheimnisvoll zu.

Luca gab lustige Anekdoten zum Besten und erzählte von seinen Kunden, die manchmal mit den aberwitzigsten Vorstellungen an ihn herantraten. Allgemeines Gelächter brach aus, als er von einem deutschen Bauherrn erzählte, der im Schwarzwälder Baustil hier am Lago ein Haus bauen wollte. Er war beeindruckt davon, dass er sich fachmännisch mit Bella unterhalten konnte, die ja mit dem Baugewerbe beruflich in ständigem Kontakt war. Meistens stimmte sie sich mit den beauftragten Architekten über ihre Gartengestaltungen ab. Sie erzählte, dass sie vor dem Urlaub eine mediterrane Gartenanlage für ein Bürohochhaus fertiggestellt habe.

Susanne mischte sich ein und lobte Bella in höchsten Tönen. »Bella ist sehr beliebt und ihre Fachkompetenz wird allgemein gelobt. Sie sollten einmal ihren eigenen Garten sehen, der ist wirklich sehenswert!«

Das Wetter war angenehm mild, sodass sich alle noch auf die Terrasse begaben und Marc seinen Wein aus dem Piemont kredenzte, den Maria erst vor Kurzem in den Weinkeller gebracht hatte.

Laura hatte es wieder geschickt verstanden, dass Luca direkt neben Bella saß und die eng gestellte Sitzgruppe konnte es nicht verhin-

dern, dass sich ihre Beine berührten. Bella durchfuhr es wie ein Stromstoß, als sie Lucas Nähe so unmittelbar spürte und sein dezentes Aftershave zu ihr herüberwehte.
Sie war wie gelähmt und nicht fähig ihre Sitzhaltung zu verändern und ihr Bein zur anderen Seite zu drehen. Auch Luca machte keinerlei Anstalten den Abstand zu vergrößern, im Gegenteil, sie meinte, sogar einen leichten Druck seines Oberschenkels zu verspüren.
Susanne war es mal wieder, die die Situation entkrampfte.
»Darf ich fragen, wie alt Sie sind?«, fragte sie Luca ganz direkt und unverkrampft.
»Aber ja, ich bin sechsunddreißig!«
»Bella ist zweiunddreißig und ich bin noch dreißig, da könnten wir uns doch eigentlich duzen?«, grinste sie Luca an. »Das ist in unserem Alter doch normal, oder?«
»Aber ja, sehr gern. Ich heiße Luca.«
»Ich bin Susanne und das ist Bella, aber das weißt du ja schon. Bei uns in Deutschland nennt man das ›auf Brüderschaft trinken‹ und besiegelt es mit einem Kuss!«, sagte sie und nahm ihr Glas, um mit Luca anzustoßen.
»Salute Luca«, sagte sie und gab ihm einen freundschaftlichen Kuss. »Und jetzt Bella!«
Dabei schaute sie Marc und Laura verschmitzt an und alle grinsten versteckt, als Bella und Luca sich küssten. Es war ein zärtliches Berühren beider Lippen und Bella stockte fast der Atem, als sie ihm dabei in seine dunklen Augen schaute.
Sie überspielte ihre Aufregung mit einem kräftigen Schluck Wein und entschuldigte sich anschließend für einen kleinen Moment.
Luca verfolgte sie mit seinen Blicken, als sie zur Tür ging und auch er machte einen etwas verwirrten Eindruck.
Da hat's aber gefunkt, dachte Susanne und freute sich, dass ihr der Trick mit der Verbrüderung eingefallen war.
Bella stand derweil in der Gästetoilette und presste ihren heißen Körper an die kühle Fliesenwand.

Du lieber Himmel, ich glaube, mich hat's erwischt! So schnell ist mir das noch nie passiert. Sie schloss ihre Augen, erlebte noch einmal in Gedanken diesen kleinen zarten Kuss und sah wieder in seine dunklen, sanft blickenden Augen. War das die Liebe auf den ersten Blick? Mit weichen Knien ging sie zurück zu den anderen. Luca erhob sich sofort von seinem Stuhl, um ihr behilflich zu sein. Gutes Benehmen hat er auch noch, dachte sie und dankte ihm mit einem Lächeln.
Nun wäre es ein Leichtes gewesen, eine andere Sitzhaltung einzunehmen, aber Luca und sie saßen wie zuvor, ihr Bein sein Bein berührend. Dabei unterhielten sie sich angeregt mit den anderen, ohne dieses Gefühl der Nähe zu vergessen. Und Bella spürte seine Blicke, selbst als die Dunkelheit hereinbrach.
»Jetzt haben wir vor lauter interessanter Gespräche überhaupt noch nicht in Ihren Plan geschaut«, meinte Laura bedauernd.
»Vielleicht kommen Sie morgen noch nach Ihrem Kundenbesuch kurz vorbei. Ich schaue mir alles schon einmal an und diskutiere mit Bella, Susanne und Marc darüber.«
Luca verabschiedete sich und dankte für den netten Abend. Zu Bella sagte er noch: »Da du mit Architektur so vertraut bist, interessiert dich vielleicht mein Großprojekt in Stresa. Das würde ich dir gern einmal zeigen. Es wird eine riesige Gartenanlage geben und der Auftrag dafür ist noch nicht vergeben«, sagte er augenzwinkernd.
»Klingt ja sehr interessant. Würde ich mir gern mal anschauen. Ich denke, dass Susanne und ich diese Woche noch nach Intra fahren, dann könnten wir ja mal vorbei kommen. Wann passt es denn?«
Luca erklärte ihnen, wie sie am besten zu seinem Büro fahren würden und sie verabredeten sich bereits für den nächsten Nachmittag.

In Lucas Büro

»Intra ist toll«, sagte Susanne, »hier ist ja echt was los!« Mit Mühe hatten sie die stark befahrene Straße überquert und standen nun auf der Piazza Matteotti, auf der viele Cafés ihre Tische und Stühle aufgestellt hatten. Die Straße war gesäumt von Motorrädern und Vespas und viele Menschen flanierten an diesem sonnigen Tag in der Fußgängerzone der Altstadt. Kaum ein Tisch auf der Piazza war unbesetzt. Bella holte ihre Digitalkamera heraus und machte ein paar Aufnahmen.

»Lass uns erst mal durch die Gässchen ziehen. Danach können wir hier ja ein Eis essen«, sagte Bella und zückte schon wieder ihre Kamera, um einen originellen Alten zu fotografieren, der sie ziemlich zahnlos anlächelte.

»Hier gibt's ja richtig schicke Sachen. Schau mal die Hose und das Top dazu, nicht schlecht, was?«

Susanne drückte ihre Nase an die Schaufensterscheibe, um die Preise zu erkennen.

»Normal teuer«, meinte sie zufrieden und schlenderte weiter.

In einem großen Schuhgeschäft probierten sie einige Schuhe an. Bella entschied sich für ein paar leichte, bequeme Mokassins, passend zu ihrer Hose, während Susanne sich nicht beherrschen konnte und sich gleich zwei paar Sandaletten einpacken ließ.

»Wir sollten Marc und Laura eine Kleinigkeit mitbringen«, meinte Bella und kaufte später für beide in einem Spezialitätengeschäft eine teure Flasche Prosecco und eine exquisite Süßigkeit.

»Ich denke, nach deiner Eroberung solltest du dir ein neues Wörterbuch anschaffen«, neckte Susanne, als sie an einem Bücherladen vorbei kamen.

»In unserem Reisewörterbuch stehen leider nicht die ganz speziellen Liebkosungen, die man seinem Liebsten ins Ohr haucht!«

Bella lachte. »Spricht da etwa der Neid?«

»Ach was, ich freu mich für dich. Ich finde Luca auch ganz toll. Aber, der hat ja nur Augen für dich.«

»Meinst du wirklich?«

»Na klar. Hast du nicht seine schmachtenden Blicke gesehen. Und überhaupt. Was glaubst du, warum er ganz speziell dich in sein Büro eingeladen hat?«

»Ich finde ihn ja auch ganz toll und weiß überhaupt nicht, wie ich mich verhalten soll. Das geht mir alles ein bisschen zu schnell, findest du nicht auch? Und vielleicht sieht er in mir nur einen Urlaubsflirt. Oder er ist verheiratet und hat fünf Kinder.«
»Das wird sich doch sicher schnell herausfinden lassen. Wir sind ja noch eine Weile hier. Wir machen das so: Ich werde dich nachher mit ihm allein lassen und verdrück mich hier im Städtchen noch eine Weile. Wer weiß, vielleicht begegne auch ich dem Mann meiner Träume. Er kann schon hinter der nächsten Ecke stehen!« Susanne nahm eine spähende Stellung ein und lachte.
»Komm, wir besuchen ihn jetzt erst einmal gemeinsam. Ich werde mir dann eine Ausrede einfallen lassen und verschwinden.«
Sie hatten vorher sicherheitshalber im Stadtplan nachgesehen und wussten, wo sich sein Büro befand. Es lag zentral mitten in der Stadt und war gut zu Fuß erreichbar.
Sie schlenderten gemütlich in dessen Richtung und stöberten noch in manch einem der vielen kleinen Läden, bis sie plötzlich auf der anderen Straßenseite in einem schicken alten Gebäude sein goldfarbenes Architekturbüroschild entdeckten.
»Wie sehe ich aus?«, fragte Bella nervös und zog sich noch einmal sorgfältig die Lippen nach.
»Wie immer, zum Anbeißen«, lachte Susanne und zog Bella hinter sich her zum Hauseingang.
Hinter der mächtigen Eingangstür herrschte eine angenehme Kühle und ihre Schritte hallten in den hohen Räumen.
Susanne läutete resolut und sogleich wurde die Tür von einer sehr attraktiven, jungen Dame geöffnet, die sie in Italienisch hereinbat. Susanne und Bella machten ihr klar, dass sie der italienischen Sprache nicht mächtig seien, worauf sie in gebrochenem Deutsch fragte, was sie für sie tun könne.
»Wir sind mit Signor Stefani verabredet. Mein Name ich Bella Bilten und das ist Susanne Klarmann«, sagte Bella, nicht ohne Susanne einen vielsagenden Blick zuzuwerfen.

»Un momento, per favore. Signor Stefani e ancora ad una riunione. Le posso offrire un caffè?«, fragte die Empfangsdame freundlich und deutete sicherheitshalber auf die Espressomaschine, um ihr Angebot für einen Kaffee den Deutschen klar zu machen.

Sie bat sie mit einer Handbewegung, in der Besucherecke Platz zu nehmen.

Bella und Susanne verstanden die mit vielen Gesten deutlich gemachte Einladung und setzten sich in eine gemütliche Ledergarnitur, die - wie Bella wusste - von ›Le Corbusier‹ in den 30-iger Jahren entworfen wurde.

Das Kaffeeangebot nahmen sie gern an.

»Na, wenn das mal nicht seine Freundin ist«, flüsterte Bella Susanne zu. »So gut wie die aussieht!«

»Abwarten und Kaffeetrinken!«, sagte Susanne und blickte sich neugierig um. Das Büro war supermodern mit vielen modernen Klassikern eingerichtet, die in Deutschland ein Vermögen kosteten. Farbenfrohe moderne Gemälde hingen an den Wänden.

»Tolles Büro, wenn ich da an mein bescheidenes Ambiente denke.« Susanne sagte dies mit einem anerkennenden Gesichtsausdruck.

»Alles wahrscheinlich aus den Mailänder Nobelgeschäften. Wollte ich mir auch schon immer mal kaufen.«

»Einige Klassiker habe ich auch noch von meinen Eltern, die müsstest du doch eigentlich kennen«, meinte Bella ebenfalls beeindruckt.

Nach einigen Minuten öffnete sich die Tür zum Nebenzimmer und ein junger Mann mit einigen Akten im Arm kam heraus und verabschiedete sich lauthals von der Vorzimmerdame. Die griff sogleich zum Hörer und sprach in vertrautem Tonfall mit Luca Stefani. Soweit es beide verstehen konnten, sprach sie ihn mit seinem Vornamen an.

»Was habe ich gesagt!«, flüsterte Bella.

»Prego!«, sagte die Dame und wies zum Nebenzimmer, in dem offensichtlich das Chefbüro lag.

Als sich Bella und Susanne erhoben, wurde bereits die Tür aufgerissen und Luca Stefani kam mit strahlendem Lächeln auf sie zu. »Das ist aber schön, dass ihr mich besuchen kommt. Bitte, tretet doch ein«, sagte er charmant und an seine Vorzimmerdame gewandt sagte er noch einige Worte, von denen sie nur das Wort ›Prosecco‹ verstanden.

Luca bat sie in seine Besucherecke. Auch hier stand eine Sitzgruppe von Le Corbusier, in denen sie weich einsanken. Schicke Artemide-Lampen und Eileen Gray-Tischchen vervollständigten diese geschmackvolle Sitzecke und Bella machte Luca ein großes Kompliment für seinen guten Geschmack und sein insgesamt schönes Büro. »Von meinen Eltern habe ich auch einige schöne Stücke geerbt. Sie waren große Liebhaber der modernen Klassiker«, sagte sie und schaute dabei interessiert auf das gegenüberliegende großformatige, abstrakte Ölgemälde.

Luca, der ihrem Blick gefolgt war, sagte: »Alle Bilder in meinem Büro stammen übrigens von meinem Freund Adriano, den ihr beide ja am Wochenende kennenlernen werdet.«

»Da könnte mir das eine oder andere Bild auch gefallen«, sagte Susanne. »Verkauft dein Freund auch seine Bilder?«

»Nicht an jeden. Ich könnte mir allerdings denken, dass er euch sein Atelier gern einmal zeigt. Euer Interesse wird ihn sicher freuen. Ah, der Prosecco kommt. Danke, Franca«, sagte er zu der Vorzimmerdame und nahm sie lächelnd in den Arm.

Bella zuckte etwas zusammen und schaute Susanne vielsagend an.

»Für dich natürlich auch ein Glas. Darf ich euch meine Schwester Franca vorstellen, die mich im Büro tatkräftig unterstützt.«

»Ach, deine Schwester! Sehr erfreut. Wir haben uns ja schon kennengelernt. Wir dachten erst, dass es sich vielleicht um deine Frau handelt«, sagte Susanne erleichtert und schaute verschwörerisch zu Bella.

»Ich bin nicht verheiratet, also noch zu haben«, erwiderte Luca lachend und schaute dabei Bella an, die ihre Freude nur schwer verbergen konnte und leicht errötete.

Franca goss den Prosecco in die Gläser und reichte jedem ein Glas. »Salute! Benvenuti, Bella e Susanne!«, sagte sie freundlich und stieß mit jedem in der Runde an. »Ik Franca, non Signora!«
»Franca, sehr erfreut«, sagte Bella. »Ich verspreche dir, dass ich demnächst besser Italienisch spreche.«
»Ik doppo besser tedesco presto. Ik corso di lingua«, antwortete Franca mit leuchtenden Augen.
Luca betätigte sich noch eine Weile eifrig als Übersetzer und der Prosecco tat sein Übriges, dass viel gelacht wurde und alle in aufgekratzter Stimmung waren.
Franca verabschiedete sich schon frühzeitig, da sie ihre beiden Kinder von der Schule abholen wollte. Sie war schon etwas spät dran und verschwand sogleich, nicht ohne vorher beide kräftig links und rechts zu küssen.
Susanne ergriff nun die Gelegenheit ihrerseits, eine wichtige Besorgung vorzutäuschen, damit auch sie, wie mit Bella ausgemacht, das Büro verlassen konnte. Sie wollte sich später per Handy bei Bella wieder melden.
Als Luca mit Bella allein war, herrschte plötzlich eine verlegene Stille im Zimmer. Bis Luca aufsprang und ihr voller Eifer seinen Entwurf der neuen Ferienanlage in Stresa vorführte. Das Modell bestand aus vielen individuellen Ferienwohnungen und war umgeben von einem riesigen Gartenbereich. Ein Swimmingpool, ein Tennisplatz und mehrere Kinderspielplätze sollten im Gartengelände eingeplant werden. Selbst ein eigener Bootsbereich war vorgesehen. Seine Klientel bestand zum großen Teil aus Deutschen, Schweizern und Holländern, die selbst keinen Garten pflegen wollten, weshalb ein festangestellter Gärtner beschäftigt werden sollte. Außer seinen Entwürfen konnte er ihr noch ein Modell zeigen, das auf einer großen Platte befestigt war und um das man herum laufen konnte.
Bella schaute sich interessiert die einzelnen Details an und stand gebückt vor dem geplanten Swimmingpool, als Luca sich über sie beugte, um ihr die einzelnen Abschnitte besser zu erklären. Dabei

berührten sich ihre Hände und sie spürte seinen Atem an ihrem Nacken und den Duft seiner Haut. Unwillkürlich durchlief sie ein Schauer, der ihr eine Gänsehaut verursachte und ihr Körper erzitterte als Luca sie leicht an den Schultern berührte. Als er sie zu sich herumdrehte und sie in seine dunklen Augen blickte, war ihr sofort klar, dass auch er die gleichen Gefühle wie sie verspürte. Ihr Herz schlug heftig vor Aufregung und Freude, so stark, wie sie es noch nie zuvor gespürt hatte.
»Bist du frei Bella oder wartet jemand auf dich in Deutschland?«, fragte er leise und schaute ihr dabei tief in die Augen. »Du musst wissen, ich habe mich sofort in dich verliebt.«
Ihre Knie wurden weich und sie war kurz davor zu fallen, als er sie fest in seine Arme nahm und küsste. Aber diesmal war es kein sanfter, warmer Kuss wie bei der Verbrüderung. Es war eine wilde Leidenschaft, die auch Bella erfasste und der sie sich ohne Kompromisse hingab. Wie lange hatte sie auf solch einen Augenblick der überwältigenden Gefühle gewartet. Nie zuvor hatte sich ihr Körper so nach den Berührungen eines Mannes gesehnt und alle Liebesbeziehungen der Vergangenheit waren weggelöscht. Hier war es endlich, das unweigerliche Schicksal, von dem sie immer geträumt und das sie stets herbeigesehnt hatte. In diesem Moment hatte es zugeschlagen und alle Sinne in ihr verlangten nach seinen zärtlichen und sogleich leidenschaftlichen Berührungen.
Luca küsste sie, hob sie auf, ging mit ihr zu dem weichen Ledersofa und legte sie vorsichtig hinein. Mit seinen Küssen bedeckte er ihren Körper und fasste gleichzeitig unter ihr dünnes T-Shirt, um ihre Brüste zu liebkosen. Sie spürte seine Erregung und auch ihr Verlangen nach seinem Körper wurde immer unerträglicher. Sie stöhnte unter seinen Berührungen und öffnete seinen Gürtel, um ihre Bereitschaft zu mehr zu signalisieren.
Unter Küssen entkleideten sie sich gegenseitig und als sie seine Männlichkeit spürte, war es die langersehnte Offenbarung, von der sie immer wusste, dass sie eines Tages kommen würde. Die Welt um sie herum war ihnen entglitten und nur ihre beiden Körper

waren für sie existent. Sie waren wie zwei Ertrinkende, die endlich einen festen Halt gefunden hatten.
»Luca, mein Liebster«, flüsterte Bella zärtlich in sein Ohr, als er erschöpft und glücklich in ihren Armen lag. Sie streichelte seine Stirn und küsste ihn sanft auf die Schläfen.
»Es war wundervoll mit dir«, sagte sie ohne Scham. »So schön und intensiv habe ich noch nie die Liebe erlebt, Luca.«
Luca umfasste sie fest an den Hüften und drückte seinen Körper an den ihren. Dabei berührte er mit seinen Lippen ihre Brüste und Bella schloss die Augen, um jede seiner Zärtlichkeit zu genießen. Das klingelnde Handy in Bellas Handtasche warf sie plötzlich zurück in die Wirklichkeit und ihr fiel ein, dass Susanne bestimmt auf ihren Rückruf gewartet hatte. Und überhaupt, wie leichtsinnig sie doch waren. Es hätte jederzeit jemand ins Büro kommen können. Bella musste lachen, als sie Luca, der sie festhalten wollte, sanft von sich wegschob.
»Ich glaube, das ist Susanne. Die habe ich total vergessen. Ich muss leider rangehen, denn wir wollten uns wegen der Rückfahrt absprechen.«
»Sag ihr, dass sie schon nach Hause fahren kann. Ich bringe dich später zurück, ja?«
Dabei küsste er sie erneut auf ihren Bauch und wollte sie festhalten. Bella angelte das Handy aus ihrer Handtasche, die neben dem Sofa auf dem Boden stand und meldete sich. Nur mühsam konnte sie ein Kichern unterdrücken, als sie mit Susanne sprach, da Luca weiter ihren Körper festhielt und liebkoste. Susanne merkte sofort, dass Bella in einem Ausnahmezustand war.
Sie vermutete einiges in der richtigen Richtung, ohne natürlich mehr zu wissen. »Du hast doch den Ersatzschlüssel von meinem Auto. Fahr doch schon mal nach Hause. Ich komme später nach. Luca wird mich fahren.«
»Ach, schau an. Soweit bist du schon. Gratuliere!«, sagte Susanne lachend. »Also, dann bis später, ciao!«, sagte sie und legte auf.
Luca stand grinsend auf, ging zur Tür und schloss sie ab.

»Das haben wir doch tatsächlich vor lauter Leidenschaft ganz vergessen. Meine Schwester oder sonst ein Klient hätten sicher große Augen gemacht, wenn sie uns so entdeckt hätten«, lachte er. Sie standen sich völlig nackt gegenüber und schauten sich verliebt an. »Bella, es war wundervoll und ich glaube, einmal ist kein mal«, sagte er und stürzte sich aufschreiend wie Tarzan auf Bella, die sich lachend in seine Arme warf, um sich erneut seinem Liebeshunger hinzugeben.

Pero vergiftet

Maria schrie laut auf, als sie in den Gemüsegarten ging und Pero leblos in der Kräuterecke des Gartens vorfand.

»Mamma mia – aiuto!« Sie rüttelte an Pero und forderte ihn auf, aufzustehen. Aber es kam kein Lebenszeichen. Pero lag wie ausgestreckt neben der kleinen Buchsbaumhecke.

Sie rannte zur Villa, da Alfredo noch nicht zu Hause war, der ihr hätte helfen können.

»Signora, Signora – aiuto«, rief sie erregt, als sie zur Terrasse hinauf rannte, auf der Laura und Marc saßen.

»Um Gottes Willen, was ist denn los, Maria. Beruhigen Sie sich doch!«

Marc ging auf sie zu und fasste sie an den Schultern, da er befürchtete, dass sie gleich kollabierte.

»Pero, Dottore, Pero liegt leblos im Garten. Ich glaube, er ist tot!«

Laura sprang erschrocken auf und auch Marc wurde ganz blass. Sie liefen eilig in den Kräutergarten und standen atemlos vor dem leblos daliegenden schwarzen Setter, dem die Zunge halb aus dem Maul hing.

»Pero, mein Pero«, rief Laura nun ebenfalls außer sich vor Aufregung und schon rannen ihr die Tränen über die Wangen. Hilfesuchend schaute sie zu Marc, der den Hund sofort abtastete und fachmännisch untersuchte.

»Da ist nichts mehr zu machen. Pero ist tot«, sagte er betrübt und nahm Laura in seine Arme, die sich nun nicht mehr beherrschen konnte und laut aufschluchzte.
»Wie kann das nur möglich sein? Heute Vormittag habe ich noch mit ihm gespielt. Da war er ganz normal - wie immer«, sagte sie unter Tränen.
Auch Maria stand weinend und hilflos schauend neben dem geliebten treuen Freund.
»Vielleicht hat er etwas Giftiges gefressen«, meinte sie schluchzend.
»Der Tierarzt hat ihn doch erst vor kurzem untersucht und seinen guten Gesundheitszustand gelobt«, stammelte sie.
Marc bückte sich hinunter und untersuchte Pero genauer, um eventuelle Hinweise auf seinen plötzlichen Tod zu entdecken. Im Maul fand er dunkel verfärbte Papierreste, die Maria sogleich am karierten Muster als Fetzen ihrer Küchenrolle erkannte. Vorsichtig entnahm er sie dem toten Tier, wickelte sie in sein Taschentuch und steckte sie in seine Hosentasche. »Diese Papierfetzen lasse ich mal im Labor untersuchen. Vielleicht findet sich hier eine Erklärung.«
Laura saß gebückt vor Pero und streichelte liebevoll seinen Kopf.
»Was machen wir denn nun mit ihm. Wollen wir den Tierarzt noch kommen lassen?«, schluchzte sie.
»Das macht keinen Sinn mehr, Laura – leider. Du wirst doch sicher nicht wollen, dass der Hund seziert wird. Lebendig wird er davon auch nicht mehr«, sagte Marc leise.
Maria hatte sich wieder etwas gefangen und meinte weinerlich: »Alfredo wird schockiert sein. Auch er hat Pero sehr geliebt. Er wird sicher einen schönen Platz im Garten für ihn finden, was meinen sie dazu, Signora?«
Laura putzte sich die Nase und blickte sie traurig an. »Ja natürlich, Maria. Sagen Sie Alfredo, dass er oben im Garten bei den Hortensien, in der Nähe der Bank, ein Grab vorbereiten soll. Jetzt decken wir ihn erst einmal zu bis Alfredo kommt. Nehmen Sie

dafür bitte ein weißes Leinentuch aus dem Wäscheschrank.«
Nach einer Weile des Schweigens nahm Marc Laura in den Arm und führte sie zum Haus zurück.
Immer wieder schluchzte sie auf und Tränen kullerten ihre Wangen hinunter.
»Wir werden ihm ein schönes Grab machen, Laura. Er war ein so lieber Kerl.«
Auch Marc musste schlucken und drückte Laura dabei fest an sich. Unwillkürlich sah er den fröhlich wedelnden Hund im Geist auf sich zukommen und spürte buchstäblich seine schleckende Zunge auf seiner Hand.
»Da werden auch Bela und Susanne traurig sein. Ich glaube, die mochten Pero auch sehr gern«, sagte Laura und wischte sich erneut die Tränen aus dem Gesicht.

Das Küchenpapier

Schweigend und gedankenversunken fand Susanne Marc und Laura auf der Terrasse mit traurigen Gesichtern vor, als sie, mit Einkaufstüten beladen, zurückkam.
»Ich komme allein zurück. Bella kommt später mit Luca«, rief sie fröhlich aus und stockte, als sie Lauras verweinte Augen sah.
»Ist irgendetwas passiert?«, fragte sie einfühlsam.
»Ja, etwas sehr Trauriges«, sagte Marc. »Maria hat Pero tot im Garten aufgefunden. Wir wissen nicht genau, wie das passieren konnte. Wir sind natürlich alle sehr traurig.«
Laura schluchzte sofort wieder und Susanne legte tröstend den Arm um sie. »Wie schrecklich!«, rief sie aus und gleich darauf hatte auch sie Tränen in den Augen, die sie mit den Fingern verlegen wegwischte.
Marc erzählte nun, dass er bei Pero einige Papierfetzen aus dem Maul entfernt habe, die er im Labor untersuchen lassen wolle. Er vermute, dass der Hund etwas Vergiftetes gefressen habe. Aber das seien nur Spekulationen. Auf jeden Fall wollten sie Pero nicht se-

zieren lassen. Sie würden ihn heute noch im Garten begraben.
Laura, die sich wieder etwas beruhigt hatte, stand auf und meinte, dass sich alle vor dem Abendessen erst einmal frisch machen sollten. Sie bat Marc um eine Kopfschmerztablette, die er ihr gleich darauf mit einem Glas Wasser reichte.
»Du kannst ruhig noch ein paar von deinen Tropfen heute Abend nehmen. Das schadet nicht.«
»Ja, das werde ich tun. Ich hole mir auch gleich ein neues Fläschchen aus dem Kühlschrank. Das alte reicht nur noch für heute«, sagte Laura und verließ das Zimmer.
»Das wird Bella auch sehr traurig stimmen«, meinte Susanne. »Wo sie heute doch so glücklich am Telefon klang.«
»Wieso am Telefon? Ward ihr denn nicht gemeinsam in Intra?«
»Doch, aber nur anfangs. Wir sind nachmittags zu Lucas Büro gegangen und ich habe mich dann diskret früher verabschiedet und bin wieder zum Shopping. Ich wollte die beiden einfach mal allein lassen. Mein Gefühl sagte mir, dass das genau das Richtige wäre. Bella klang überglücklich, als ich später mit ihr telefoniert habe. Sie hat mich quasi nach Hause geschickt und wird von Luca nachher gebracht.«
Dabei lächelte sie Marc vieldeutig an und auch er konnte sich ein Lächeln nicht verkneifen.
»Da bin ich aber gespannt, was aus der Sache wird«, sagte er und begab sich ebenfalls nach oben.

Luca bringt Bella zurück

Zum Glück hatte Luca neben seinem Büroraum ein kleines Duschbad mit WC, sodass Bella und Luca frisch geduscht das Büro verlassen konnten. Zuvor hatten sie alle Spuren ihres neuen Glücks verwischt und gründlich aufgeräumt. Eng umschlungen verließen sie die Büroräume und traten in das pulsierende Leben von Intra ein, um zu Lucas Auto zu gelangen, das er in einer nahen Garage geparkt hatte.

Luca fuhr mit sicherer Hand aus den engen Gassen zur Uferstraße. Von hier aus waren es nur wenige Kilometer bis nach Cannero.
»Wollen wir es allen gleich erzählen?«, fragte Luca und legte beim Fahren seine Hand auf Bellas Bein.
»Ich glaube, das ist fast nicht nötig. So wie wir strahlen, wird das jeder ganz schnell merken. Aber ja, ich bin immer für klare Verhältnisse.«
Bella schaute ihn dabei verliebt an und kraulte ihn hinter dem Ohr.
»Wo wohnst du eigentlich?«, wollte sie wissen.
»Das werde ich dir spätestens morgen zeigen. Ich habe eine Penthousewohnung in Intra. Sehr schön. Drei große Zimmer, eine große Terrasse. Eine Junggesellenwohnung halt, die ich bisher allerdings nur zum Schlafen benutzt habe. Ich arbeite immer sehr lange, weißt du. Das wird sich aber jetzt bestimmt ändern. Jetzt wo ich dich habe! Und mein Bett ist bestimmt bequemer als das Sofa!«
Dabei strahlte er sie an und Bella war versucht, ihn wieder und wieder zu küssen. Aber bei dem starken Verkehr auf der schmalen Straße hier am See musste man höllisch aufpassen. Schließlich wollte sie heil mit ihm in Cannero ankommen.
So streichelte sie nur seinen Oberschenkel, worauf er sie gleich zu sich heranzog.
»Vorsicht, wir müssen vernünftig sein. Der Gegenverkehr ist zu stark«, sagte sie lachend und setzte sich schnell wieder hin.
»Wie soll ich es heute Nacht nur ohne dich aushalten?«, stöhnte Luca und auch Bella dachte das Gleiche und sehnte sich schon jetzt wieder nach seiner Nähe.
Als sie die Villa erreichten und ihr Fahrzeug einparkten, kam ihnen Maria mit verweinten Augen entgegen und berichtete sofort, was mit Pero passiert war.
Luca musste es Bella übersetzen, die aufrichtig entsetzt war und sofort Tränen in den Augen hatte.
»Wie schrecklich, der arme Pero.« Luca nahm sie sofort in seine Arme und küsste ihr die Tränen aus dem Gesicht. »Nicht weinen, mio amore, nicht weinen. Das ist sehr, sehr traurig. Aber das Wich-

tigste ist, dass wir uns gefunden haben und ich sehr verliebt in dich bin!«, sagte er leise und drückte Bella fest an sich.
Susanne, Laura und Marc saßen oben auf der Terrasse bei einem Glas Wein und konnten Bellas Gefühlsausbruch und Lucas Umarmung mit ansehen.
»Das ist aber eine Freude«, sagte Laura und lächelte den beiden anderen zu. »Da hatte ich doch genau das richtige Gefühl. Welch ein schönes Paar!«
Als beide die Terrasse betraten, ging Bella sofort auf Laura zu und umarmte sie spontan. Laura nutzte diese Gelegenheit ihrerseits, zum ersten Mal Bella fest an sich zu drücken, und ein ganz warmes Gefühl durchdrang ihren Körper.
»Es tut mir so leid, Laura. Der arme Hund. Ich habe ihn so gemocht.«
Laura traten sofort wieder die Tränen in die Augen und sie hob und senkte hilflos die Schultern und machte einen sehr bekümmerten Eindruck.
Luca, der ebenfalls einfühlsam sein Bedauern ausdrückte, wurde von Laura, die sich nun wieder etwas beruhigt hatte, herzlich gebeten zum Essen zu bleiben, was er gern annahm. Das Gespräch kreiste noch einige Zeit um den traurigen Vorfall, bis Laura sagte:
»Wir konnten vorhin ja mit eigenen Augen sehen, was mit euch beiden Wundervolles geschehen ist. Ich glaube, sagen zu dürfen, dass es jeden hier am Tisch sehr freut, dass ihr beiden euch gefunden habt und Amor keine Zeit verloren hat. Und in Anbetracht dieser Tatsache möchte ich Ihnen Luca deshalb sogleich das Du anbieten und spreche sicher auch im Namen der anderen Anwesenden. Ich liebe einen ungezwungenen und unkomplizierten Umgang miteinander. Was meinen Sie, äh du dazu?«
»Das ist auch ganz meine Art. Sehr gern, Laura und Marc«, sagte Luca und erhob sein Glas, um mit jedem anzustoßen.
Maria servierte das Essen, das heute etwas einfacher ausgefallen war und erzählte, dass Alfredo bereits ein Grab für Pero ausgehoben habe.

Sie vereinbarten, nach dem Essen Pero würdevoll zu verabschieden.

Elena und die Weinflasche

Elena lag wie leblos auf dem zerwühlten, schmutzigen Bett und war offensichtlich nicht ansprechbar.

Dreckige Schlampe, dachte Roberto angewidert. Wahrscheinlich hatte sie wieder einige Freier bedient und sich anschließend eine volle Ladung Heroin gespritzt.

Wenn ich in Kürze meine große Erbschaft antrete, werde ich mich sofort von ihr trennen und mir eine tolle Wohnung in Milano kaufen. Mit meinem dicken Konto brauche ich dann nur mit den Fingern zu schnippen, und die schönsten Frauen werden mir zu Füßen liegen.

Er schaute sich im gegenüber hängenden Spiegel mit glasigen Augen selbstherrlich an.

Nur noch wenige Tage und das Blatt wird sich für mich wenden, hoffte er. Und mit dem Koksen konnte er jederzeit aufhören. Nur heute wollte er sich noch einmal eine Kleinigkeit gönnen.

Er zog ein kleines Tütchen Kokain aus seiner Jackentasche und streute es auf die Tischplatte, schob es mit seiner Scheckkarte zusammen, um es sogleich mit der Nase routiniert aufzuziehen. Jetzt noch ein Gläschen Wein dazu und der Tag ist gerettet, dachte er.

Er ging zu der kleinen Kommode, in der immer etwas Alkoholisches zu finden war.

»Miststück«, fluchte er, als er feststellen musste, dass sich nur leere Flaschen darin auftürmten. Offenbar hatte Elena alle Reste ausgetrunken. Er schaute zu ihr hinüber und sah, dass neben dem Bett eine geöffnete, fast leere Weinflasche stand. Er ging hinüber, hob die Flasche auf und wollte sie gerade zu einem Schluck ansetzen, als ihm der widerlich bittere Geruch auffiel. Nun schaute er sich die Flasche genauer an und erschrak. »Scheiße!«, rief er aus. Er beugte sich über Elena und überprüfte, ob sie noch ein Lebenszei-

chen von sich gab. Fachgerecht legte er seine Finger an ihre Halsschlagader, um zu prüfen, ob noch ein Pulsschlag zu fühlen war. Als er keinerlei Regung verspürte, stieg sein Adrenalinspiegel rasant an und er geriet sofort in Panik.
»Elena, wach auf«, rief er völlig außer sich und schüttelte ihren Körper hin und her. Er ergriff ihr Handgelenk und prüfte auch hier den Pulsschlag. Nichts! Helena war offensichtlich tot. Gestorben an seiner tückischen Oleander-Mixtur, die er in der Weinflasche unter der Spüle versteckt und die er in Lauras Aufbautropfen gefüllt hatte. Nun klingelten alle Alarmglocken gleichzeitig in ihm.
»Jetzt ganz ruhig bleiben«, sagte er laut zu sich selbst. Er setzte sich in den gegenüberstehenden Sessel und überlegte angestrengt, wie er diese Situation am besten meistern konnte.
Als Erstes muss ich die Flasche verschwinden lassen, folgerte er. Dann überlegte er, wer alles wusste, dass er hier bei Elena wohnte. Das waren eigentlich nur die Leute aus der Diskothek und ein paar Dealer aus der Drogenszene. Die würden sich sicher alle aus eigenem Interesse heraushalten. Für seine alten Freunde, seinen Vater und Laura wohnte er offiziell in Milano und war am Studieren. Das war gut so.
Er suchte die Wohnung nach seinen eigenen Sachen ab. Viel war es nicht, was sich in der letzten Zeit von ihm hier angesammelt hatte. Er steckte alles in eine Plastiktüte. Auch die vergiftete Weinflasche. Dann wischte er sicherheitshalber alle von ihm benutzen Teller und Tassen ab und warf einen großen Teil des schmutzigen Geschirrs ebenfalls in eine weitere Plastiktüte, die er in den nächsten Müllcontainer werfen wollte. Er schaute sich im Appartement noch einmal ganz genau um und verließ so geräuschlos wie möglich die Wohnung, um sofort nach Milano zu fahren, um dort von möglichst vielen Leuten gesehen zu werden. Mit Elena durfte er überhaupt nicht mehr in Verbindung gebracht werden.
Schnellen Schrittes ging er zu seinem schwarzen BMW-Cabrio und fuhr schnurstracks Richtung Autobahn Milano, nicht ohne vorher die Plastiktüte mit den schmutzigen Utensilien in einem

Müllcontainer außerhalb der Stadt verschwinden zu lassen. Die andere Tasche mit seinen Kleidern und der Giftflasche versteckte er hinter dem Fahrersitz. Er wollte sie mit nach Milano nehmen. Vielleicht benötigte er für Laura noch den kleinen Rest aus der Flasche, man konnte ja nie wissen.

Peros Grab

In ein weißes Leinentuch eingeschlagen, legte Alfredo Pero vorsichtig in das vorbereitete Grab in Nähe der Hortensien. Alle standen betreten um das ausgehobene Erdloch und Laura war die erste, die die nebenstehende Schaufel benutzte und etwas Erde auf das weiße Bündel warf.

»Leb wohl, mein lieber, lieber Freund«, sagte sie dabei gerührt und ging hinüber zu den Rosen, um eine ganz besonders schöne Blüte abzubrechen und ebenfalls in das Grab zu werfen. Schweigend warfen auch alle anderen etwas Erde in das Loch und gingen anschließend gemeinsam zum Haus zurück. Nur Alfredo verharrte noch lange Zeit im oberen Garten, einerseits um Peros Grab wieder zu verschließen und anzuhäufeln, andererseits um still Abschied zu nehmen. Denn seine Gefühle wollte er vor allen anderen nicht zeigen, dazu war er einfach nicht fähig.

Maria bat Marc, das Papiertuch noch einmal sehen zu dürfen. Sie schaute es intensiv an und sagte: »Ich bin ganz sicher, dass es sich um ein Stück Küchenrolle aus meiner Küche handelt. Und die ganze Zeit muss ich schon darüber nachdenken, dass ich mich neulich darüber gewundert habe, dass auf dem Küchenboden etwas aufgewischt wurde. Die Spuren waren ganz deutlich zu sehen. Ich habe mir nur weiter nichts dabei gedacht. Aber jetzt ...« Maria sprach nicht weiter und man sah ihr an, dass sie angespannt nachgrübelte.

»Na, mal abwarten, was die Analyse ergibt. Vielleicht hat es gar nichts mit dem Tod von Pero zu tun«, meinte Marc und steckte das Tuch wieder ein.

»Bitte entschuldigt, wenn ich heute etwas früher zu Bett gehe. Aber die Ereignisse haben mich doch sehr mitgenommen. Lasst euch aber bitte nicht dadurch stören.«

Laura schaute entschuldigend in die Runde.

»Ich komme mit«, meinte Marc. »Morgen muss ich ganz früh los wegen der Übernahme.« Er hakte sich bei Laura ein und beide gingen nach oben, wobei für Marc wichtig war, dass er Laura heute Abend nicht allein lassen wollte.

Susanne, Bella und Luca setzten sich noch eine Weile zum Plaudern auf die Terrasse, bis Luca ebenfalls schweren Herzens aufbrechen musste, da auch er am nächsten Morgen einen wichtigen Termin hatte. Bella begleitete ihn zu seinem Wagen und setzte sich noch einen Augenblick zu ihm ins Fahrzeug, um sich ungenierter verabschieden zu können. Luca küsste sie innig und flüsterte ihr verliebte Worte ins Ohr, die sie zum Teil nicht verstehen konnte. Aber Italienisch hörte sich ganz wunderbar an.

»Du musst morgen unbedingt meine Wohnung sehen«, sagte er und drückte sie dabei fest an sich. »Am besten du kommst am Nachmittag wieder in mein Büro. Dann fahren wir gemeinsam zu meiner Penthousewohnung.« Bella vergrub sich in seinen Armen und ihr Herz hüpfte vor Freude.

»Hast du eigentlich bisher keine Freundin gehabt«, fragte sie ihn. »Bitte sag mir die Wahrheit – ich bin auf alles gefasst!«

»Vor ungefähr acht Jahren hatte ich einmal eine festere Beziehung zu einer jungen Frau, die mich allerdings wegen eines reichen Milaneser verlassen hat. Damals war ich noch nicht selbstständig und ziemlich mittellos. Das hat mich sehr verletzt und ich hatte seitdem keine feste Beziehung mehr und ich habe mich sehr in meine Arbeit gestürzt und mein Büro aufgebaut, das sich mittlerweile auch sehen lassen kann. Ich habe gute Aufträge und sehe der Zukunft optimistisch entgegen. Und du?«

Bella lachte. »Bei mir waren es bisher immer nur die falschen Männer. Der Letzte war sogar schwul und wollte mich heiraten. Stell dir das mal vor! Aber bei keinem Mann habe ich jemals solch

intensive Gefühle gespürt, die ich jetzt mit dir verspüre. Ich habe immer gehofft, dass ich eines Tages den richtigen Mann treffen werde. Ich war immer davon überzeugt und ich weiß, dass ich ihn jetzt gefunden habe. Ich hoffe, du denkst genauso - wenn alles auch sehr schnell mit uns ging.«
»Mio amore« – ich habe mich sofort in dich verliebt und möchte immer mit dir zusammen sein. Du bist so schön, so intelligent und so zärtlich. Und die Liebe mit dir ist wundervoll.«
Er zog Bella wieder fest an sich heran und küsste sie leidenschaftlich. Bella wäre am liebsten gleich mit ihm in seine Wohnung gefahren, so stark war ihr Verlangen nach seinen Berührungen. Aber sie wusste, dass sie auch gewisse Verpflichtungen Susanne, Marc und Laura gegenüber hatte und sich nicht so einfach verdrücken konnte. Deshalb flüsterte sie ihm ins Ohr. »Wie müssen bis morgen warten, Liebster.«
Luca konnte sich nur schwer von ihr lösen und nahm seine Hände, die sich bereits wieder unter ihrem T-Shirt befanden, mit einem tiefen Seufzer wieder weg.
»Also, dann bis morgen, mio amore«, sagte er und küsste sie ein letztes Mal an diesem Abend. Bella stieg aus und winkte ihm nach, bis er um die Ecke gebogen war. Glücklich lächelnd kam sie zu Susanne zurück, die ihr neugierig entgegensah.
»Ich brenne darauf, mehr zu erfahren«, sagte diese sofort zu ihr. »Ich höre!«
»Du und deine unverblümte Art«, lachte Bella. »Was soll ich viel erzählen. Ich bin total, total, total verliebt. So verliebt war ich noch nie im Leben. Und Luca sagt, es geht ihm genauso – ist das nicht herrlich.«
Dabei drehte sie sich glücklich im Kreis.
»Gratuliere, Bella, das freut mich wirklich, - ganz ehrlich. Nur schade, dass es mir nicht auch passiert ist. Ich hätte auch nichts dagegen einzuwenden.«
»Was nicht ist, kann ja noch werden. Luca hat mir von seinem Freund Adriano erzählt. Der soll auch sehr nett sein. Wer weiß ...«

»Hattet ihr etwa schon Sex miteinander?« Bei dieser Frage stemmte Susanne grinsend die Arme um die Taille, um ihre gespielte Empörung zu demonstrieren.
»Susanne! Du willst ja wieder alles ganz genau wissen! Aber okay, warum soll ich dir's nicht erzählen. Ja, wir hatten ganz wundervollen, megageilen Sex miteinander!«
Bella grinste dabei Susanne fast unverschämt an.
»Jetzt bin ich aber gänzlich neidisch«, schmollte Susanne und schob ihre Lippen nach vorn.
»Bei mir hat sich schon lange in dieser Region gar nichts mehr abgespielt. Wahrscheinlich habe ich schon riesige Spinnweben in dieser Zone!«
Nun mussten beide schallend lachen und Bella verschluckte sich fast an dem soeben getrunkenen Wein.
»Morgen treffen wir uns wieder im Büro. Luca will mir dann seine Wohnung zeigen. Du bist doch nicht böse, wenn ich da allein hingehe?«
»Natürlich nicht, das ist doch eine delikate Ausnahmesituation. Das fünfte Rad am Wagen bin ich auch nicht gern. Ich lasse mir schon was einfallen für morgen. Wann wollten wir denn gemeinsam mit Adriano ausgehen?«
»Schon übermorgen. Ich werde alles genau mit Luca besprechen.«
»Eins interessiert mich allerdings: Wie stellst du dir alles Weitere vor. Wenn der Urlaub vorbei ist, fahren wir wieder nach Deutschland zurück und Luca bleibt hier.«
»Das weiß ich selbst noch nicht. Wir werden sehen. Daran darf ich im Moment gar nicht denken.«
»Übrigens, halt doch mal deine linke Hand in die Höhe.«
Bella hielt ihre Hand hoch und Susanne drehte sie hin und her.
»Siehst du diesen leicht krummen Mittelfinger?«
»Ja, was ist mit dem. Den habe ich schon immer.«
»Mir ist aufgefallen, dass Laura den gleichen krummen Mittelfinger hat. Das ist doch merkwürdig, oder? Ein Zusammenhang ist mir allerdings noch nicht klar.«

Bella sah sie verdutzt an. »Echt?«, fragte sie skeptisch und schaute auf ihre Hand.
Als Susanne bedeutungsvoll nickte, meinte sie nur: »Merkwürdig – ich glaube, hier gibt es vielleicht doch noch ein Geheimnis.«
»Komm, lass uns auch zu Bett gehen. Dann kannst du noch etwas von deinem Luca träumen.«

Lauras Vergiftung

Als Laura erwachte, saß Marc schon am Frühstückstisch auf dem kleinen Balkon und trank seinen Kaffee. »Weil es noch so früh ist, habe ich Maria gebeten, das Frühstück hier auf dem Balkon zu servieren. Ich hoffe, ich habe dich nicht gestört.«
»Nein, überhaupt nicht – guten Morgen, Liebster!«
Laura ging zu Marc auf den Balkon und begrüßte ihn mit einem Kuss.
»Ich muss gleich weg. Dafür bin ich aber früh wieder zurück. Fühlst du dich heute wieder besser?«
Laura nickte. »Ja, ich geh gleich ins Bad und nehme aber vorher noch meine Tropfen, das habe ich nämlich gestern Abend vor lauter Aufregung ganz vergessen. Du wirst sehen, wenn du zurück bist, bin ich wieder ganz fit.«
Marc war bereits im Gehen, als Laura ihn noch einmal zurückhielt, um ihn etwas zu fragen. »Marc, ich bringe es einfach nicht fertig, Bella alles zu erzählen. Mir fehlt einfach der Mut. Deshalb habe ich mir überlegt, ob ich nicht besser alles aufschreibe und ihr meine Aufzeichnungen im passenden Moment zum Lesen gebe. Was meinst du dazu?«
»Das finde ich keine schlechte Idee. Dann hat sie die Möglichkeit überlegt und freier zu reagieren und spontane und eventuell überstürzte Reaktionen bleiben berechenbarer.«
»Gut. Ich werde gleich heute alles niederschreiben. Ciao, bis nachher.« Laura verschwand im Bad und Marc ging hinunter, um in die Praxis zu fahren.

Gleich nach dem gemeinsamen Frühstück mit Susanne und Bella, die beide anschließend wegen des schönen Wetters an den Strand gingen, setzte sich Laura an ihren Schreibtisch und wollte einen ausführlichen Brief für Bella verfassen, um ihre Seele von einer großen Last zu befreien. Den Brief wollte sie ihr bei passender Gelegenheit überreichen.
Das Niederschreiben ihrer Lebensbeichte wühlte sie jedoch so auf, dass sie ihre Aufbautropfen aus der Küche holte und ausnahmsweise gleich zwei Löffel davon einnahm. Zusätzlich machte ihr auch noch die Sache mit Pero sehr zu schaffen. Luft anhalten und runter damit! Das Zeug ist einfach ekelhaft, aber es hilft mir, dachte sie und hielt sich zusätzlich beim Schlucken noch die Nase zu.
»Brrr! Widerlich!«, rief sie aus. Schnell trank sie noch einen Schluck Wasser hinterher, was aber auch nicht besonders hilfreich war. Sie schüttelte sich und ging erneut in die Küche, um den üblen Geschmack mit einem süßen Fruchtsaft zu verbessern.
Danach begab sie sich wieder an ihren Schreibtisch und schrieb an ihrem Brief weiter. Ihr Magen rumorte und sie spürte ihr Herz laut schlagen, als ihr zusätzlich auch noch der Schweiß ausbrach. Das regt mich alles doch ziemlich auf, dachte sie und nahm noch einen Schluck Wasser. Kaum hatte sie ihren Brief beendet und in einen Umschlag gesteckt, wurde ihr speiübel und ihr Herz raste wie wild. Sie brauchte mehr Luft und trat auf den kleinen Balkon, um besser atmen zu können. Was ist nur los mit mir, war das Letzte, das ihr durch den Kopf ging. Der Garten, der See und überhaupt das ganze Haus drehten sich plötzlich heftig in ihrem Kopf, bevor sie sich übergab und ohnmächtig wurde.

Im Krankenhaus

Maria kam kurz darauf in Lauras Zimmer und wollte aufräumen, als sie Laura, auf dem Balkon liegend, vorfand. Da Laura regungslos in ihrem Erbrochenen lag, war ihr ziemlich schnell

klar, dass hier etwas Schlimmes passiert war. »Aiuto, aiuto!«, rief sie zum Balkon hinunter. Aber es war ja niemand da, der sie hören konnte.
»Nicht schon wieder ein Unglück«, rief sie aus und rannte jammernd hinunter in den Salon. Schnurstracks lief sie zum Telefon und rief die Ambulanz an.
Sie schilderte dem Mann am Telefon schon einmal vorab, was passiert war. Dann wählte sie aufgeregt die Handynummer vom Dottore, der sich Gott sei Dank auch gleich meldete.
»Dottore, kommen Sie schnell, die Signora liegt hier ohnmächtig auf dem Balkon. Sie hat sich übergeben und ich weiß überhaupt nicht, was ich machen soll. Die Ambulanz habe ich schon angerufen.«
Marc schrie aufgeregt in den Hörer, dass er gleich da sei. Er sei schon auf dem Weg kurz vor Cannero und in wenigen Minuten da. »Legen Sie Laura unbedingt auf die Seite, damit sie nicht erstickt«, sagte er noch eindringlich zu Maria. Bereits wenige Minuten später fuhr Marc rasant durch das große Tor der Villa und stürmte sogleich mit seiner Arzttasche nach oben. Fast gleichzeitig fuhr auch die Ambulanz die Einfahrt hoch und der Notarzt mit zwei Sanitätern rannten auf das Haus zu. Maria zeigte ihnen den Weg zu Lauras Zimmer.
Alarmiert durch die schrillen Sirenen, die in Höhe der Villa verstummten, wurden auch Susanne und Bella am Strand aufmerksam und kamen ebenfalls angelaufen. Ihnen war sofort klar, dass es sich nur um einen Notfall in der Villa handeln konnte, da sie das Blaulicht des Ambulanzfahrzeuges die Zufahrt hoch blinken sahen. Maria kam ihnen weinend und völlig aufgelöst entgegen und alles, was sie verstehen konnten, war, dass der Signora etwas passiert sein musste.
Oben auf dem kleinen Balkon sahen sie, dass Laura auf dem Boden lag und vom Notarzt gerade eine Spritze bekam und an ein Gerät angeschlossen wurde. Marc stand daneben und sprach auf die Helfer ein. Kurz darauf trugen sie Laura auf einer Bahre nach unten

und fuhren mit ihr mit Blaulicht und lautem Sirenengeheul ins Krankenhaus nach Intra.
Marc, der kreidebleich war, fuhr selbstverständlich mit und rief beiden nur kurz zu, dass es sich um eine Herzattacke handeln könnte. Mehr könne man im Moment auch nicht sagen. Er melde sich, sobald er mehr wisse.
»Du liebe Güte. Erst Pero und nun das!«, stöhnte Bella und schaute Susanne verzweifelt an. Maria stand völlig erschüttert neben ihnen und zitterte, sodass Susanne sie beruhigend in den Arm nahm und liebevoll auf sie einsprach, obwohl sie wusste, dass sie kein Wort verstehen konnte.
»Kommt, lasst uns nach oben gehen. Wir müssen uns erst einmal was anziehen«, meinte Bella, die sich plötzlich ihrer spärlichen Bekleidung bewusst wurde.
»Dove ospedale?«, fragte Bella und schaute Maria hilfesuchend an. Maria verstand offensichtlich, was sie meinte und antwortete mit einem Redeschwall, von dem sie nur soviel verstand, dass Laura wohl ins Krankenhaus von Intra gefahren wurde.
»Ich rufe sofort Luca an. Er kann uns sicher weiterhelfen«, sagte sie und lief eilig die Treppe hoch. Im Salon griff sie zum Telefon und rief Luca auf seiner Handynummer an, die sie sich gestern vorsorglich notiert hatte. Aufgeregt schilderte sie ihm kurz, was passiert war und fragte nach dem Krankenhaus. Luca bat sie, am besten in sein Büro zu kommen. Er würde dann mit ihr und Susanne gemeinsam zum Krankenhaus fahren, um mehr Einzelheiten zu erfahren.
»Bitte nicht zu sehr aufregen – alles wird gut!«, sagte er noch, bevor er wieder auflegte.
Susanne stand am Barschrank und schenkte Maria gerade einen Grappa zur Beruhigung ein.
»Ich glaube, ich genehmige mir auch einen. Du nicht«, sagte sie zu Bella. »Du musst noch fahren.«
»Maria, andiamo ospedale«, zeigte Bella mit vielen Gesten Maria an.

»Si, si« sagte sie nur und jammerte Unverständliches vor sich hin.
»Was hast du ihr gesagt?«, fragte Susanne.
»Nur, dass wir nach Intra ins Krankenhaus fahren. Komm, wir ziehen uns an. Ich habe mit Luca vereinbart, dass wir in sein Büro kommen. Er fährt dann gemeinsam mit uns ins Krankenhaus.«
»Gut, dass man mit Luca Deutsch sprechen kann«, sagte Susanne erleichtert und beide gingen nach oben, um sich schnell für die Fahrt fertig zu machen.
Luca erwartete sie bereits in seinem Auto unten vor seinem Büro und fuhr mit ihnen sofort nach einer kurzen Begrüßung durch den dichten Verkehr von Intra zum Krankenhaus. Er dirigierte sie zur Anmeldung und befragte die dort sitzende Krankenschwester eingehend nach Laura aus und erfuhr, dass sie bereits auf der Intensivstation war. Dottore Sautter sei noch bei ihr. Leider dürften im Moment keine weiteren Personen zu ihr. Sie wollte aber dem Dottore Bescheid sagen, dass sie da seien.
Nach einigen Minuten kam Marc, ziemlich blass um die Nase, mit einem bekümmerten Gesicht auf sie zu.
Sie setzten sich in eine kleine Besucherecke, und Marc erzählte ihnen alles, was er zu diesem Zeitpunkt wusste.
»Ich war gerade auf dem Nachhauseweg, als Maria mich auf meinem Handy anrief und mir sehr aufgeregt die Situation schilderte. So schnell ich konnte, war ich in der Villa, fast zeitgleich mit der Ambulanz. Als ich Laura so liegen sah, habe ich sofort von dem Erbrochenen etwas aufgesammelt und mit in die Klinik zur Analyse genommen. Da bei ihr schwere Herzrhythmusstörungen festgestellt wurden, hat der Notarzt sie kardiopulmonal reanimiert und wir fuhren sofort mit ihr in die Klinik. Ihr wisst doch, dass ich das Papiertuch von Pero untersuchen ließ. Die Analyse habe ich heute Morgen schon erhalten. Das Papier war vergiftet, und zwar mit einem hochkonzentrierten Oleandergift. Deshalb hatte ich sofort den Verdacht, dass auch bei Laura irgendetwas in dieser Richtung faul sein könnte. Sie haben hier in der Klinik ein wenig vom Mageninhalt entnommen und zur Analyse ins Labor gegeben. Außer-

dem haben sie vorsorglich eine Magenspülung durchgeführt. Laura erhielt bereits die erforderlichen intravenösen Flüssigkeiten, um den Wasserhaushalt auszugleichen und die Harnproduktion aufrecht zu erhalten. Die Ergebnisse erfahre ich in Kürze. Ich denke aber, dass die Notärzte sie stabilisiert haben und das Schlimmste überstanden ist. Ansprechbar ist sie leider noch nicht. Wir müssen halt abwarten.«

Marc schwieg betreten und schaute sie traurig an. Man sah ihm an, dass er ziemlich fertig war und ihn alles sehr mitnahm.

Bella umarmte ihn spontan und drückte ihn fest an sich. Er nahm diese Umarmung dankbar an und sie spürte, dass ihm ihr Beistand sehr guttat.

»Es wird sicher alles wieder gut werden«, sagte Bella. »Du hast alles dafür getan.«

»Hoffentlich!«, seufzte er erschöpft und atmete schwer. Ein zweites Mal den liebsten Menschen zu verlieren, wäre für ihn nur schwer erträglich.

»Schön, dass ihr gekommen seid. Aber ihr fahrt am besten wieder nach Hause zurück. Ich bleibe noch, bis ich mehr weiß und, so Gott will, vielleicht mit Laura sprechen kann. Ich rufe euch vorher an.«

Luca, der die ganze Zeit schweigsam an der Seite gestanden hatte, legte seinen Arm um Bella und Susanne und ging mit beiden zum Ausgang.

»Ich bleibe bei euch und fahre euch zurück. Deinen Wagen lässt du besser bei mir stehen, du bist mir viel zu aufgeregt«, sagte er. »Und meine Wohnungsbesichtigung verschieben wir unter diesen Umständen besser auf später«, sagte er zu Bella und drückte ihre Hand.

Roberto in Milano

Roberto saß in seiner kleinen Milaneser Wohnung. Er hatte jede Menge regionaler Zeitungen vor sich liegen und durchsuchte die

Seiten nach aktuellen Ereignissen. Eine Meldung über eine Tote aus Intra konnte er bisher noch nicht finden, was ihn allerdings ziemlich beunruhigte.
Wer sollte Elena denn auch schon finden? Besuche erhielt sie eigentlich nie. Nur wenn sie einen Freier abschleppte, nahm sie ihn schon mal mit in ihre Wohnung. Aber meistens ging sie in ein kleines Hotel, das auf derlei Amüsements eingestellt war.
Ich muss doch wieder nach Intra fahren, um mir Klarheit zu verschaffen, dachte er.
Aber zuerst wollte er in der Disco anrufen und vorgetäuscht nachfragen, ob sie wissen, wo Elena sei. Er werde dann vorsorglich erwähnen, dass er seit einer Woche in Milano sei und sie nicht erreichen könne.
Die Bedienung an der Bar war ziemlich wortkarg und sagte, sie habe Anweisung, jeden der nach Elena frage, sofort mit Toto zu verbinden. Nach einer Weile meldete sich Toto.
»Hey, Roberto, wo bist du gerade?« Toto fragte ziemlich merkwürdig.
»Ich bin seit einer Woche in Milano, warum?«
»Dann weißt du ja noch gar nicht, was passiert ist.«
Roberto hielt die Luft an. »Nein, was meinst du denn?«
»Also pass mal auf Kleiner. Was ich dir jetzt sage, bleibt unter uns, sonst könnte ich sehr, sehr unangenehm werden.«
»Erzähl schon, was ist los?«
»Elena hat sich wohl den Goldenen Schuss gesetzt und sieht jetzt die Radieschen von unten an. Die Polizei war schon bei mir und stellte dämliche Fragen. Wo sie den Stoff her hat und so weiter. Du verstehst?«
Roberto bemühte sich, entsetzt zu klingen.
»Das gibt's doch nicht! Das kann doch nicht wahr sein! Als ich sie zuletzt sah, war sie total gut drauf und putzmunter. Wie konnte das nur passieren?«
»Keine Ahnung. Die dumme Kuh von der Bar hat sie gestern gefunden. Auf jeden Fall hat meine Disco überhaupt nichts damit zu

tun. Ist das klar? Hier gibt es keine Drogen. Wir sind ein cleaner Verein. Und jeder, der was anderes sagt, hat ganz schlechte Karten. Verstehen wir uns?«

»Verstehe! Dafür könntest du mir aber eine kleine Anerkennung zukommen lassen. Meinst du nicht auch?«

»Okay, okay. Die Sache ist mir das wert. Ich habe keine Lust, dass mein Laden hier auffliegt. Wegen so einer blöden Schlampe! An was hast du gedacht?«

»Ich könnte mir vorstellen, dass ich mit Koks für einen Monat zufrieden sein könnte und bevorzugte Preise in der Zukunft erhalte.«

»Ganz schön clever, der kleine Roberto! Aber gut, das lässt sich machen. Hauptsache du hältst dicht.«

»Die arme Elena! Steht die Todesursache denn ganz genau fest?«, fragte Roberto hinterlistig.

»Ich denke schon. Man hat noch ihre letzte Nadel auf dem Tisch neben ihr gefunden. Sie muss schon ziemlich übel gerochen haben, erzählte mir Gina von der Bar. Und in der Wohnung muss es tierisch dreckig ausgesehen haben.«

»Traurig, traurig«, heuchelte Roberto. Also, bis bald Toto. Die Vereinbarung zwischen uns gilt!«

Er legte auf und rieb sich die Hände. Besser konnte es doch gar nicht kommen. Er wusch seine Hände in Unschuld und war aus der Sache raus.

Marc berichtet

Maria kam sofort angerannt, als sie bemerkte, dass Susanne und Bella wieder zurück waren.

Zum Glück war Luca dabei, der ihr alle Einzelheiten, die er von Marc erfahren hatte, erzählen konnte.

Sie atmete schwer, griff sich an Herz und war dann doch etwas beruhigt, dass die Signora in guten Händen war und hoffentlich bald wieder gesund werden würde.

Sie fragte Luca, ob er auch zum Abendessen bleiben möchte, was dieser gern bejahte. Sogleich ging sie leise vor sich hin stöhnend in die Küche, um das Essen vorzubereiten.
Luca und die beiden Frauen setzten sich in den Salon und wollten auf Marcs weitere Nachrichten warten.
»Ich denke, wir können uns hier wie zu Hause bewegen«, sagte Bella und holte drei Weingläser aus der Vitrine.
»Jetzt brauchen wir sicher alle einen kräftigen Schluck zur Beruhigung. Das war alles ganz schön aufregend.«
Mittlerweile war es bereits Nachmittag und Susanne knurrte laut hörbar der Magen.
»Ich lasse uns schnell eine Kleinigkeit von Maria zurechtmachen und hole uns auch eine Flasche Wein«, sagte sie, und schon war sie aus der Tür verschwunden.
Bella und Luca nutzen die Gelegenheit und begrüßten sich erst einmal so, wie es sich für Liebende gehört - mit einem leidenschaftlichen Kuss. Zuvor war das im Trubel der Ereignisse völlig untergegangen und schlecht möglich gewesen.
»Meinst du, dass Laura wieder richtig gesund wird?«, fragte Bella und kuschelte sich fest an Luca.
»Ich denke schon. Das Krankenhaus in Intra hat einen hervorragenden Ruf. Das Labor in der Nähe soll auch exzellent sein und Marc ist ebenfalls ein sehr guter Arzt. Besser kann sie eigentlich nicht versorgt werden.«
»Stell dir vor, wenn Marc Recht hat und es handelt sich um eine Vergiftung. Wie soll denn das möglich sein oder anders gefragt, wie soll sie sich denn vergiftet haben? Und in welchem Zusammenhang steht das mit Peros Tod?«
Luca wusste darauf auch keine Antwort. »Wir müssen abwarten, was sie sagt, wenn sie wieder sprechen kann. Dann wird sich sicher alles aufklären.«
Susanne kam mit einem vollen Teller leckerer Panini zurück, dazu eine Flasche Wein. »So, ihr Turteltäubchen, jetzt wird erst einmal eine Kleinigkeit gegessen, bevor wir mit dem Wein beginnen.« Sie

verteilte ihre Panini und mit großem Appetit aß jeder eine kleine Mahlzeit.
Luca goss Wein in die Gläser und hob das Glas in beider Richtung.
»Salute! Möge Laura schon bald wieder gesund hier unter uns sein!«
Als das Telefon klingelte, hob Bella sofort den Hörer ab und meldete sich mit »Pronto«, so wie sie es von Laura immer gehört hatte.
»Hier ist Marc«, tönte es aus der Leitung.
»Laura scheint es Gott sei Dank besser zu gehen. Sie haben ihr noch ein starkes Beruhigungsmittel gegeben und sie wird jetzt erst einmal länger schlafen. Ich kann hier jetzt nichts mehr ausrichten und warte nur noch das Ergebnis des Labors ab. Ich komme danach wieder zurück. Also, bis bald!«
Bella schaute lächelnd zu den anderen und erzählte ihnen erleichtert, was Marc ihr mitgeteilt hatte.
»Dann wird sie uns morgen sicher erzählen können, was heute mit ihr passiert ist«, meinte Luca und biss in sein Panino.
»Wenn sich alles weiter so positiv entwickelt, könnten wir morgen Abend doch noch unseren geplanten Ausflug mit deinem Freund Adriano machen?«, fragte Susanne, an Luca gewandt.
»Ja, bestimmt. Adriano habe ich schon viel von euch erzählt und er ist ganz begierig darauf, euch beide kennen zu lernen.«
»Erzähl uns was von deinem Freund«, meinte Bella und schaute verschmitzt zu Susanne rüber, die auch etwas grinsen musste.
»Nun, Adriano ist ein sehr guter, zuverlässiger Freund, den ich schon seit meiner Kindheit kenne.«
»Ganz genauso wie wir beide«, meinte Susanne vorlaut wie immer.
»Er ist Verleger einer regionalen Wochenzeitung und hat eine angegliederte kleine Druckerei. Außerdem ist er ein begeisterter Maler. Einige Bilder habt ihr ja schon in meinem Büro gesehen. Er veranstaltet einmal im Jahr eine Ausstellung in seinem Bürogebäude, die immer gut besucht wird und erzielt schon beachtliche Preise für seine Bilder.«

»Wie alt ist er denn und ist er verheiratet?«, fragte Susanne neugierig.
»Er ist genauso alt wie ich, sechsunddreißig Jahre, und geschieden. Seine Frau hat ihn mit einem Geschäftspartner betrogen und sitzen lassen. Sie hat mittlerweile auch diesen verlassen und ist mit einem Sizilianer durchgebrannt. Er hat einen vierjährigen Sohn, der von seiner Mutter tagsüber betreut wird. Das alles war eine herbe Enttäuschung für ihn und er hat seitdem keine erwähnenswerte Beziehung mehr gehabt. Seine Scheidung ist bereits drei Jahre her.«
»Mm, das klingt ja ziemlich traurig. Mal sehen, ob wir ihn etwas aufmuntern können.«
Susanne blinzelte Luca spitzbübisch zu und Luca musste herzhaft lachen.
»Ich glaube eine Frau wie du, Susanne, könnte ihn aus seinem Schneckenhaus etwas herauslocken. Du wärst genau die Richtige, die ihm guttut.«
»Kann er denn etwas Deutsch?«
»Ja, seine Mutter ist Schweizerin und hat von klein auf mit ihm auch Deutsch gesprochen, wenn auch etwas mehr Schwyzerdütsch.«
»Das ist ja bestens. Da müssen wir nicht mit Händen und Füßen mit ihm reden«, lachte Bella und gab ihm einen Kuss.
Sie plauderten noch einige Zeit angeregt im Salon und hatten die Flasche Wein fast vollständig geleert, als Marc ins Zimmer kam. Er machte einen sehr erschöpften Eindruck und man sah ihm an, dass ihn das Ganze ziemlich mitgenommen hatte.
»Hallo Marc, gibt es was Neues? Weißt du nun schon etwas mehr?«, fragte Bella und ging auf ihn zu, um ihn erst einmal zu umarmen.
Marc freute sich darüber, dass Bella ihn so herzlich begrüßte, und drückte sie fest an sich. Ihr echtes Mitgefühl für Laura zeigte ihm, dass sie Laura sehr gern mochte.
»Ich habe hier das Ergebnis vom Labor«, sagte er und zog ein Stück Papier aus seiner Jackentasche. »Es handelt sich, wie ich be-

reits vermutet habe, um eine Vergiftung. Sie hat erhebliche Werte von Glykoside im Körper. Dabei handelt es sich um Giftstoffe des Oleanders, der hier ja überall in den Gärten zu sehen ist. Ich kann mir jedoch nicht vorstellen, dass Laura Oleander gegessen hat! Und bei Pero handelt es sich, wie vermutet, um das gleiche Gift.«

»Du liebe Güte, wie soll das denn geschehen sein?«, fragte Susanne und runzelte die Stirn.

Marc hob resigniert die Schultern.

»Keine Ahnung – wir müssen bis morgen warten. Ich hoffe, dass uns dann Laura selbst erzählen kann, was vorgefallen ist. Ich denke, sie wird noch einige Tage in der Klinik bleiben müssen, um alle Risiken auszuschließen. Wir müssen hier auf Nummer sicher gehen. Laura muss vollständig gesund entlassen werden. Nicht auszudenken, wenn Maria nicht so schnell den Notarzt gerufen hätte!«

»Du hast doch sicher Hunger Marc?«, fragte Bella.

Als er nickte, ging sie sofort zu Maria, um sie um weitere Panini zu bitten.

»Ich mache mich erst etwas frisch. Ich bin total verschwitzt von der ganzen Aufregung. Bin gleich wieder da.«

Als Marc das Zimmer verließ, war Luca sehr nachdenklich geworden.

»Hoffentlich machen diese Vergiftungen nicht die Runde. Erst Pero, dann Laura und wer dann?«

»Mal bloß den Teufel nicht an die Wand«, sagte Susanne.

»Aber du hast Recht, es ist schon etwas mysteriös.«

Bella kam mit neuen Panini zurück und stellte sie für Marc auf den kleinen Beistelltisch.

»Na ihr beiden, ihr seid ja so nachdenklich.«

»Wir haben gerade darüber gesprochen, wie merkwürdig es doch ist, dass bereits zwei Vergiftungen stattgefunden haben«, meinte Susanne.

»Ja, darüber habe ich auch schon nachgedacht. Maria ist auch schon ganz aus dem Häuschen. Ich kann sie leider nicht so gut verstehen. Vielleicht sollte man sie noch einmal ausführlich befragen. Irgendetwas macht ihr, glaube ich, ziemliche Kopfschmerzen.«

Bella setzte sich wieder neben Luca, der sogleich seinen Arm um sie legte.

Marc kam frisch rasiert und umgezogen zurück und machte ein feierliches Gesicht. »Ich habe mich einmal in Lauras Zimmer umgeschaut, um eventuell irgendeinen Hinweis auf das Geschehene zu finden. Eigentlich habe ich nichts gefunden. Außer dem Brief hier. Laura hat vor dem Unglücksfall diesen langen Brief geschrieben, den ich hier in Händen halte. Er trägt die Aufschrift *Für Bella*. Ich kenne den Inhalt, weil wir vorher darüber gesprochen haben und möchte ihn dir, liebe Bella, in Anbetracht der heutigen Ereignisse überreichen. Laura ist bestimmt damit einverstanden. Ich bitte dich, lies ihn aber erst heute Abend in aller Ruhe und lasse den Inhalt des Schreibens auf dich einwirken. Ich bitte dich nur ganz herzlich darum, nicht übereilt zu reagieren.«

Er überreichte Bella den Brief, die völlig konsterniert dreinschaute und fragend in die Runde blickte.

»Das klingt ja sehr geheimnisvoll«, sagte sie und steckte den Brief in ihre Tasche.

»Nun lasst uns aber optimistisch in die Zukunft schauen. Laura ist über den Berg, das ist das Wichtigste.«

Marc biss herzhaft in das dargebotene Panino und nahm einen kräftigen Schluck Wein.

»Jetzt werde ich aber doch erst einmal Maria ganz herzlich für ihre schnelle Reaktion danken«, sagte er und verließ den Raum.

»Was das mit dem Brief wohl zu bedeuten hat?«, meinte Susanne neugierig.

»Pass mal auf, ob ich mit der Verwandtschaft nicht Recht habe. Laura ist ein Fehltritt deiner Oma oder so etwas.«

Sie lachte spitzbübisch, sodass auch Bella lachen musste.

»Darf man fragen, worüber ihr Witze macht?«, fragte Luca und sah Bella erwartungsvoll an.

»Ach, Susanne hat festgestellt, dass Laura den gleichen krummen Finger hat wie ich.«
Dabei hob sie die Hand und zeigte Luca ihren leicht gekrümmten Mittelfinger.
»Ja und?«
»Wir haben uns schon mehrfach gefragt, wieso Laura, die mit meinen Eltern sehr gut befreundet war, erst nach deren Tod sich wieder gemeldet und uns so großzügig eingeladen hat.«
»Zum Glück, sonst hätte ich dich nicht kennen gelernt!«
Luca zog Bella an sich heran und küsste sie verliebt aufs Ohr und flüsterte: »Schade um den heutigen Abend bei mir zu Hause. Ich habe mich schon so darauf gefreut.« Bella hob bedauernd die Schultern.
»Ihr Schmusekätzchen!«, lächelte Susanne, »da kann man ja ganz neidisch werden. Was meint ihr, wollen wir noch einen Spaziergang an den Strand machen.«
»Eine gute Idee!«, sagte Bella und zog Luca aus dem Sofa. »Wir gehen vor dem Abendessen noch kurz an den Strand!«, rief Bella Marc zu, als sie an der Küche vorbei kamen, in der Marc sich mit Maria unterhielt.
»Ich komme gleich nach«, rief er ihnen hinterher und schaute Maria abwartend an.
Er hatte sie noch einmal auf den Papierfetzen von Pero angesprochen, der, nach dem heutigen Vorfall, scheinbar doch ein kleines Indiz für die Vergiftungen zu sein schien.
Maria erklärte ihm, dass ihr nur aufgefallen war, dass am Boden vor dem Kühlschrank dunkle Wischspuren waren, die sie bestimmt nicht verursacht habe. Da sei sie sich ganz sicher.
»Aber vielleicht hat jemand etwas aus dem Kühlschrank genommen, verschüttet und anschließend mit dem Papiertuch weggewischt.«
»Aber dann wäre ja im Kühlschrank Gift!«, sagte Marc verdutzt und öffnete diesen sofort, um nachzusehen.

Er untersuchte alles gründlich und stockte, als er das letzte Fläschchen mit den Aufbautropfen in der Kühlschranktür stehen sah. Er nahm es heraus, öffnete es und roch daran.
Ein ekelhaft bitterer Geruch entstieg dem Fläschchen. So penetrant hatte er den Geruch nicht in Erinnerung. Er nahm das Fläschchen mit nach oben in Lauras Zimmer, um es mit dem anderen zu vergleichen.
Auch hier bemerkte er das gleiche bittere Aroma. Er steckte beide fest verschlossene Fläschchen ein und wollte sie gleich morgen im Labor untersuchen lassen. Irgendwie kam ihm der Geruch verdächtig vor. Dann lief er nachdenklich hinunter zum See.
Zum ersten Mal ohne Pero, dachte er betrübt und in seiner Fantasie stellte er sich vor, wie der quirlige, freundliche Hund an seiner Seite mit ihm zum Strand lief. Er konnte nicht verhindern, dass ihm ein paar Tränen über die Wangen liefen.
Als Marc Bella und Luca eng umschlungen am Strand stehen sah, sagte er spontan einer Eingebung folgend: »Luca, in Anbetracht der heutigen Situation, wäre es vielleicht ganz gut, wenn du heute bei uns übernachten könntest. Was meinst du, ist das möglich?«
Dabei dachte er ganz besonders an den Brief, den Bella bereits in ihrer Tasche hatte. Er konnte sich gut vorstellen, dass sich Lucas Bleiben positiv auf Bella auswirken, und einen allzu großen Schock verhindern konnte.
Erstaunt sah Luca Marc an, der ihm vielsagende Blicken zuwarf, die er so deutete, dass Marc ihm heute noch etwas mehr sagen wollte. Wahrscheinlich geht es um den Brief, dachte er.
»Nichts lieber als das«, sagte er deshalb hocherfreut. Besonders, weil ihm klar war, dass er so mit Bella die Nacht verbringen konnte. Ihre erste gemeinsame Nacht!
Maria servierte das Abendessen im Speisezimmer und fragte den Dottore so nebenbei, ob Roberto ihn erreicht hätte. Er hätte heute Vormittag angerufen und nach der Signora gefragt.
»Das war mitten während der ganzen Aufregungen. Ich habe ihm nur gesagt, dass die Signora vom Notarzt abgeholt wurde und dass

sie kein Lebenszeichen von sich gegeben habe. Er wollte wieder anrufen«, sagte sie zu Marc.

»Nein, ich habe nichts von ihm gehört. Von wo aus hat er denn angerufen?«

»Er sagte aus Milano.«

Maria schaute dabei vieldeutig zu Bella, die ihren Blick nicht so recht zu deuten wusste, der aber schon aufgefallen war, dass Maria Roberto misstraute.

Marc war hundemüde und verabschiedete sich bereits nach dem Espresso. Er wollte heute früher ins Bett, um gleich früh am Morgen wieder in die Klinik zu fahren.

Bella nutzte die Gelegenheit, um Luca zu bitten, sich doch einmal mit Maria über den heutigen Tag zu unterhalten. Sie hatte ein unbestimmtes, komisches Gefühl und meinte, Maria hätte vielleicht etwas auf dem Herzen.

»Ich hole uns eine neue Flasche Wein«, sagte deshalb Luca und nutzte die Gelegenheit zu einem Gespräch mit Maria.

Maria erzählte ihm, nach anfänglicher Zurückhaltung, dass ihr in letzter Zeit einige merkwürdige Dinge aufgefallen waren. Um keine falschen Anschuldigungen auszusprechen, wollte sie jedoch mit der Signora und dem Dottore nicht sprechen.

Sie erzählte ihm von Roberto, den die Signora immer wie ihren eigenen Sohn behandelt habe. Auch dass er sich in letzter Zeit sehr zu seinem Nachteil verändert habe. Von Alfredos Beobachtungen sprach sie. Von der schlechten Gesellschaft, in der er sich befand und ganz besonders von ihrem Verdacht, dass er eventuell die sechshundert Euro aus ihrer Küche gestohlen habe.

Sie flehte ihn an, niemanden etwas davon zu erzählen, es sei ja nur ein Verdacht.

»Ich habe ihn neulich in der Küche überrascht. Er war richtig erschrocken, als ich hereinkam – so als hätte er was zu verbergen!«

»Merkwürdig ist das schon, Maria. Gut dass Sie es mir erzählt haben. Ich werde der Sache mal nachgehen. Keine Angst – ich verrate dem Dottore und der Signora nichts.«

»Grazie, Signor Stefani. Der Dottore hat mir schon gesagt, dass Sie heute Nacht bei uns schlafen. Ich habe Ihnen das zweite Gästezimmer hergerichtet.«
»Vielen Dank Maria«, sagte Luca und lächelte, wohl auch, weil er wusste, dass er es wohl kaum benutzen würde.

Die Polizei untersucht

»Salve Toto. Na, was gibt es Neues?«, fragte Roberto grinsend beim Eintreten in das kleine, stickige Büro hinter der Bar.
Toto schaute überrascht auf.
»Wer hat dich denn rein gelassen? Ist Silvio denn nicht draußen vor der Tür?« Toto machte ein ärgerliches Gesicht. Eigentlich hatte er Anweisungen erteilt, dass man Roberto möglichst von ihm fernhalten solle. »Was willst du?«, fragte er deshalb unwirsch.
»Zum einen will ich dich an dein Versprechen erinnern, zum anderen wollte ich mal nachhören, was aus der Sache mit Elena geworden ist.«
»Damit eines mal klar ist, es gibt keine Vertraulichkeiten zwischen uns. Hier hast du den versprochenen Stoff!«
Er warf einige Päckchen Kokain auf seinen Schreibtisch, die Roberto sofort in seiner Jackentasche verschwinden ließ.
»Und was ist mit dem Sonderpreis für die Zukunft?«
»Den kannst du dir in die Haare schmieren. Basta! Oder willst du Silvio noch etwas näher kennen lernen?«
»Ist ja schon gut, bleib cool Mann! Aber was mit Elena passiert ist, musst du mir schon sagen. Schließlich war ich eng mit ihr befreundet und es ist ein harter Schlag für mich.«
»Dann dürfte das vielleicht die Polizei ja auch interessieren, was meinst du? Aber okay, ich sag dir, was in der Zwischenzeit passiert ist und dann gehst du mir aus der Sonne. Ist das klar? Ich hatte genug Ärger mit der ganzen Sache.«
»Hat sie sich nun den Goldenen Schuss gesetzt oder nicht?«
»Ich denke, die Polizei hat die Akte geschlossen. Man hat wohl

festgestellt, dass sie sich zu Tode gespritzt hat. Ihre letzte Spritze lag noch auf dem Tisch.«

»Hat die Polizei weiter nachgeforscht, woher sie die Drogen hat?«

»Meine Firma ist nicht verdächtig. Bei einer Razzia haben sie nichts gefunden. Wir sind seriös!«

Toto grinste ihn unverschämt an und zündete sich dabei eine Zigarette an.

»Aber die blöde Schlampe schuldet mir noch einige hundert Euro. Du siehst, man soll nicht so großzügig sein wie ich. Das zahlt sich nicht aus. Und jetzt verpiss dich!« Erleichtert verließ Roberto die Disco. Er grüßte im Vorbeigehen Silvio, den Gorilla, der vor dem Hintereingang stand und ihm verblüfft mit seinem dämlichen Gesicht nachsah.

Eine seiner Schwierigkeiten war damit aus dem Weg geräumt. Nun musste nur noch die Sache mit Laura zu einem guten Ende kommen. Für ihn versteht sich. Die Giftflasche lag immer noch hinter seinem Rücksitz, weil er nicht sicher war, ob er vielleicht für Laura noch etwas mehr benötigte. Wenn er Maria in ihrer Aufgeregtheit richtig verstanden hatte, stand es sehr schlecht um Laura. Und Pero sollte tot sein, was er allerdings etwas merkwürdig fand. Seine Hand fühlte die weißen Päckchen in seiner Jackentasche und schon kam ein unbändiges Verlangen in ihm auf. Er musste sich schnell einen kleinen Kick verpassen. Der Letzte lag schon einige Stunden zurück. Und heute hatte er seinen ersten Erfolg zu feiern. Das musste belohnt werden. Schnell ging er zu seinem Fahrzeug, riss mit zittrigen Fingern eines der Tütchen auf und schüttete etwas mehr als sonst auf die neben ihm liegende Zeitschrift. Gekonnt schob er das weiße Pulver mit seiner ungültigen Scheckkarte zu einem Häufchen zusammen und zog es gierig mit der Nase ein. Sogleich fühlte er sich göttlich. Bald bin ich ein reicher Mann und kann machen, was ich will. Sicherheitshalber wollte er aber die Klinik in Intra aufzusuchen, um nachzuhören, wie es um Laura stand. Vielleicht musste seinem Glück noch etwas nachgeholfen werden.

Die freundliche Schwester vom Vormittag hatte noch Dienst und gab Roberto bereitwillig Auskunft, der sich als enger Freund von Laura ausgab.

»Signora Caldini hat das Schlimmste überstanden. Sie schläft noch und kann jetzt nicht gestört werden. Wir denken, dass sie morgen wieder ansprechbar ist. Am besten ist, Sie kommen morgen wieder.«

Roberto erschrak. Das waren ja keine guten Nachrichten, die er da hören musste.

»Welche Zimmernummer hat Signora Caldini denn?«, fragte er angespannt. »Ich kann dann morgen gleich direkt zu ihr gehen«, beschwichtigte er.

»Zimmer 13. Die Besuchszeiten können Sie am Eingang sehen.«

»Vielen Dank, sehr freundlich!«

Roberto verabschiedete sich und verließ die Klinik. Zuvor sah er aber unbemerkt nach, wo Lauras Zimmer lag und ob es vom Schwesternzimmer einsehbar war. Er war völlig durcheinander. Wirre Gedanken schwirrten ihm durch den Kopf, als er sich in seinen Wagen setzte.

Was soll ich jetzt nur machen. Ich kann doch jetzt nicht der Verlierer sein, dachte er. Ich muss sofort handeln. Er öffnete sein Handschuhfach und entnahm ihm sicherheitshalber zwei Spritzen, die er schon lange im Auto für Elena bereitliegen hatte. Sozusagen als Reserve. Dann griff er hinter sich und zog die fast leere Giftflasche nach vorn und schüttete etwas von der giftigen Substanz in einen leeren Plastikbecher, der ebenfalls im Handschuhfach lag. Nun zog er eine der leeren Spritzen mit dem Oleandergift auf.

Er wartete noch einige Minuten, bevor er vorsichtig am Empfangstresen der Station vorbei schlich, um Lauras Zimmer aufzusuchen. Er fand sie schlafend in ihrem Krankenbett vor. Sie war an ein Infusionsgerät angeschlossen, das eine wässrige Lösung enthielt. Ihr Atem ging ruhig und die Monitore zeigten an, dass ihre Werte alle im Normalbereich lagen. So viel konnte Roberto als Medizinstudent erkennen.

Geräuschlos holte er die Spritze aus seiner Jackentasche und wollte gerade nach Lauras Arm greifen, als die Tür aufging und eine Krankenschwester hereinkam.
Sofort ließ er von seinem Vorhaben ab und ließ die Spritze schnell in seinem Ärmel verschwinden.
Er hatte Glück, die Schwester konnte nichts gesehen haben, da er mit dem Rücken zur Zimmertür stand.
»Was machen Sie denn hier?«, fragte sie vorwurfsvoll. »Die Patientin darf heute keine weiteren Besuche empfangen, bitte verlassen Sie das Krankenzimmer. Sie können ja morgen wieder kommen.«
»Ich wollte nur ganz kurz mal nach Signora Caldini schauen und mich vergewissern, dass es ihr gut geht. Entschuldigen Sie. Ich komme dann morgen wieder.«
Roberto verließ eilig das Krankenhaus und fluchte. Jetzt nur keine Fehler machen. Er musste auf der Hut sein. Ich muss die Fläschchen mit den restlichen Aufbautropfen an mich nehmen und verschwinden lassen. Wer weiß, was da vielleicht schon alles an Untersuchungen läuft.
Am besten ich fahre zuerst zur Villa und spiele den besorgten Roberto und kläre mal genau ab, wie meine Chancen stehen. Was ist, wenn alles herauskommt und der Verdacht auf mich fällt, dachte er.
Er fühlte sich plötzlich sehr schwach und mitgenommen. Außergewöhnliche Situationen erfordern außergewöhnliche Maßnahmen. Zuerst muss ich mir noch etwas Koks gönnen, um ruhiger zu werden, dachte er. Hastig zog er erneut das weiße Pulver mit der Nase ein und wartete noch einige Minuten, bis er sich wieder ganz obenauf fühlte.
Hektisch startete er sein Fahrzeug und fuhr mit quietschenden Reifen vom Parkplatz der Klinik in Richtung Cannero.

Der Antrag

Der Nachmittag verlief sehr ruhig in der Villa. Marc hatte sich etwas hingelegt und Luca verbrachte mit Bella und Susanne diese Zeit im oberen Garten, umgeben von duftendem Jasmin, der sich an den Hanfpalmen hoch schlängelte. Luca erzählte ihnen alles, was Maria ihm anvertraut hatte, was natürlich zu vielen Gedankenspielen und zu den wildesten Spekulationen darüber führte, wie und was alles passiert sein könnte. Auf jeden Fall vereinbarten sie, von alledem Marc und Laura nichts zu erzählen. Sie wollten beide nicht unnötig beunruhigen, da es ja genug Aufregungen in den letzten Stunden gegeben hatte. Und an Marias Aussage hatten sie keinen Zweifel. Es musste hier irgendeine Verbindung mit den Vorfällen geben. Aber welche, war ihnen noch völlig unklar.

»Ich werde mir diesen Roberto mal genauer ansehen«, sagte Luca. »Maria hat mir seine Adresse in Milano gegeben. Am besten ich fahre in Kürze dort vorbei und ziehe Erkundigungen über ihn ein.«

»Schade für Marc, dass er so einen missratenen Sohn hat. Wahrscheinlich hat er den total falschen Umgang. Und wenn ihr mich fragt, so könnte ich mir durchaus vorstellen, dass hier Drogen im Spiel sind. So fahrig wie der bei seinem Besuch war. Wir hatten einen ähnlichen Kandidaten in unserer Werbeagentur. Der hat, bevor er entlassen wurde, in die Kasse gegriffen, um seinen Drogenkonsum zu finanzieren. Wer so richtig abhängig ist, dem sind wohl alle Mittel recht, um an Stoff zu kommen.«

»Ich schau mir den Garten hier oben noch einmal in aller Ruhe an und lege noch ein paar Blumen auf Peros Grab«, meinte Bella und schlenderte anschließend interessiert von Pflanze zu Pflanze und betrachtete sie fachmännisch.

Luca sah ihr lächelnd nach und Susanne nutzte die Gelegenheit, ihn etwas mehr über Adriano auszufragen.

»Meinst du, ob wir aufgrund der traurigen Ereignisse überhaupt morgen Abend ausgehen sollten?«

»Aber ja, das wäre Laura sicherlich recht. Vielleicht können wir uns ja schon morgen Mittag mit ihr unterhalten. Und Adriano hat schon alles für uns vorbereitet. Er will uns in sein Atelier einladen und hat schon viele kleine Schlemmereien für uns vorbestellt. Das wird sicher ein sehr gemütlicher Abend«, meinte Luca freundschaftlich.

Als Bella von ihrem Rundgang zurückkam, liefen sie gemeinsam zur Villa zurück, denn Maria hatte die Glocke geläutet, was bedeutete, dass das Abendessen fertig war.

Marc erschien frisch rasiert und wirkte wesentlich frischer und ausgeglichener als am Mittag.

»Ich bitte um Nachsicht«, sagte Maria beim Servieren, »aber heute bin ich leider nicht zum Einkaufen gekommen. Deshalb gibt es mal etwas Einfaches.«

Sie servierte eine köstliche Minestrone und anschließend eine Polenta pasticciata mit einem frischen Landwein aus dem Piemont.

»Maria, Sie können servieren, was Sie wollen, es schmeckt immer!«

Marc tupfte sich begeistert mit der Serviette den Mund ab.

»Wenn Sie jetzt noch für jeden einen Espresso bringen, sind wir restlos glücklich.«

Nach dem Abendessen saßen alle gemeinsam noch eine Weile im Salon bei einem Glas Wein zusammen, bis Marc sich erhob, um ins Bett zu gehen.

Er wollte gleich morgen früh ins Labor fahren, um die Aufbautropfen analysieren zu lassen und anschließend umgehend Laura besuchen.

Beim Hinausgehen nahm er Bella zur Seite.

»Ich habe mir überlegt, dass es vielleicht doch besser ist, wenn du Lauras Brief noch nicht liest. Ich werde sie lieber morgen fragen, ob ihr das jetzt recht ist, damit ich keinen Fehler mache und sie übergehe. Kannst du mir das zusagen?«

»Natürlich, Marc, kein Problem. Obwohl ich gestehen muss, dass ich mittlerweile ziemlich neugierig darauf bin, was wohl in dem Brief steht.«

»Könntest du dir vorstellen, die Gartengestaltung für meinen Neubau in Stresa zu machen?«, fragte Luca, als er mit Bella allein nach oben ging.
»Vorstellen schon. Aber das braucht seine Zeit und ich müsste immer mal vor Ort sein und das Gelände anschauen. Und wie du weißt, ist unser Urlaub in wenigen Wochen zu Ende und meine Arbeit in Deutschland wartet auf mich.«
Susanne schaltet sich ein.
»Dann musst du eben hierbleiben und deinen Job aufgeben. Das hast du doch sowie so schon überlegt.«
Bella lächelte. »So einfach ist das auch wieder nicht. Das würde ja mein ganzes Leben auf den Kopf stellen.«
»Soll es auch«, sagte Luca bedeutungsvoll.
»Ich lass euch zwei Verliebten jetzt am besten mal allein. Gute Nacht!« Susanne verschwand in ihrem Zimmer und machte beiden damit klar, dass sie sich diskret zurückgezogen hatte.
»Das Gästezimmer ist übrigens einen Stock tiefer«, neckte Bella.
»Ich brauche aber Höhenluft«, lachte Luca, zog Bella hinter sich her in ihr Zimmer und schloss die Tür.
»Aber jetzt mal ganz im Ernst, Bella. Ich weiß, dass alles mit uns sehr, sehr schnell ging. Aber ich bin mir auch sehr, sehr sicher, dass wir das ideale Paar sind und wunderbar zusammen passen. Wir haben soviel gemeinsam und ich liebe dich jetzt schon so sehr, dass ich sterben werde, wenn du wieder abreist. Willst du nicht hier bei mir bleiben?«
»Was meinst du mit ›bei mir bleiben‹?«
»Nun zum Beispiel als Signora Stefani?«
Bella wurde rot und schluckte. »Soll das ein Heiratsantrag sein, Luca?«
»Wenn du es so ausdrücken willst. Ja!«
Bella hielt ihre Hand ans Herz und starrte ihn sprachlos an. Statt eine Antwort abzuwarten, nahm Luca sie fest in die Arme und küsste sie leidenschaftlich, was sie sich nur allzu gern gefallen ließ.
»Das wird unsere erste gemeinsame Nacht. Und morgen früh soll-

test du deine Antwort auf meine Frage wissen«, flüsterte er ihr ins Ohr, bevor er sie zum großen Bett hinüber trug.

Der Unfall

Es war schrecklich viel Verkehr auf der Uferstraße. Tagsüber fanden einige kleinere Ausbesserungsarbeiten an den Leitplanken statt und Arbeiter waren damit beschäftigt, den Verkehr mittels hochgehaltener Verkehrsschilder zu regeln.
Jetzt am Abend hatten sie ihre Ampelanlagen aufgestellt und es durfte immer nur abwechselnd in eine Richtung gefahren werden. So entstand schnell ein riesiger Stau und es ging nur zähflüssig voran.
Roberto war außer sich. Er schimpfte unflätig zum heruntergelassenen Fenster hinaus, hupte ununterbrochen und überholte die vor ihm fahrenden Fahrzeuge in unverantwortlicher Weise. Auch in den gefährlichsten Kurven. Das führte zu beängstigenden Situationen und provozierte entgegenkommende Fahrer ebenfalls zu empörter Huperei.
Ein Wunder, dass noch nichts passiert war. Seine doppelte Dosis Kokain putschten ihn total auf und verleiteten ihn zu diesem aggressiven, unvernünftigen Fahrverhalten.
»Weiter, weiter - los, los«, schrie er und fuhr bis zur Stoßstange seines Vordermanns auf. Dabei lachte er wie irre und Schweiß rann ihm die Wangen hinunter.
Die entgegenkommenden Lichter kamen in immer grelleren Farben auf ihn zu und tanzten wild vor seinen Augen. Er hatte sich nicht mehr im Griff, alles drehte sich im Kreis und er hatte das Gefühl zu fliegen.
Ich muss etwas trinken, sonst verdurste ich, ging ihm durch den Kopf. Deshalb griff er automatisch aus alter Gewohnheit hinter sich, weil er hier immer ein Getränk für alle Fälle finden konnte. Er fühlte die glatte, kalte Flasche, zog den Korken mit dem Mund heraus und nahm einen kräftigen Schluck.

»Ekelhaft«, war das Letzte, was er sagen konnte, bevor sein rasendes Fahrzeug in der kommenden Kurve schnurstracks geradeaus fuhr, die Leitplanken durchschoss und weit über den Steilhang mit einem riesigen Schwung in die Tiefe stürzte.

Nach Lucas erster Nacht

Hast du gestern Abend die Polizeisirenen gehört? Da muss es ja ganz schön gekracht haben!« Marc schaute Susanne fragend an.

»Ja, die italienischen Polizeisirenen machen einen fürchterlichen Krach. Das geht einem durch Mark und Bein und wer die nicht hört, muss entweder taub sein oder einen sehr guten Schlaf haben.«

»Sicherlich wieder so ein Raser – vielleicht ein Motorrad.«

Marc schluckte seinen Caffè lungo rasch hinunter, er wollte möglichst früh zum Labor und die Aufbautropfen abgeben. Danach wollte er sofort zu Laura fahren. Er war schon ganz aufgeregt.

»Die beiden anderen liegen wohl noch in den Federn, was?«, fragte er schmunzelnd. »Ich nehme an, dass Luca heute Nacht die obere Etage bevorzugt hat. Habe ich Recht?«

»Mein zweiter Name ich zwar Diskretion«, meinte Susanne scherzhaft, »aber hier könntest du tatsächlich den Nagel auf den Kopf getroffen haben.«

Dabei grinste sie ihn gut gelaunt an und biss in ihr Panino.

»Ich denke, sobald beide gefrühstückt haben, fahren auch wir zu Laura. Vorher kaufen wir aber noch ein paar Blumen.«

»Richtig, gut dass du mich daran erinnerst. Ich werde ihr einen schönen Rosenstrauß binden lassen, die mag sie am liebsten. Hoffentlich ist sie wieder einigermaßen auf dem Damm.«

Marc schwenkte grüßend seinen Arm, um gleich darauf mit seinem Auto zu verschwinden.

Susanne genoss in Ruhe ihr Frühstück und dachte intensiv darüber nach, wie es sich wohl weiter mit Bella und Luca entwickeln würde. Was wäre, wenn Bella wirklich in Italien bliebe? Der Gedanke gefiel ihr eigentlich nicht besonders gut. Schließlich war sie ihre beste

Freundin und ihre Freundschaft würde durch die Entfernung doch sehr leiden. All die schönen Klönabende und vertrauten Gespräche gäbe es dann nicht mehr. Aber wenn Luca wirklich Bellas große Liebe war, würde es wohl so kommen. Sie seufzte tief und machte immer noch ein nachdenkliches Gesicht, als Bella und Luca Hand in Hand hereinkamen.

Beide strahlten sie an und man konnte ihr Glück förmlich greifen.

»Was machst du denn für ein trauriges Gesicht?«, fragte Bella.

»Ach, ich habe mir nur ein paar Gedanken gemacht, wie hier alles weitergeht, und habe mir so manches ausgemalt.«

Susanne lächelte beiden zu. »Marc und ich haben schon gefrühstückt. Und ihr – habt ihr gut geschlafen?« Dabei grinste sie vielsagend wie ein Honigkuchen.

Auch Bella lächelte verschmitzt. »Ich habe Neuigkeiten, Susanne. Du als meine beste Freundin sollst es zuerst erfahren.«

Susanne schaute sie neugierig an.

»Luca hat mir einen Heiratsantrag gemacht! Was sagst du dazu?«

»Donnerwetter, das ging aber schnell. Da muss ja die Liebe wie ein Blitz eingeschlagen haben. Und hast du ja gesagt?«

Bella schmiegte sich an Luca, küsste ihn auf die Wange und hauchte ein zärtliches »Ja.«

»Siehst du, genauso etwas habe ich mir schon gedacht und grüble deshalb schon die ganze Zeit darüber, wie ich ohne dich in Frankfurt zurechtkommen soll.«

»Susanne, meine Liebe, wir sind und bleiben immer die besten Freundinnen, das verspreche ich dir.«

Bella drückte Susanne fest an sich und flüsterte ihr ins Ohr: »Warte doch mal ab, vielleicht ist dein Märchenprinz auch schon ganz nah!«

Luca versicherte Susanne, dass er sie jederzeit gern bei sich sehen würde. »Du kannst immer, sooft du willst bei uns Ferien machen. Auch für länger!«, sagte er freundschaftlich.

»Ganz so schnell geht das alles sowieso nicht. Erst muss ich natürlich mit dir nach Deutschland zurück und beruflich alles klären.

Und dann weiß ich auch noch nicht, was ich mit dem Haus mache. Vielleicht erst mal gar nichts und leer stehen lassen oder vermieten. Und hier in Italien müssen wir ja auch erst mal alles Weitere abklären, stimmt's Luca?«
Luca nickte und genoss sichtlich die Gesellschaft der beiden jungen Frauen sowie das ausgiebige Frühstück, das Maria aufgetischt hatte. Er fühlte sich wunderbar und freute sich wie nie zuvor auf die Zukunft. Bella war die Frau, nach der er schon immer gesucht hatte. Eine Frau, mit der er Kinder haben und ewig zusammen sein wollte. Das Schicksal hatte es mit ihnen gut gemeint und sie hier zusammengeführt. Und sie fühlte genau wie er, wie sie ihm erst heute Nacht versichert hatte. Er wollte sie so schnell wie möglich seiner Familie vorstellen und war sich sicher, dass seine Eltern Bella mit offenen Armen aufnehmen werden.
»Ich denke, wir fahren jetzt erst einmal zu Laura und danach fahre ich euch wieder zurück. Ich muss nur noch kurz im Büro etwas erledigen und hole euch am späten Nachmittag wieder ab. Bene?«
»Bene, amore«, sagte Bella und strahlte ihn an.

Lauras Krankenbett

Bleich und mitgenommen lag Laura in ihrem Krankenbett und hatte noch einen Infusionsschlauch am Arm. Selten hatte sie sich so elend gefühlt und wenn sie in ihren Handspiegel sah, erschrak sie von ihrem Mitleid erregenden Aussehen.
Marc, der erst wenige Minuten vorher mit einem dicken Rosenstrauß ins Zimmer gekommen war, hielt ihre Hand und streichelte sie.
»Wie schön, dass du wieder ansprechbar bist. Ich habe mir solche Sorgen gemacht. Wie fühlst du dich denn?«
»Ich glaube, ich habe mich schon besser gefühlt«, sagte Laura schwach lächelnd. »Was ist denn mit mir passiert?«
»Wenn wir das nur alle wüssten. Kannst du dich denn an nichts mehr erinnern?«

»Doch. Ich hatte gerade einen Brief an Bella fertig geschrieben, als ich plötzlich heftiges Herzrasen verspürte und es mir ganz fürchterlich schlecht wurde. Und dann weiß ich eigentlich nichts mehr.«

»Was hast du denn vorher gemacht. Denk bitte mal genau darüber nach.«

»Nachdem du weggegangen bist, habe ich mich an meinen Schreibtisch gesetzt und den Brief an Bella geschrieben. Zwischendurch habe ich meine Tropfen eingenommen. Wegen der ganzen Aufregungen ausnahmsweise mal zwei Löffel. Die schmeckten mir diesmal übrigens besonders ekelhaft. Schon beim Schreiben wurde mir etwas übel. Dann kam plötzlich dieses Herzrasen hinzu und mir wurde wahnsinnig schlecht. Mehr kann ich dir nicht sagen.«

»Laura, ich habe da einen ganz bestimmten Verdacht, der mir aber noch unerklärlich ist. Es geht um die Aufbautropfen. Ich habe sie schon ins Labor zur Analyse gegeben, da das Papier, das Pero im Maul hatte, eindeutig mit Oleandergift getränkt war. Maria sagte mir, dass das Papiertuch mit ziemlicher Sicherheit aus ihrer Küche stammt. Und du hast auch eine Oleandervergiftung!«

Laura schaute ihn mit großen Augen an. »Meinst du damit, dass die Aufbautropfen vergiftet wurden?«

»Wir müssen abwarten, was das Labor sagt.«

Marc schaute Laura liebevoll und prüfend zugleich an, da sie bereits wieder etwas einnickte. Hoffentlich hat sie die ganze Sache gut überstanden, dachte er. Die ganze letzte Nacht konnte er überhaupt nicht schlafen, da ihm haufenweise wirre Gedanken durch den Kopf jagten, die ein Einschlafen unmöglich machten.

Was wäre, wenn Laura nicht gerettet worden wäre. Bei diesem Gedanken lief ihm ein eiskalter Schauer über den Rücken. Dass er sie bereits nach so kurzer Zeit so sehr liebte und jeden Tag noch ein bisschen mehr, hätte er vor einigen Wochen noch nicht für möglich gehalten. Wieso hatte er all die Jahre nach Gabriellas Tod Laura nicht so wahrgenommen wie heute. Kostbare Jahre hatten

sie deshalb versäumt. Heute war er sich sicher, dass Gabriella damit einverstanden wäre, dass Laura nun ihre Stelle einnahm. Auch sie mochte Laura immer besonders gern. Und seine schönen Jahre mit Gabriella blieben doch trotzdem in seinem Herzen. Es war kein Betrug an ihr, dessen war er sich sicher und er hatte, dank Lauras einfühlsamer Art, auch kein schlechtes Gewissen. Laura hatte ihm sogar Gabriellas Bild still und leise auf seinen Nachttisch gestellt. Sie war eine wunderbare Frau und er dachte schon einige Zeit darüber nach, ob er nicht um ihre Hand anhalten sollte. Aber erst musste wieder etwas mehr Ruhe in ihr Leben kommen. Lauras Geheimnis, was Bella anbelangte, musste zu einem hoffentlich guten Ende gebracht werden und es würde ihn sehr freuen, wenn Bella mit der für sie neuen Situation gut umgehen könnte. Viel mehr Kopfzerbrechen machte ihm allerdings Lauras Vergiftung. Wie konnte es möglich sein, dass Laura mit Oleandergift in Berührung kam. War es wirklich in den Tropfen? Und wenn ja, wie kam es hinein, und vor allen Dingen, wer hat es hinein getan? Die Klinikleitung hatte ihm schon angedeutet, dass sie verpflichtet seien, so einen Fall der Kriminalpolizei zu melden. Das konnte er verstehen und es war ja auch im Interesse aller Beteiligten.
Laura blinzelte ihn wieder an.
»Bin ich schon wieder eingeschlafen?«
»Wenn du müde bist amore, dann schlaf ruhig ein wenig, damit du schnell wieder gesund wirst. Umso schneller habe ich dich wieder, du fehlst mir nämlich sehr.«
Laura lächelte ihn zärtlich an und sah sein besorgtes Gesicht. Es tat gut, zu sehen, dass es ihm nicht egal war, wie sie sich fühlte.
»Ich bin so froh, dass ich dich habe Marc, das musst du mir glauben. Es ist so schön, dass es dich gibt.«
»Ich bleibe hier bei dir sitzen. Nachher werden noch Bella, Susanne und Luca kommen. Auch sie machen sich große Sorgen um dich.«
»Gibt es was Neues in Sachen *Junges Glück*?«, fragte Laura interessiert.

»Ich glaube, das ist eine ganz große Liebe, genau wie bei uns, amore. Sie können nicht voneinander lassen. Luca hat übrigens heute Nacht bei uns geschlafen, wegen der ganzen Aufregungen. Und was glaubst du, in welchem Zimmer er übernachtet hat?«
Marc grinste Laura vielsagend an, die nun ebenfalls lächeln musste. »Das freut mich ungemein, Marc. Stell dir nur vor, wenn sie in Italien bleiben würde. Das würde meine kühnsten Träume verwirklichen.«
»Könnte durchaus so kommen.«
»Was hast du denn mit meinem Brief gemacht.«
»Gut, dass du davon anfängst. Ich habe ihn zuerst Bella übergeben und deshalb übrigens Luca gebeten, über Nacht zu bleiben. Dann habe ich es mir aber anders überlegt und sie gebeten, den Brief erst zu lesen, wenn du es mir erlaubst. Ich wollte dir nicht vorgreifen.«
»Vielleicht sollten wir noch ein wenig warten, bis ich wieder gesund und zu Hause bin. Andererseits hätte ich dann alles hinter mir, wenn sie ihn gleich lesen würde. Ich bin mir einfach zu unsicher, was ich machen soll.«
»Ich schlage vor, dass du noch ein bis zwei Tage wartest. Ich könnte mir vorstellen, dass du dann bereits entlassen wirst, wenn du dich weiter so gut erholst.«
»Bene, Marc, du hast sicher recht.«
Es klopfte an der Zimmertür und die jungen Leute kamen mit einem riesigen bunten Blumenstrauß herein. Bella ging zuerst auf Laura zu und umarmte sie herzlich und küsste sie freundschaftlich auf die Wange.
»Ich freue mich, dass du schon wieder ansprechbar bist. Ich hoffe, es geht dir einigermaßen gut?«
»Danke. Es geht schon wieder etwas besser. Ich habe sogar schon eine leichte Kraftbrühe zu mir genommen. Vielen Dank für die schönen Blumen. Marc hat mir auch schon einen wunderschönen Strauß gebracht.«

Susanne und Luca umarmten Laura ebenfalls und drückten ihre Freude darüber aus, dass es ihr schon etwas besser ginge.
»Wir wären schon längst da, wenn nicht bei Ghiffa ein riesiges Aufgebot an Polizei und Tauchern gewesen wäre. Die eine Straßenseite war abgesperrt. Da muss etwas Schlimmes passiert sein. Sie haben das felsige Ufer mit Hunden durchkämmt und die Wasserschutzpolizei hat mit Tauchern den See abgesucht.«
Luca machte beim Erzählen ein missbilligendes Gesicht. Er erinnerte sich an die letzte Woche, als ihn ein unverantwortlicher Raser in einer Kurve überholt und in eine sehr gefährliche Situation gebracht hatte.
»Sicher ist wieder so ein verrückter Raser in den See gebraust. Die Unverbesserlichen werden leider nicht weniger.«
Marc beschlich bei dieser Schilderung, wie immer seit Gabriellas Unglück, ein beklemmendes Gefühl. Alles was mit Unfällen im See zu tun hatte, riefen in ihm Bilder dieser schrecklichen Stunden zurück.
Laura bemerkte sofort seinen schneller werdenden Atem und fasste zärtlich nach seiner Hand.
Susanne löste als erste diese Beklommenheit in ihm auf und war, wie immer, etwas vorlaut.
»Ratet mal, was es für super Neuigkeiten gibt?«, fragte sie an Laura und Marc gewandt.
»Susanne kann nichts für sich behalten, müsst ihr wissen«, lachte Bella. »Aber ich hätte es euch ja auch gleich gesagt. Also, Susanne, nun erzähl schon!«
Susanne machte ein sehr wichtiges Gesicht und wollte es ganz besonders spannend machen.
»Also, die Sache ist die, dass Italien in Kürze Zuwachs bekommt.«
»Wie soll ich das verstehen?«, fragte Laura grinsend. »Ist hier jemand schwanger?«
»Noch nicht. Was nicht ist, kann aber ganz schnell werden. Lange Rede, kurzer Sinn, Bella und Luca werden heiraten!«
»Das gibt's doch nicht!«

Laura und Marc lachten sich an und freuten sich sichtlich über diese Nachricht. Dass dabei für beide klar war, dass Bella dann in Italien bleiben würde und Lauras geheimste Wünsche damit in Erfüllung gingen, konnte Bella ja nicht ahnen.
Marc dachte sofort darüber nach, wie es wohl wäre, wenn es eine Doppelhochzeit gäbe. Aber davon wollte er vorerst nichts erzählen. Das war in erster Linie eine Sache zwischen Laura und ihm. Und jetzt war erst einmal wichtig, dass sie ganz schnell wieder nach Hause kam. So ließ er zunächst den jungen Leuten den Vortritt, die bereits fröhlich und lebhaft in fantasievollen Ausschmückungen über eine zukünftige Hochzeit diskutierten.
»Aber das wird wohl alles noch etwas dauern. Ich muss in Deutschland zuvor noch einiges regeln, privat wie auch beruflich«, meine Bella glücklich dreinschauend.
Marc verschwand einige Minuten, um mit dem behandelnden Arzt noch einmal über Lauras Genesung und eventuelle Entlassung zu sprechen.
Bald schon kam er mit einem zufriedenen Gesichtsausdruck zurück. »Gute Nachrichten«, sagte er. »Wenn alles weiter so gut bei dir verläuft, kannst du schon am Montag entlassen werden. Ich habe deine weitere Behandlung, in Abstimmung mit der Klinik, zugesagt.«
Laura freute sich sichtlich und legte sich zufrieden und etwas erschöpft in ihr Kissen zurück.
»Ich glaube wir gehen jetzt besser, damit du dich von uns wieder erholen kannst«, meinte Luca. »Ich habe noch einen wichtigen Termin und fahre vorher Susanne und Bella zur Villa zurück. Heute Abend hole ich sie mit meinem Boot mit Adriano wieder ab. Er hat uns in sein Atelier eingeladen. Wenn du Lust hast, Marc, kannst du auch gern mitkommen.«
»Das ist sehr nett von euch, aber ich bleibe noch hier bei Laura. Ich habe noch etwas mit ihr zu besprechen und ihr junges Gemüse bleibt besser unter euch.«

Commissario Ripani

Als Luca mit Bella und Susanne die Auffahrt zur Villa hochfuhr, fiel ihnen sofort das Polizeifahrzeug auf, das direkt vor der Villa geparkt hatte.

»O je, Polizei. Da beschleicht einen doch gleich ein mulmiges Gefühl«, meinte Susanne.

Commissario Ripani stand mit Maria in der Küche und schaute ihnen interessiert entgegen, als sie nach oben kamen. Maria wedelte hinter seinem Rücken aufgeregt mit ihren Händen und machte Andeutungen, dass alles sehr wichtig sei.

Als Luca ihm klarmachte, dass beide Damen aus Deutschland seien und kein Italienisch sprachen, wandte er sich mit seinen Fragen nur an ihn, nicht ohne dabei die beiden Frauen aus den Augenwinkeln prüfend anzuschauen.

»Wir haben Meldung erhalten, dass ein Versuch unternommen wurde, Signora Caldini zu vergiften. Dieser bedauerlichen Tatsache müssen wir nachgehen. Zum Glück ist die Sache glimpflich für sie ausgegangen. Darf ich fragen, in welchem Verhältnis die Damen zur Signora stehen?«

Luca erklärte ihm die Zusammenhänge und bot seine Hilfe bei den Untersuchungen an. »Es ist im Interesse aller, zu wissen, was genau hier passiert ist. Wir sind alle sehr besorgt«, sagte Luca.

Commissario Ripani erzählte ihm, was er von Maria bereits alles erfahren habe. Er wolle unbedingt noch mit Dottore Sautter reden. Von der Klinik wusste er, dass dieser die Aufbautropfen der Signora ins Labor zur Analyse gegeben hatte und dass der Papierfetzen in Peros Maul vergiftet war. Nach seinen Erkenntnissen, besonders durch die Schilderungen von Signora Bassi, vermute er einen direkten Zusammenhang mit dem Tod des Hundes. Zu klären sei, wenn sich sein Verdacht bestätigte, wie die Tropfen in die Tinktur gekommen seien.

»Ich werde morgen Vormittag noch einmal wiederkommen. Richten Sie dem Dottore bitte aus, dass er auf mich warten soll. Ich muss ihn in dieser Angelegenheit unbedingt befragen.«

Er verabschiedete sich höflich und lächelte Susanne und Bella freundlich grüßend zu. Dabei murmelte er mit starkem italienischen Akzent auf Deutsch »Auf Wiedersehen«, und wollte zu seinem Fahrzeug.

»Commissario, darf ich Sie noch fragen, was bei Ghiffa Schlimmes passiert ist?«, fragte Luca beim Hinausgehen.

»Genaues weiß man noch nicht. Offensichtlich ist ein Fahrzeug, ohne zu bremsen, in den See gefahren. Das Fahrzeug dürfte einige hundert Meter tief gesunken sein und kann nicht mehr geborgen werden. Es gibt Zeugen, die allerdings nicht sehr viel gesehen haben, da es schon ziemlich dunkel war. Nur soviel, dass ein verrückter Fahrer offensichtlich nicht die Kurve genommen hat, sondern einfach geradeaus in den See gefahren ist. Und das an einer steilen Stelle, an der es gleich ziemlich tief hinunter geht. Vermutlich war er total betrunken. Mehr kann ich ihnen im Moment auch nicht sagen.«,

Luca verabschiedete den Commissario und befragte anschließend Maria darüber, was sie ausgesagt hatte.

Maria war über das Erscheinen der Polizei sehr nervös. Alles, was Uniform trug oder mit Behörden zu tun hatte, verursachte ihr Unbehagen, machte sie unsicher und ließ sie unterwürfig werden.

In ihrer Aufgeregtheit habe sie dem Commissario alles erzählt, was sie weiß, erzählte sie Luca leicht atemlos. Auch das mit dem gestohlenen Haushaltsgeld, dem Einbruch und dem Tod von Pero, ohne Roberto allerdings zu erwähnen. In Anbetracht der Situation wollte sie sich ein Herz fassen und mit der Signora, nach deren Genesung, nun doch einmal reden und ihre Vermutungen äußern.

»Das wird wohl auch das Beste sein«, meinte Luca und erzählte Bella und Susanne, die beide interessiert zugehört hatten, aber nur Bruchteile verstanden, alles was Maria ihm erzählt hatte.

Dann musste er zu seinem Termin eilen. Er war schon ziemlich spät dran.

»Macht euch schön für heute Abend. Wir holen euch gegen neunzehn Uhr ab. Ciao, amore.« Er küsste Bella und gab auch Susanne einen freundschaftlichen Kuss. Maria servierte dann Bella und Susanne eine kleine Köstlichkeit und zog sich anschließend mit besorgter Miene in ihre Küche zurück.

»Hier ist ja ganz schön was los. Jetzt auch noch die Polizei im Haus. Was da wohl noch alles raus kommt. Brrr ...!« Susanne schüttelte sich dramatisch.

»Ich glaube, diesen Roberto sollte man mal genauer unter die Lupe nehmen. Der sieht zwar gut aus, aber sympathisch war er mir von Anfang an nicht, dir etwa?«

»Nein, mir auch nicht. Wer weiß, mit welchen dubiosen Leuten der Kontakt hat. Aber mal was gänzlich anderes. Was ziehst du heute Abend an?«, fragte Bella.

»Mein dunkelblaues Etwas mit dem tollen Dekolleté und du solltest deinen mintfarbenen Chiffonanzug anziehen. In dem siehst du umwerfend aus.«

»Ja, genau den wollte ich anziehen. Aber jetzt sollten wir uns ein wenig ausruhen, damit wir heute Abend in guter Form sind. Schließlich lernen wir Adriano kennen und da sollten wir beide einen guten Eindruck machen. Vor allen Dingen du, Susanne!« Dabei zwinkerte sie ihr eindeutig zu.

Sie verbrachten den Nachmittag in ihren Zimmern. Susanne döste im Bett vor sich hin und Bella wanderte in Gedanken durch die letzten Tage, mit dem glücklichen Gefühl, endlich die Liebe ihres Lebens gefunden zu haben. Natürlich ging alles ziemlich schnell mit Luca und ihr. Aber wie sehr sie auch darüber nachdachte, ob es richtig sei, so schnell eine Verbindung einzugehen, so sehr spürte sie, dass genau er der richtige Mann fürs Leben war. Und schon wieder sehnte sie sich wahnsinnig nach seiner Nähe und legte ihren Kopf tief einatmend auf ihr Bett, in dem sie sich noch heute Nacht ganz nah waren.

Der Heiratsantrag

Marc blieb noch bis zum Abendessen bei Laura. Zwischenzeitlich hatten sie beide eine kleine Mahlzeit aus der Krankenhausküche eingenommen und Laura war danach neben ihm eingeschlafen. Er hatte also genug Zeit, um über seine derzeitige Situation und über alles, was noch kommen konnte, nachzudenken. Über seine Gefühle für Laura war er sich sehr sicher und wollte sie auf keinen Fall wieder verlieren. Er schaute in ihr schlafendes, entspanntes Gesicht und streichelte intuitiv ihre Hände. Mit ihr, das war ihm ganz klar, wollte er alt werden und die restlichen Jahre des Lebens genießen. Sie könnten schöne Reisen machen und wenn Luca und Bella Kinder hätten, quasi eine Großelternrolle übernehmen. Das konnte er sich sehr gut vorstellen und es würde ihnen bestimmt Freude machen.

Als Roberto noch klein war, hatte er einfach nicht die Zeit, was er heute doch sehr bedauerte. Und Roberto wird ja auch einmal mit seinem Studium fertig werden und eine Familie gründen. Da sind Großeltern bestimmt auch gefragt.

Ich werde Laura heute fragen, ob sie mich heiraten will, beschloss er deshalb still für sich und wollte sie gleich nach dem Aufwachen fragen.

»Träumst du mit wachen Augen, amore?«, fragte Laura plötzlich in seine Gedanken hinein und setzte sich im Bett auf.

»O, schön dass du wach bist. Ich habe gerade über uns beide nachgedacht. Willst du mich heiraten, Laura?«, platzte es aus ihm heraus. »Heiraten? In unserem Alter? Wirklich, du willst mich heiraten?« Laura stellte die Frage mit einem ungläubigen Ausdruck im Gesicht und zeigte dabei große, aber glückliche Augen.

»Ja, natürlich, sonst würde ich ja nicht fragen. Durch deine Krankheit ist mir ganz klar geworden, wie wichtig du für mich bist. Ich liebe dich und möchte immer mit dir zusammen sein.«

Laura hatte plötzlich kleine Tränen in den Augenwinkeln, die sie verschämt wegwischte.

»Das hat mich, ehrlich gesagt, noch nie jemand gefragt und vermutlich hätte ich auch immer nein gesagt. Aber bei dir ist das etwas anderes. Auch ich liebe dich. Wir hatten so eine wunderbare Zeit in den letzten Monaten. Und erstaunlicherweise kann ich mir gar nicht mehr vorstellen, allein zu leben. Es ist so schön, mit einem vertrauten Menschen aufzuwachen und den Alltag zu teilen. Aber dieser Gedanke ist so neu für mich, dass du mir ein paar Tage Zeit lassen musst, darüber nachzudenken. Auf jeden Fall danke ich dir für so viel Zuneigung.«
Sie zog Marc zu sich heran und küsste ihn zärtlich auf den Mund.
»Lustig wäre, wenn wir und Bella gleichzeitig heiraten«, sagte Laura lachend. »Aber nein, dieser Tag gehört Bella und Luca ganz allein.« Und gleich fiel ihr wieder ein, dass Bella ja noch gar nicht ihren Brief gelesen hatte.
»Wenn ich wieder zu Hause bin, soll sie meinen Brief gleich lesen. Vielleicht solltest du Luca vorher alles erzählen, damit wir einen Verbündeten haben, der ihr beim Lesen der Wahrheit zur Seite steht.«

Adriano

»Hallo, hallo – wir sind da!«, dröhnte es aus einem Megaphon in die oberen Turmzimmer, als sich Bella und Susanne mit letzten prüfenden Blicken im Spiegel selbstkritisch musterten. Bella rannte auf die Terrasse und sah unten im See ein weißes Sportboot, von dem aus zwei Männer lachend hoch winkten.
»Sie sind da, Susanne, schau mal dort unten winken Luca und Adriano.«
Beide winkten fröhlich zurück und riefen hinunter: »Wir kommen gleich!«
Eilig suchten sie ihre Jacken und Handtaschen und rannten die Treppen hinunter, vorbei an Maria, die ihnen zulachte und Buon divertimento! zurief.
Am Strand standen Luca und Adriano und warteten auf sie. Sie hatten ihr Boot an einer der Bojen festgemacht und ein kleines

Schlauchboot lag ganz nah am Strand, angebunden an einem großen Stein.
Adriano war ziemlich groß für einen Italiener. Er überragte Luca um gut zehn Zentimeter, war braungebrannt und seine halblangen, fast schwarze Haare wehten leicht im Wind. Er lächelte etwas verlegen den beiden Frauen zu und überließ es Luca, ihn vorzustellen. Luca zog Bella zu sich heran.
»Das ist meine Bella«, sagte er stolz, »und das ist ihre Freundin Susanne, die auch sehr nett ist«, grinste er. »Mein Freund Adriano«, deutete er mit einer Verbeugung an, »der uns heute zu einem hoffentlich unvergesslichen Abend eingeladen hat.«
Susanne sah verstohlen zu Bella hinüber und man konnte sehen, wie angenehm überrascht sie von Adrianos Erscheinung war.
»Willkommen«, sagte Adriano in einwandfreiem Deutsch und gab zuerst Bella die Hand.
»Guten Tag, Bella. Ich habe schon sehr viel Gutes von Ihnen gehört. Luca ist eigentlich nur noch am Schwärmen. Wir werden uns doch sicher gleich duzen, oder?«
Bella lachte, besonders weil er das ›oder‹ wie die Schweizer ausgesprochen hatte und das, von einem Italiener ausgesprochen, einfach niedlich klang.
»Na klar, Adriano. Ich freue mich sehr, dich kennen zu lernen.«
Adriano wandte sich nun an Susanne, die ihr charmantestes Lächeln aufgesetzt hatte, das nur Bella zu deuten wusste. Solch ein Lächeln hatten sie bei Blödeleien beim Fotografieren schon so oft geübt, weil sie festgestellt hatten, dass sie so einfach fotogener aussahen.
Bella konnte sich deshalb ein Lachen fast nicht verkneifen. Offenbar verfehlte es bei Adriano aber nicht seine Wirkung. Er begrüßte Susanne leicht errötend, was ihr offenbar gefiel. Dabei schaute er sie voller Bewunderung an, was nicht verwunderlich war, denn sie sah umwerfend aus.
Ihre hellblonden Haare hatte sie seitlich zusammengebunden und ihre blauen Augen strahlten mit dem Blau ihres Kleides um die

Wette. Und erst das Dekolleté – Adriano wagte es nicht, allzu deutlich hinzuschauen.
»Das ist ja eine ziemlich wacklige Angelegenheit«, stellte Susanne fest, als sie das kleine, herbeigezogene Schlauchboot bestiegen, das sie an Bord bringen sollte.
»Jetzt fahren wir euch erst einmal am Ufer entlang. Da hat man einen schönen Blick auf die vorbeiziehenden Orte. Leider wird es schon etwas dunkel.«
Mit sicherer Hand und gebührendem Abstand zu den Felsen steuerte Luca sein Boot am Ufer entlang. Von hier aus konnten sie die vielen alten Villen, die in Ufernähe standen, vom See aus bewundern. Die meisten hatten einen eigenen Bootssteg und einen kleinen Strand mit schön angelegten Gärten.
»Was machen die denn alle, wenn mal Hochwasser ist?«, fragte Susanne.
»Die Bauherren der alten Villen haben das meistens berücksichtigt und entsprechend hoch gebaut. Aber es gibt auch Negativbeispiele. Die neueren Häuser stehen oft zu tief und wer zu tief liegt, hat auch schon mal Wasser im Keller, wenn nicht sogar im Haus. Strafe muss sein«, sagte der junge Architekt.
Die Orte Oggebbio, Ghiffa und Intra glitten an ihnen vorüber und die mittlerweile beleuchteten Häuser verzauberten das Panorama, das sich ihnen darbot. »Es sieht so herrlich romantisch aus mit den vielen Lichtern«, seufzte Susanne und schaute Bella vielsagend an.
»Es ist nicht mehr weit. Adriano hat sein Atelier in der Nähe des Sees, in Pallanza. Wir müssen nur wenige Schritte laufen.«
Diesmal benötigten sie das kleine Schlauchboot nicht, da sie direkt an einem Steg festmachen konnten und trockenen Fußes ans Ufer kamen.
»Dort oben ist mein Atelier«, sagte nun Adriano, der ansonsten bisher ziemlich wortkarg gewesen war und deutete auf ein altes Gebäude mit einer großen, üppig bewachsenen Dachterrasse.
Schon beim Hinaufgehen konnten Susanne und Bella einige seiner Bilder bewundern, die im Treppenhaus entlang der Wand nach

oben angebracht waren. Es war ein Feuerwerk der Farben, abstrakt und dennoch war immer etwas Gegenständliches zu entdecken. Meist hatten die Bilder einen Bezug zum See und zu den Bergen, aber auch einige Blütenmotive waren dabei.
»Ich finde deine Bilder ganz fantastisch, so farbenfroh und positiv«, sagte Susanne und schaute Adriano bewundernd an.
»Vielen Dank«, sagte er etwas verlegen und öffnete die Tür zu seinem Atelier.
Ihr Blick fiel auf einen riesigen Tisch, der übervoll mit lauter kleinen Köstlichkeiten war. Daneben ein kleinerer Tisch umrahmt von vier antiken Stühlen. Alles von kreativer Hand mit Kerzen und hübschen Accessoires dekoriert.
Es war wie eine Inszenierung. Man sah sofort, hier war ein Künstler am Werk.
»Toll sieht das alles aus!« Bella sah Adriano bewundernd an und lief die Wände ab, an denen weitere Werke hingen.
Der Eingangstür gegenüber führte eine breite Tür auf eine große Terrasse, die einen imposanten Blick fast über den ganzen See darbot. Laveno auf der Ostseite des Sees und Stresa auf der Südseite sowie die kleinen Borromäischen Inseln waren zu sehen. Die vielen kleinen Lichter der Häuser boten ein bezauberndes Panorama und tauchten den See in ein wunderschönes Licht.
»Hier ist's ja wie im Film«, begeisterte sich Susanne. »Darf man sich mal umsehen?«
»Aber ja, gern. Ich zeige euch gern mein Atelier. Die Terrasse habt ihr ja schon gesehen. Hier male ich, weil hier das beste Licht ist«, zeigte er in die andere Ecke des großen Raumes.
»Und hier in diesem kleinen Nebenraum habe ich eine kleine Schlafecke mit Duschbad und WC, wenn ich mal über Nacht hierbleiben will.«
»Aha, wenn du Damenbesuch hast«, sagte Susanne vorwitzig und lächelte Adriano herausfordernd dabei an.
»Nein, bisher noch nicht«, antwortete Adriano und lächelte verlegen.

»Was nicht ist, kann ja noch werden«, schaltete sich Luca ein. »Du musst mal wieder mehr an dich denken, Adriano. Das Leben ist zu kurz, um einsam zu sein.«

Dabei schaute er Susanne aufmunternd an.

Adriano ging zu seinem Kühlschrank, entnahm ihm eine Proseccoflasche und überreichte sie Luca.

»Machst du bitte schon mal auf. Die Gläser stehen bereits auf dem Tisch. Ich denke wir sollten erst einmal auf einen schönen Abend anstoßen. Danach gibt's gleich was zu essen.«

Die dargebotenen Speisen waren jede für sich eine wahre Köstlichkeit. Mit dem dazu servierten kühlen Prosecco wurde es ein exquisiter Schlemmerabend.

Die Laune der vier konnte gar nicht besser sein. Susanne brillierte mit vielen Geschichten aus ihrem Büro und Adriano, der ja in einer artverwandten Branche tätig war, konnte herzhaft über ihre lustig erzählten Geschichten lachen.

So entspannt und losgelöst hatte Luca seinen Freund schon lange nicht mehr erlebt. Als Susanne nach Adrianos Verlagsprogramm fragte, freute er sich über ihr Interesse.

Er ging mit ihr in seine Büroecke und zeigte ihr einige Veröffentlichungen seines Verlages.

Luca zog Bella an sich heran und flüsterte ihr ins Ohr.

»Die passen doch sehr gut zusammen, was meinst du?«

»Adriano taut immer mehr auf, ich glaube eine Frau wie Susanne täte ihm sehr gut. Mal abwarten«, flüsterte sie zurück.

Luca ging zur Stereoanlage und legte eine romantische CD ein.

»Darf ich bitten«, sagte er zu Bella und tanzte eng umschlungen mit Bella um den großen Tisch.

»Was ist mit euch beiden. Wollt ihr nicht auch das Tanzbein schwingen«, rief Luca zu Adriano hinüber.

»Ich glaube nicht, dass ich eine große Freude für Susanne wäre. Mit meinen zwei linken Füßen«, sagte Adriano und schaute Susanne abwartend an.

»Das macht rein gar nichts, weil ich sowie so führe«, lachte sie und ging entschlossen auf Adriano zu, sodass er nicht entfliehen konnte.
Ungeschickt fasste er Susanne um die Taille und ließ sich von ihr zur Musik führen.
Sie schmiegte sich eng an ihn und sagte: »Geht doch schon ganz gut, einfach ganz locker bleiben.«
Lächelnd bewegten sich beide langsam zum Rhythmus der italienischen Schmusemusik.
»Ich glaube, wir sollten nicht noch woanders hingehen. Hier ist es doch wunderbar und viel intimer als in einem Lokal. Ist bestimmt auch besser für Adriano und Susanne«, zwinkerte Luca und zog Bella auf das kleine Sofa, um sie zu küssen.
Susanne und Adriano unterhielten sich leise, während sie unentwegt ganz langsam weiter tanzten. Sie bemerkten nicht, dass Luca bereits eine neue CD aufgelegt hatte.
»Ich glaube, hier hat's geschnackelt«, sagte Bella.
»Geschnackelt, was ist denn das für ein Wort?«
Auf Deutsch gefunkt oder geknallt«, antwortete Bella und zwinkerte ihm zu.
»Am besten wäre es, wenn wir uns unter irgendeinem Vorwand nachher verdrücken. Wir könnten ja zu meiner Wohnung fahren und später wiederkommen. Was meinst du?«
»Keine schlechte Idee.«

Lucas Wohnung

Bella schaute zärtlich auf den neben ihr schlafenden Luca. Wie schön konnte das Leben doch sein und wie schnell hatte sich alles für sie zum Guten verändert.
Gestern noch die Trennung von Henry, den sie schon fast vergessen hatte, und heute total verliebt und glücklich, und bald schon verheiratet. Vorsichtig und langsam löste sie sich aus Lucas Armen und verließ, nackt wie sie war, sein Bett.

Sie musste dringend zur Toilette. Kein Wunder nach dem vielen Prosecco.
Was Susanne jetzt wohl macht, dachte sie und musste grinsen. Mit der Ausrede, dass Luca ganz kurz Bella seine Wohnung zeigen wollte, hatten sie sich verdrückt. Susanne und Adriano hatten überhaupt nicht widersprochen. Im Gegenteil, Susanne sah richtig glücklich aus und flüsterte ihr beim Hinausgehen noch zu: »Ist der nicht süß - und so schüchtern. Einfach eine Herausforderung für mich!«
Lucas Bad gefiel ihr sehr gut. Hat wirklich Geschmack mein Liebster! Sie schaute sich kritisch im Spiegel an und stellte fest, dass Liebe einen schönen Teint macht, sie war so gut durchblutet und sah wirklich gut aus. Sie war mit ihrem Spiegelbild sehr zufrieden.
Ganz leise schlenderte sie durch die Wohnung, um sich alles ganz genau anzusehen. Vielleicht würden sie hier ja demnächst zusammen leben, wer weiß. Vorhin hatte sie dazu noch keine Gelegenheit, die Leidenschaft war einfach zu groß und Lucas Bett zu nah, als dass sie Muse und Zeit gefunden hätte, sich die Wohnung etwas anzuschauen.
Die moderne, kleine Küche war blitzsauber, wahrscheinlich wenig benutzt, und das sich anschließende Wohnzimmer war äußerst geschmackvoll eingerichtet. Ein Arbeitszimmer schloss sich dem Wohnraum an, verbunden durch eine Schiebetür. Auch hier herrschte Ordnung. Scheinbar war Luca ein ordnungsliebender Mensch. Da musste sie sich selbst noch etwas umstellen. Aber für ihn würde sie alles tun. Sie war einfach überglücklich und wünschte, dass Susanne das gleiche Glück finden würde.
Auf dem Schreibtisch standen zwei gerahmte Fotografien. Das müssen seine Eltern sein, dachte sie und nahm das Foto in die Hand.
Zwei fröhlich lachende, sympathisch aussehende Menschen so um die sechzig schauten sie an.
Die Ähnlichkeit des grau melierten Mannes mit Luca war nicht zu übersehen. Auf dem anderen Foto konnte sie Franca erkennen,

die von einem netten Mann und zwei Kindern umarmt wurde. Leise ging sie zurück ins Schlafzimmer und nahm vorsichtig die Decke hoch, um sich wieder an Luca anzuschmiegen, als er sich plötzlich wie ein wildes Tier aufbäumte und sie stürmisch in seine Arme riss. Erschrocken schrie sie laut auf und ergab sich lachend erneut seiner Leidenschaft.

Die Analyse

»Dottore, der Commissario ist wieder da und möchte sie sprechen. Das sollte ich Ihnen bereits gestern ausrichten«, sagte Maria und stellte das Frühstück auf den Tisch.

»Bitten Sie ihn herein, Maria.« Marc schaute Bella und Susanne fragend an.

»Wahrscheinlich hat das Krankenhaus wegen der Vergiftung Meldung erstattet.«

Commissario Ripani betrat, freundlich in die Runde grüßend, das Esszimmer.

»Entschuldigen Sie, wenn ich so früh störe. Aber ich habe ein paar Fragen an Sie Dottore.«

»Keine Ursache, Commissario. Was kann ich für Sie tun?«

»Es geht um Signora Caldini. Bei ihr wurde eine Vergiftung festgestellt und wir müssen der Tatsache nachgehen. Handelt es sich um ein Versehen oder um einen Mordversuch.«

»Verstehe vollkommen, Commissario.«

»Ihre Haushälterin sagte mir, dass die Signora täglich Tropfen einnahm, die Sie ihr verordnet haben.«

»Das ist richtig.«

»Kann ich dieses Mittel einmal sehen?«

»Nein, tut mir leid. Ich habe, da auch ich einen diesbezüglichen Verdacht hatte, beide Fläschchen ins Labor zur Analyse gegeben. Ich wollte heute früh das Ergebnis abholen.«

»Das ist natürlich schlecht, Dottore. Sie haben unseren Untersuchungen vorgegriffen. Wie können wir sicher sein, dass es auch

genau dieselben Tropfen sind, die Sie ins Labor gegeben haben.«
Marc stutzte. War es möglich, dass der Commissario ihn in irgendeiner Weise verdächtigte, etwas zu vertuschen.
»Commissario, wie soll ich das verstehen. Sie glauben doch nicht, dass ich etwas mit der Vergiftung zu tun habe. Ich bitte Sie!«
»Dottore, schildern Sie mir bitte genau, was Sie wissen.«
Marc erzählte ihm, was sich alles in letzter Zeit ereignet hatte. Von Pero, dem gefundenen Taschentuch, seinem Verdacht und der ersten Analyse des Papiertuches vor wenigen Tagen. Das Ergebnis des Labors konnte er ihm vorlegen.
»Es handelte sich bei Pero um eine Oleandervergiftung. Meiner Vermutung nach, wurde das Gift offensichtlich mit diesem Papiertuch aufgewischt. Es handelt sich um das gleiche Papiertuch, das Maria in ihrer Küche verwendet und Maria sagte mir, dass ihr aufgefallen war, dass irgendjemand in der Küche den Boden verschmiert hatte. Was sie natürlich zwischenzeitlich sauber gemacht hat. Deshalb hatte ich die Vermutung, dass hier ein Zusammenhang besteht, den mir das Krankenhaus auch bestätigt hat. Laura wurde mit einer Oleandervergiftung eingeliefert.«
»Gut kombiniert«, antwortete der Commissario. »Aber es macht Sie andererseits auch verdächtig. Sie hätten das Mittel vertauschen können.«
»Völlig absurd, Commissario. Ich liebe Laura Caldini. Wir wollen heiraten. Welches Motiv hätte ich für so eine Tat haben sollen?«
»Ich gebe zu, das spricht für Sie. Trotzdem werde ich mir über die Vermögensverhältnisse der Signora Klarheit verschaffen müssen. Das werden Sie verstehen.«
»Bitte sehr, ich habe nichts zu verbergen. Dazu befragen Sie am besten ihren Notar, Dr. Ferro aus Milano oder noch besser Laura selbst.«
»Den Namen des Notars wissen wir schon von Signora Bassi. Leider ist er noch einige Tage verreist, sodass wir ihn erst später befragen können.«

»Wussten Sie, dass Signora Bassi sechshundert Euro gestohlen wurden.«
»Nein, das ist mir neu«, antwortete Marc erstaunt.
»Die Analyse werden wir selbst abholen. Ich fahre umgehend dort vorbei und lasse mir die Ergebnisse mitteilen. Ich nehme an, dass Sie die Signora heute wieder im Krankenhaus besuchen. Anschließend könnten Sie bei uns vorbeischauen und das Ergebnis erfahren.«
»Eine Frage noch, in welcher Beziehung stehen die beiden deutschen Damen zur Signora?«
Marc schluckte und überlegte angestrengt, was er nun antworten sollte, da Bella ihm gegenüber saß und den Brief ja noch nicht gelesen hatte.

»Das kann ich ihnen genau heute Nachmittag erzählen, wenn ich die Signora dazu befragt habe.«
»In Ordnung, dann bis heute Nachmittag.« Commissario Ripani grüßte in die Runde und verabschiedete sich freundlich.
»Was wollte der denn wissen?«, fragte Bella mit ernster Miene. Sie hatte sehr genau gespürt, dass an Marc unangenehme Fragen gestellt wurden.
»Der Commissario untersucht den Fall und hat wohl auch mich etwas unter Verdacht. Ich muss ihn heute Nachmittag noch einmal aufsuchen.«
»Das ist doch absurd! Du unter Verdacht! Da könnten wir ja alle unter Verdacht stehen.«
»Ich fürchte, dass das auch so sein wird«, sagte Marc und machte ein bekümmertes Gesicht. »Ich hoffe, dass sich recht bald alles aufklären wird.«
»Das wird ja ein richtiger Kriminalfall – und wir mittendrin. Puh, ist das spannend«, meinte Susanne. Vielleicht sollten wir ein bisschen Miss Marple spielen, was meint ihr?«
Marc lächelte etwas verkrampft. Ihm war klar, dass Bella nun doch schnellstens Lauras Brief lesen musste, damit sie über ihre Ver-

bindung zu Laura im Bilde war und nicht über Dritte informiert wurde.
»Bella, bitte lies Lauras Brief noch heute. Aber warte bitte bis Luca da ist.«
»Das klingt ja immer mysteriöser, mir ist ja schon ganz mulmig.«
»Na ja, du wirst über den Inhalt bestimmt sehr erstaunt sein.«
Marc frühstückte schnell zu Ende und machte sich danach umgehend auf den Weg zu Laura, weil er auf keinen Fall mehr preisgeben wollte.
Als Bella mit Susanne allein war, platzte sie förmlich vor Neugier. Sie war mit Luca erst nach einigen Stunden zu Adriano zurückgekehrt und traf beide, eng beieinander sitzend, auf dem Sofa an. Und wenn sie sich nicht verguckt hatte, nahm Adriano schnell seinen Arm von Susannes Schulter.

»Nun mach schon, erzähl! Was ist gestern Abend so alles passiert?«
Susanne machte ein verschmitztes, glückliches Gesicht. »Na, was glaubst du?«
»Hat er dich geküsst oder nicht?« »Er hat! Aber ehrlich gesagt, habe ich anfangs ziemlich nachhelfen müssen, was eigentlich nicht meine Art ist. Adriano war zuerst etwas zurückhaltend, obwohl ich sicher bin, das er sich sehr beherrschen musste und ich ihm sehr gut gefalle.«
»Woher willst du das denn genau wissen?«
»Nun, wenn man so eng wie wir tanzt, kann man das doch schon beurteilen, meinst du nicht auch?«, grinste Susanne.
»Und was noch?«, fragte Bella neugierig.
»Tja, wenn ihr euch etwas mehr Zeit gelassen hättet! Wer weiß? So kann ich nur von einigen sehr zärtlichen Küssen berichten und von interessanten und für den Anfang recht intimen Gesprächen. Er hat mir viel von seinem Sohn erzählt, den er abgöttisch liebt und auch von seiner traurigen Erfahrung in seiner Ehe. Diese Beziehung hat ihn sehr verletzt und ich glaube, da müsste ich noch viel Aufbauarbeit leisten, damit er wieder Vertrauen gewinnt.«

»Das klingt ja so, dass du an einer weiteren Beziehung interessiert bist?«
»Eigentlich schon. Ich finde Adriano äußerst attraktiv, einfühlsam und sehr sexy. Auch wenn er selbst das scheinbar gar nicht weiß und ausnutzt. Er hat eigentlich alles, was man sich von einem Mann wünschen kann. Aber ich kenne ihn noch nicht so gut, dass ich mir sicher sein kann, wie es weiter geht. Schließlich hat er bereits einen Sohn, was vielleicht für eine neue Beziehung auch nicht einfach ist. Er hat mich für heute Nachmittag zu einer Besichtigung in seinen Verlag eingeladen. Im oberen Stockwerk des Gebäudes hat er seine Privaträume. Seine Mutter, die sich bisher überwiegend um Luciano, so heißt sein Sohn, kümmert, wohnt gleich um die Ecke. Wenn du willst, kannst du ja mitkommen.«
»Nein, nein, geh du erst mal schön allein. Du kannst meinen Wagen nehmen. Luca kommt heute Nachmittag und ich muss mich dann endlich mal mit dem mysteriösen Brief von Laura beschäftigen. Die Spannung ist ja nicht mehr auszuhalten. Was sie mir wohl mitzuteilen hat, was mündlich nicht möglich ist?«
Bella machte ein ratloses Gesicht. »Hoffentlich ist es nichts Unangenehmes.«

Marc weiht Luca ein

Auf der Fahrt nach Intra rief Marc Luca von seinem Handy aus an. Er hatte seine Nummer bereits abgespeichert und zum Glück war er erreichbar.
»Hier ist Marc. Ich bin auf dem Weg zu Laura, muss dich aber vorher noch unbedingt sprechen. Hast du einige Minuten Zeit für mich?«
Als Luca zustimmte, bog Marc in Intra gleich in Richtung seines Büros ab und wurde an der Bürotür von Franca in Empfang genommen.
»Darf ich Ihnen einen Caffé anbieten?«, fragte sie freundlich. »Mein Bruder erwartet Sie schon.«

»Ah, Sie sind die Schwester. Sehr erfreut. Ja gern«, sagte Marc, als ihm Luca bereits entgegenkam.
»Hallo Marc, komm bitte herein. Was gibt es denn so Wichtiges?«
Marc schaute sich bewundernd im Büro um und lächelte.
»Schön hast du's hier. Kompliment! Und eine sehr nette und hübsche Sekretärin.«
Franca, die gerade hereinkam, dankte für das Kompliment und stellte Marc einen Caffé auf den kleinen Beistelltisch.
»Also Folgendes: Du weißt bereits, dass Laura an Bella einen Brief geschrieben hat, den sie heute lesen soll. Weil der Inhalt ziemlich brisant ist und Bella sich vielleicht fürchterlich aufregen könnte, wollte ich dich bitten, dass du dabei bist, wenn sie den Brief liest. Es könnte sein, dass sie sich sehr aufregt.«
»Das klingt ja alles wahnsinnig spannend. Was steht denn in dem Brief?«
»Das werde ich dir jetzt alles genau erzählen. Also, das ist so ...« Und Marc erzählte ihm die ganze Geschichte von Lauras Vergangenheit. Luca, der ihm gegenüber saß, hörte angespannt zu und konnte vor Staunen kaum Luft holen.
Als Marc geendet hatte, war es eine Weile mucksmäuschenstill im Zimmer.
Marc lehnte sich im Sofa zurück und schaute Luca erwartungsvoll an.
»Nun, was sagst du dazu?«
»Ich bin völlig überrascht. So eine Geschichte habe ich noch nie gehört und ich weiß überhaupt nicht, wie Bella das alles aufnehmen wird. Aber wenn ich so darüber nachdenke, ist das Ganze eigentlich wunderbar. Bella mag Laura ganz besonders gut leiden, das weiß ich. Aber sie hat auch ihre Mutter sehr geliebt, wie sie mir sagte. Ich denke, das muss erst einmal alles verdaut werden.«
»Genau. Deshalb hätte ich dich gern dabei, wenn Bella den Brief liest.«
»Das ist doch selbstverständlich. Ich fahre sowieso heute Nachmittag zu Bella. Wir wollten noch einige Dinge bezüglich unserer

Zukunft besprechen und ich wollte heute Abend eigentlich mit ihr zu meinen Eltern fahren, was wir nun wohl noch etwas verschieben müssen.«

»Also abgemacht, Luca. Du musst nämlich wissen, dass der Commissario bereits nach der Beziehung der Deutschen zu Laura gefragt hat und ich mich erst einmal rausgeredet habe. Es wäre nicht gut, wenn Bella zuerst über Dritte mehr über die Zusammenhänge erfahren würde.«

Marc verabschiedete sich, um auch Laura über alles zu informieren.

Auf dem Weg zum Krankenhaus kaufte er für sie noch ein paar rote Rosen und war doch überrascht, als er Commissario Ripani in Lauras Krankenzimmer antraf.

»Ah, der Dottore. Gut, dass Sie kommen. Ich habe Signora Caldini bereits einige Fragen gestellt und bin, denke ich, jetzt um einiges besser informiert.«

Marc begrüßte Laura mit einem kleinen Kuss und sie zwinkerte ihm vieldeutig zu, was er allerdings nicht verstehen konnte.

»Ich habe den Commissario über mein besonderes Verhältnisse zu Bella aufgeklärt. Er hat mir versichert, dass er keine rechtlichen Schritte einleiten wird und die Sache auch bereits verjährt sei. Und Bella, die bisher ja noch nichts von der Sache weiß, wird er auch nicht mit Fragen behelligen, da sie ja mit Sicherheit nichts mit der Vergiftung zu tun haben kann.«

»Nun, das kann ich mit Sicherheit nicht ganz ausschließen, aber es ist sehr unwahrscheinlich«, antwortete Commissario Ripani beschwichtigend und fuhr, wie so oft, mit einer Hand an seinem ergrauten Schnauzbart entlang.

»Ich habe im Übrigen das Ergebnis der Analyse. Ihre Vermutung war richtig, Dottore. Die Tropfen enthielten das gleiche Gift wie das Papiertuch. Damit steht fest, dass jemand vorsätzlich die Signora vergiften wollte. Die Frage ist nur, wer? Nehmen wir einmal an, Sie, die Deutschen und Signor Stefani haben nichts mit der Sache zu tun. Da blieben nur noch ihre Hausangestellte oder wer hat sie sonst noch in letzter Zeit besucht?« Laura schluckte. Eigentlich gab es da nur noch Roberto. Und der hatte in letzter Zeit schon einige Dummheiten gemacht. Und wie sie jetzt vom Commissario erfahren hatte, wurden Maria sechshundert Euro aus der Haushaltskasse gestohlen.

Warum hatte ihr Maria das nicht erzählt? Merkwürdig.

Roberto wollte sie aus einem unguten Gefühl heraus jetzt aber nicht nennen. Das wollte sie mit ihm direkt klären. Es erschien ihr doch unwahrscheinlich, dass er sie vergiften wollte. Wieso denn auch?

Bevor sie dem Commissario antworten konnte, erzählte ihm Marc bereits, dass nur sein Sohn in letzter Zeit in der Villa zu Besuch war, der ansonsten in Milano wohnte und dort Medizin studierte.

»Ein Zusammenhang mit ihm und der Vergiftungssache ist sehr unwahrscheinlich«, sagte Marc und schaute Laura an, die bestätigend nickte, obwohl ihr bei den zuvor durch den Kopf gegangenen Überlegungen schon ganz schlecht wurde.

»Das ist ja interessant, Ihr Sohn ist vorläufig als Haupterbe der Signora eingesetzt, wie sie mir heute sagte«, antwortete der Commissario und machte ein sehr nachdenkliches Gesicht.

»Das wäre selbstverständlich ein Motiv.«

Marc sah Laura ziemlich erstaunt an.

»Das stimmt Marc. Das wusstest du noch nicht. Ich habe Roberto bereits vor vielen Jahren als Haupterbe eingesetzt und will das – aufgrund der aktuellen Ereignisse - natürlich ändern. Roberto wird nach meinem Tod nur noch einen Teil meines Vermögens erben. Ich habe deshalb Dr. Ferro bereits schriftlich informiert, wie du ja auch bereits weißt.«

»Sie werden verstehen, dass wir Ihren Sohn in der Sache befragen müssen. Geben Sie mir bitte seine Adresse.«

Commissario Ripani nahm sein Notizbuch und wartete auf Marcs Angaben.

Nachdem Ripani das Zimmer wieder verlassen hatte, schaute Marc Laura sehr nachdenklich und besorgt an.

»Wusste Roberto von deinem Testament?«

»Nein. Er wusste nur, dass er etwas erben wird. Du erinnerst dich vielleicht an unseren Abendspaziergang am See, neulich abends nach dem Essen, als Maria von Dr. Ferros Büro erzählte. Da fragte er mich, wer alles einmal erben würde.«
»Ja, ich erinnere mich«, sagte Marc und atmete tief.
»Er hat sich bisher auch noch nicht gemeldet. Ich habe mehrfach versucht, ihn auf seinem Handy zu erreichen. Leider Fehlanzeige!«
»Mach dir keine Sorgen, Marc. Das Ganze wird sich sicher schnell aufklären und als dummer Zufall herausstellen. Morgen werde ich entlassen, dann muss ich mir erst einmal Maria vorknöpfen. Warum hat sie mir denn nichts von dem Diebstahl erzählt?«
»Keine Ahnung. Ich habe das auch erst vom Commissario erfahren. Wir werden sie fragen müssen. Aber etwas anderes: Bella wird heute deinen Brief lesen. Ich habe Luca um Beistand gebeten. Er wird dabei sein. Nun musst du also mit einigen Reaktionen seitens Bella rechnen. Ich hoffe nur, dass alles relativ harmonisch abgeht.«
Laura seufzte tief und nahm Marcs Hand.
»Und ich habe ja dich an meiner Seite«, sagte sie und kuschelte sich in seine Arme.

Der Brief

Lauras Zimmer war bereits für ihre morgige Rückkehr vorbereitet. Maria stellte einen üppigen Strauß der englischen ›Abraham Darby-Rosen‹ auf ihren Schreibtisch, deren betörender Duft den ganzen Raum erfüllte und deren Apricotfarbe wunderbar mit der übrigen Einrichtung harmonierte.
Marc hatte eine große, rote Schachtel in Herzform auf Lauras Bett gestellt, in der sein erster Liebesbrief mit einem Heiratsantrag lag. Dazu ein neues Foto von ihnen beiden, das Bella erst vor wenigen Tagen gemacht hatte.
Neben dem Rosenstrauß standen zwei hohe Sektgläser bereit, die nur darauf warteten, mit kühlem Prosecco gefüllt zu werden.

Unten fuhr Luca gerade laut hupend durch das große Tor, als Bella aus dem oberen Garten kam.

Sie lief auf ihn zu und begrüßte ihn herzlich.

Bella sah ihn prüfend an und spürte sofort, dass Luca etwas bedrückte.

»Was ist los, du siehst so angespannt aus?«, fragte sie und hakte sich bei ihm ein.

»Hast du Lauras Brief schon gelesen?«

»Nein, ich sollte auf dich warten. Ihr macht das ja alle ganz spannend. Was ist nur los? Komm, wir gehen nach oben und ich lese den Brief, damit das Rätselraten endlich ein Ende hat.«

»Wo ist denn Susanne?«, wollte Luca wissen.

»Die hat eine Verabredung mit Adriano. Er will ihr seinen Verlag zeigen und ich glaube, dass sich hier etwas anbahnt zwischen den beiden. Susanne hat sich, glaube ich, ganz schön in Adriano verschossen. Sie hat nur ein bisschen Angst vor der Tatsache, dass er bereits einen Sohn hat.«

»Das wäre doch super, findest du nicht auch. Und Luciano ist so ein netter kleiner Kerl. Den kann man nur gern haben.«

»Möchtest du eigentlich auch mal Kinder haben?«

»Mit dir auf jeden Fall – am besten drei bis vier und alle so hübsch wie ihre Mama.«

Bella lachte und öffnete die Tür zu ihrem Zimmer. Sie entnahm ihrer Handtasche Lauras Brief und öffnete ihn langsam, setzte sich aufs Bett, und fing an zu lesen, während Luca zärtlich seinen Arm um sie legte und sie aufmunternd drückte.

Lange Zeit hörte er nur Bellas ruhigen Atem, der immer heftiger wurde.

Plötzlich kam ein unerwartet lauter Aufschrei, der ihn doch etwas erschreckte.

»Das kann doch nicht wahr sein«, schrie Bella auf. Sie zitterte am ganzen Körper und hatte Tränen in den Augen. Luca nahm sie fest in seine Arme, streichelte ihren Rücken und küsste ihr die Tränen weg.

»Nicht weinen, amore, ist doch alles gar nicht so schlimm. Bitte, reg dich nicht so auf. Bleib mal ganz ruhig in meinen Armen und denke die ganze Geschichte in aller Ruhe durch.«
Bella reichte Luca Lauras Brief und bat ihn mit rauer Stimme, ihn zu lesen.
Luca las nun voll konzentriert Lauras Beichte, die er in Kurzform bereits von Marc erfahren hatte.

»Liebe Bella,
was ich dir hier mitteile, wird dich bestimmt überraschen und ich hoffe sehr, dass du mich nach dem Lesen dieser Zeilen immer noch mögen wirst. Ich werde dir meine, und letztendlich auch deine, Geschichte, die vor deiner Geburt stattgefunden hat, ungeschminkt erzählen und kann dich für alles Geschehene nur um Verzeihung bitten.
Ich war sechsundzwanzig Jahre alt, als mich mein Vater nach meinem betriebswirtschaftlichen Studium nach Deutschland schickte. Ich machte bei einem Großverlag in Frankfurt für ein bis zwei Jahre ein Volontariat, das über einen Geschäftspartner vermittelt wurde. Außerdem lernte ich nebenbei noch Deutsch, das ich – wie du weißt – ja ganz gut beherrsche. Zuerst wohnte ich in einem kleinen Vorort von Frankfurt in einem teuren, spießigen Zimmer. Im Zeitungsverlag lernte ich eine Gruppe junger Studenten kennen, die dort aushilfsweise arbeiteten, um sich etwas zum Studium dazu zu verdienen. Eine der Studentinnen hieß Gina. Sie war sehr nett und als sie hörte, dass ich mich in meiner kleinen Wohnung außerhalb der Stadt nicht so wohl fühlte, bot sie mir die Mitgliedschaft in ihrer Wohngemeinschaft an. Sie und ihr Freund Enrico hatten eine große Altbauwohnung im Westend der Stadt. Die sei sehr teuer, deshalb hatten sie auch schon Lorenz, einen weiteren Studenten, bei sich wohnen. Wenn ich wollte, könnte ich ein Zimmer bekommen. Die Küche, das Wohnzimmer und das Bad könnten wir uns teilen. Jeder hätte natürlich abwechselnd sauber zu machen et cetera. Ich war hoch erfreut und sagte sofort zu.

Es war eine tolle Zeit. Wie du sicher auch weißt, war man politisch sehr aktiv. Die Demonstrationen standen auf der Tagesordnung und die Politik bestimmte bei den meisten Studenten den Alltag. Ich kann mich noch sehr gut an Demonstrationen gegen den kürzlich verstorbenen Herrn Bubis erinnern, der damals als Spekulant verschrien war und ganze Häuserzeilen im Westend abreisen wollte. Da gab es dann auch Hausbesetzungen von militanteren Gruppen.
Kurz gesagt, es war eine heiße Zeit, in der ich mit dabei war, wenn auch nur als Mitläuferin. Die sexuelle Freiheit wurde auch großgeschrieben. Und wechselnde Partnerschaften waren ganz normal. Auch ich hatte die eine oder andere Liebschaft. Auch mit Lorenz, allerdings nur ganz kurz.
Gina und Enrico waren hier eine Ausnahme. Sie wurden sehr oft dafür verspottet, dass sie es mit der Treue so genau nahmen. Sie studierten beide Architektur und wollten heiraten und Kinder bekommen. Nach ihrem Studium wollten sie ein eigenes Architekturbüro eröffnen.
Gina musste eines Tages plötzlich ins Krankenhaus. Sie hatte starke Blutungen und man diagnostizierte Gebärmutterkrebs. Stell dir das mal vor. Sie war gerade mal Mitte Zwanzig. Und dann das! Die Gebärmutter musste entfernt werden, was bei Gina zu starken Depressionen führte. Enrico versuchte, sie immer damit zu beruhigen, dass ein Leben ohne Kinder auch nicht schlecht wäre oder dass man ja auch ein Kind adoptieren könne. Es war eine schwere Zeit für die beiden.
Ich hatte mich heimlich ziemlich in Enrico verliebt. Du weißt ja, ›verbotene Äpfel‹ schmecken bekanntlich am besten. Aber bei ihm hatte ich natürlich keine Chance. Er hatte ja seine Gina. Als Gina ein paar Tage zu ihrer kranken Mutter nach Hamburg fahren musste, war ich eines Abends mit Enrico allein in der Wohnung. Ich hatte für uns gemeinsam etwas gekocht. Meine allseits beliebte Pasta mit einer köstlichen Soße und so weiter. Und dazu natürlich Vino.

Wir haben sehr viel geredet, über Gott und die Welt, Wein getrunken und waren anschließend ganz schön beschwipst. Enrico war an diesem Abend viel gelöster als sonst und konnte seine Probleme mit Gina etwas vergessen. Jetzt sah ich die Chance, Enrico für mich zu gewinnen. Ich zog alle weiblichen Register, um ihn zu verführen, was mir dann auch, dank des Alkohols, gelungen war. Es war eine wunderschöne Liebesnacht für mich, ganz so wie ich es mir erträumt hatte.

Am nächsten Morgen war Enrico sehr bedrückt und machte mir klar, dass dies ein einmaliger Ausrutscher gewesen war und bat mich inständig, seine wahre Liebe zu Gina nicht zu zerstören.

Obwohl ich sehr traurig war – ich hatte mich wirklich sehr in ihn verliebt – gab ich ihm mein Wort, Gina nichts zu verraten. Alles lief wie immer, als Gina zurückkam und ich hatte keinen weiteren Versuch unternommen, Enrico umzustimmen.

Als meine Periode ausblieb, habe ich mir zuerst nichts dabei gedacht, denn das war nicht das erste Mal bei mir. Ich hatte immer etwas unregelmäßig meine Tage. So kam es, dass es viel zu spät war, als ich zum Frauenarzt ging und er mir sagte, dass ich schwanger sei. Ich war wie vor den Kopf gestoßen. Ich war entsetzt. Mit so etwas hatte ich nie im Leben gerechnet. Eine Schwangerschaft würde alle meine Lebenspläne zunichte machen. Und was hätte ich meinem Vater sagen sollen. Obwohl ich heute weiß, dass er sich bestimmt sogar gefreut hätte.

Ich war also fest entschlossen abzutreiben. Das war zur damaligen Zeit sowieso fast normal. Viele Schauspielerinnen outeten sich damals öffentlich abgetrieben zu haben, und die Frauenbewegung unterstützte dieses Thema aktiv unter dem Motto 'Mein Bauch gehört mir'. Ich war also in bester Gesellschaft.

Aber vorher wollte ich doch Enrico davon berichten, auch deshalb, weil ich immer noch einen kleinen Hoffnungsschimmer in mir hatte.

Enrico war zuerst völlig entsetzt, als er hörte, was mit mir los ist. Ich sagte ihm, dass ich in Holland abtreiben wolle. Ich hatte mir

auch schon eine Adresse besorgt. Einen Termin musste ich allerdings noch ausmachen.
Enrico ging mir mehrere Tage aus dem Weg. Bis zu dem Tag, als er mich um ein Treffen in einem kleinen Café bat. Wir trafen uns im Café Laumer im Westend und er machte mir einen kuriosen Vorschlag. Er bat mich, das Kind auszutragen. Er und Gina könnten dann doch die Eltern sein. Er habe mit Gina schon gesprochen und ihr gesagt, dass ich von einem Studenten schwanger sei und abtreiben wolle. Natürlich hat er ihr verschwiegen, dass er der Vater ist. Das durfte sie auf keinen Fall erfahren. Das Ganze sei Ginas Idee und er hätte nach anfänglicher Ablehnung sich mehr und mehr mit diesem Vorschlag angefreundet. Er schlug vor, dass wir gemeinsam die letzten drei bis vier Monate vor der Geburt aufs Land ziehen, ich das Kind dort gebären und mich als Gina ausgeben könnte. Wir könnten offiziell als Ehepaar auftreten. So würde das Kind dann als Kind von Gina und Enrico geboren und standesamtlich auch so eingetragen. Sie würden vorher natürlich noch heiraten, sodass das Baby gleich ihren Namen tragen könnte. Er wäre doch schließlich auch der Vater und hätte deshalb ein bisschen Mitspracherecht. Zuerst war ich ziemlich sprachlos, ja fast erschrocken über den Vorschlag. Aber Enrico flehte mich an, auch Gina zuliebe, zuzustimmen. So sehr liebte er sie!
Ich bat um Bedenkzeit. Nach einigen Tagen hatte ich mich entschieden. Ich war bereits im fünften Monat schwanger und ein Abbruch wäre auch für mich nicht ohne Komplikationen gewesen. Außerdem tat mir Gina, die ich sehr mochte, wirklich leid. Und schließlich, dachte ich, ist Enrico ja auch der leibliche Vater. Also willigte ich ein.
Enrico erzählte Gina sofort, dass ich zugestimmt hätte, worauf diese zum ersten Mal mit mir darüber sprach. Vorher hatte sie zu viel Angst davor, dass ich absagen könnte. Sie war überglücklich. Wir verkündeten also unseren Freunden, dass Gina schwanger sei. Bereits im sechsten Monat und dass wir gemeinsam für ein paar Wochen bis zur Geburt aufs Land ziehen würden. Ich würde Gina

als Freundin etwas zur Seite stehen. Damals war ich sehr schlank, sodass man noch kein Bäuchlein sehen konnte.
Wir mieteten ein kleines Haus im Spessart und lebten dort sehr zurückgezogen. Wir wollten ja so wenig wie möglich unter Leute. Es war eine sehr friedliche und harmonische Zeit.
Als es so weit war, rief Enrico die Hebamme und gab mich als seine Frau aus. Sicherheitshalber sagte er ihr wegen meiner Aussprache, dass ich in Italien aufgewachsen sei. Ohne größere Komplikationen erblickte ein gesundes Mädchen das Licht der Welt. Der Arzt wurde gerufen, untersuchte mich noch einmal und stellte alle nötigen Papiere aus. Ich hatte mich vorher verpflichtet, Gina das Baby sofort nach der Geburt zu überlassen und keinerlei Ansprüche zu stellen. Außerdem habe ich mein Ehrenwort gegeben, niemals, solange sie leben, irgendjemanden etwas zu sagen, auch nicht meinem Vater. Das habe ich zugesagt und auch gehalten. Gina und Enrico waren sehr glückliche Eltern und ich habe mein Volontariat schnellstens beendet und bin nach Italien zurück. Das Baby habe ich bewusst nach der Geburt nicht mehr gesehen.
Nun habe ich vor kurzem Lorenz, den damaligen Mitbewohner, per Zufall in Milano getroffen. Von ihm habe ich erfahren, dass Enrico schon vor zwanzig Jahren verstorben ist und dass Gina vor einem halben Jahr an Brustkrebs gestorben ist. Ihre Tochter – genauer meine Tochter - ist studierte Gartenbauarchitektin und lebt seit Ginas Krankheit im Haus der Eltern. Als ich dies erfuhr, war ich ziemlich durcheinander. Nach reiflichen Überlegungen fühlte ich mich nicht mehr an mein Versprechen gebunden und alle verdrängten Gefühle kamen wieder in mir hoch. Denn es gab schon einige düstere Momente in meinem Leben, in denen ich meine damalige Entscheidung sehr bereut habe. Dann habe ich mir vorgestellt, wie es sein könnte, wenn ich meine Tochter behalten hätte und sie hier in Italien aufgewachsen wäre. Deshalb habe ich vor einigen Wochen Kontakt zu ihr aufgenommen und ihr mitgeteilt, dass ich eine alte Freundin ihrer Eltern bin. Ich habe sie zu mir eingeladen.

Nun wirst du dir bestimmt schon denken können, wer Enrico und Gina sind. Sie heißen in Wahrheit Heinrich und Luise und nur ich habe sie immer mit ihren italienischen Namen angesprochen, was sie sehr geliebt haben. Und du, meine liebe Bella, bist ihre, beziehungsweise meine Tochter.
Ich bitte dich von ganzem Herzen um Gnade und Vergebung und bitte dich inständig, gib unserer Beziehung eine Chance für eine gemeinsame Zukunft. Ich habe dich in den letzten Tagen sehr lieb gewonnen. Deine Laura

Luca ließ den Brief sinken und drückte Bella fest an sich.
»Hast du davon gewusst?«, schluchzte sie leise und schaute ihn aus verweinten Augen an.
»Ich habe auch erst heute davon erfahren. Marc war bei mir und hat mir alles erzählt.«
»Ich bin völlig durcheinander – ich kann überhaupt nicht klar denken«, jammerte Bella erneut.
»Lass uns alles mal ganz rational betrachten«, meinte Luca und kniete vor Bella nieder, damit er ihr besser in die Augen schauen konnte.
»Du hattest eine wunderschöne Kindheit, wie du mir gesagt hast. Und du hast deine Eltern sehr geliebt. Deine Eltern haben dich auch sehr geliebt. Das ist das eine. Das andere ist, dass du Laura sehr gern hast, stimmt's?«
»Ja – aber wie ich jetzt zu ihr stehe, weiß ich noch nicht. Wie kann man sein eigenes Kind einfach hergeben. Das kann ich überhaupt nicht nachvollziehen. Auch ohne Mann würde ich nie ein Kind abtreiben oder hergeben. Niemals!«
»Urteile nicht zu vorschnell. Das waren früher andere Zeiten. Das war die 68er Generation und wer en vogue sein wollte, hat viele Beziehungen gehabt und viele Frauen haben damals abgetrieben. Das war sogar in bestimmten Kreisen chic. Die Pille kam ja erst später auf den Markt. Marc hat mir das alles genau erklärt und ich glaube, ich kann mich mittlerweile ganz gut in diese Zeit hinein-

denken. Und vergiss nicht, Laura hat deinen Vater damals geliebt. Es war also keine leichtfertige Sache für sie.«
»Meine richtige Mutter kann Laura für mich nie sein, meine Mutter ist tot und ich habe sie sehr geliebt«, sagte Bella trotzig.
»Laura ist eine intelligente Frau, das wird sie wissen. Ich denke auch nicht, dass sie erwartet, dass du Mutter zu ihr sagst.«
»Bitte, halt mich ganz fest«, sagte sie zu Luca, der sie sofort in seine Arme nahm und zärtlich streichelte.
Eng umschlungen lag Bella einige Zeit schluchzend in seinen Armen, bis sie vor Erschöpfung neben ihm aufs Bett sank und einschlief. Vorsichtig löste sich Luca aus ihrer Umklammerung und verließ leise das Zimmer, nicht ohne sie vorher mit einer leichten Decke zuzudecken.
Als Luca in den Salon kam, sah er Marc gedankenversunken mit einem Glas Rotwein in der Hand auf der Terrasse sitzen.
»Störe ich?«, fragte er rücksichtsvoll.
»Ah, Luca, komm nur, du störst überhaupt nicht. Mir gehen nur einige Ungereimtheiten durch den Kopf. Ich habe heute vom Commissario erfahren, dass Maria Geld gestohlen wurde. Nun grüble ich darüber nach, warum sie es uns nicht erzählt hat. Sie ist gerade beim Einkaufen. Ich werde sie nachher sofort diesbezüglich befragen.«
Luca räusperte sich verlegen, wollte sich aber hier nicht einmischen.
»Und was ist, hat Bella den Brief schon gelesen«, fragte Marc neugierig.
»Ja, vor einer halben Stunde. Ich war die ganze Zeit dabei. Sie hat erst ziemlich geweint und kann alles noch gar nicht fassen. Vor Erschöpfung ist sie jetzt eingeschlafen. Ich habe mich gerade leise rausgeschlichen. Ich denke, das dauert etwas, bis sie diese Tatsache völlig begreift.«
»Mm, das kann ich gut verstehen. Darf ich dich mal was ganz anderes fragen, Luca. Du als Außenstehender siehst vielleicht mehr als wir. Wie ist denn deine Meinung zu der ganzen Vergiftungsgeschichte?«

Diese Frage hatte er befürchtet und er war unsicher, was er jetzt antworten sollte. Schließlich hatte ihm Maria ja schon einiges erzählt und Roberto kam dabei ziemlich schlecht weg. Auf keinen Fall wollte er Marc verletzen und irgendwelche unklaren Vermutungen aussprechen. Deshalb sagte er vorsichtshalber nur:
»Ich kann mir auch noch keinen Reim auf alles machen. Ich denke, wir alle scheiden als Täter aus, auch Maria und Alfredo. Welchen Grund sollten wir denn haben, Laura zu ermorden.«
»Wie das klingt. Ermorden! Schrecklich!«
Marc schüttelte sich.
»Luca, du bist hier außer mir der einzige Mann in der zukünftigen großen Familie und kannst bestimmt rational denken. Ich vertraue dir. Deshalb möchte ich dir meine Bedenken im Vertrauen mitteilen. Ich mache mir große Sorgen um Laura. Kannst du dir vorstellen, dass eventuell weitere Anschläge auf sie möglich sind. Denn eins dürfte klar sein, wer auch immer das Gift in die Fläschchen getan hat, wollte nur sie treffen.«
»Ich glaube nicht, dass weitere Gefahr besteht, da ja bereits die Polizei ermittelt. Ich denke, dass sich alles bald aufklären wird.«
»Ich muss unbedingt meinen Sohn erreichen. Die Polizei will auch ihn befragen und ich kann ihn seit Tagen nicht erreichen. Ich überlege, ob ich vielleicht zu ihm nach Milano fahre. Aber Laura kommt doch morgen und da will ich auf jeden Fall da sein.«
Luca überlegte kurz und sagte spontan: »Gib mir bitte seine Adresse.«
Marc brauchte nicht zu wissen, dass er sich diese bereits notiert hatte.
»Ich suche ihn auf, um ihn zu informieren. Bella und ich wollten ohnehin nach Milano. Vielleicht ist es ganz gut, wenn ich morgen früh erst mal mit ihr wegfahre. Dann hat sie noch etwas mehr Zeit, sich mit den neuen Gegebenheiten anzufreunden und trifft erst morgen Abend wieder mit Laura zusammen.«
»Das wäre sehr gut, dafür bin ich dir dankbar, denn irgendwie stimmt hier was nicht. Roberto müsste sich doch mal melden.«

Laura ist zurück

Laura strahlte, als sie ihr Zimmer betrat. »O, wie wunderschön die Rosen aussehen – und wie die duften!«

Das große rote Herz nahm sie als Nächstes wahr, öffnete sofort den Deckel und schaute zuerst das beiliegende Foto lächelnd an. »Was sind wir doch für ein hübsches Paar«, scherzte sie und faltete den beiliegenden Brief auseinander.

Lauras Gesichtszüge erhellten sich und sie sah Marc verliebt an. »Meine Antwort habe ich mir im Krankenhaus lange und gründlich überlegt. So einen liebenswerten, gut aussehenden Mann und so eine Gelegenheit kommt so schnell nicht wieder – ich sage ja!«

Marc, der bereits den kühlen Prosecco in der Hand hatte, zog Laura zu sich heran und küsste sie stürmisch.

»Dann sind wir ab sofort Braut und Bräutigam«, sagte er, löste den Korken und goss die Proseccogläser voll.

»Salute – meine geliebte Laura, wir trinken auf unsere Zukunft und auf die Liebe, die auch in unserem Alter noch wunderschön sein kann.«

»Alter schützt vor Torheit nicht«, neckte Laura und prostete ihm verführerisch lächelnd zu.

»Geh du schon mal hinunter, ich mache mich noch etwas frisch. In der Krankenhausatmosphäre macht Körperpflege keinen besonderen Spaß. Ich fühle mich noch so antiseptisch.«

»Natürlich! Nach dem Essen sollten wir Maria mal befragen, warum sie uns nichts von dem Diebstahl gesagt hat«, meinte Marc beim Hinausgehen.

»Lass mal, das erledige ich schon«, rief ihm Laura hinterher.

Sie hatte im Krankenhaus genug Zeit sich mit allerlei Gedankenspielen zu beschäftigen und hatte einen ganz bestimmten Verdacht, den sie auf keinen Fall Marc mitteilen wollte. Sie musste ihn vor weiterem Leid beschützen, gerade jetzt, wo er so voller Optimismus und Tatendrang war.

Nach einer erfrischenden Dusche ging sie hinüber zu ihrem Kleiderschrank. Sie wählte ein paar Kleidungsstücke aus und hielt sie

sich vor dem großen Spiegel an, bevor sie sich für ein hellgelbes Seidenkleid entschied, das ihren dunklen Teint und ihre glänzenden dunklen Haare besonders gut zu Geltung brachten.
Sie legte noch etwas Lippenstift auf und tupfte sich mit den Fingern einige Tropfen ihres sündhaft teuren Parfums hinter die Ohren.
So kannst du sich sehen lassen, Laura, sagte sie zufrieden zu ihrem Spiegelbild und eilte hinunter in die Küche.
Maria summte leise vor sich hin. Sie war gerade damit beschäftigt eine kleine Mittagsmahlzeit vorzubereiten, als ihr Laura, frisch geduscht und besonders chic zurechtgemacht, gegenüberstand.
»Signora, wie schön Sie aussehen. Ich hoffe, Sie haben alles gut überstanden und fühlen sich wohl. Sie haben uns allen einen ganz schönen Schrecken eingejagt. Der Dottore war ziemlich verzweifelt.«
»Ist ja Gott sei Dank alles gut ausgegangen, Maria. Warum ich aber komme: Ich muss Sie unbedingt unter vier Augen sprechen. Damit uns niemand dabei stören kann, schlage ich vor, Sie in ihrem Häuschen, um zirka vierzehn Uhr zu besuchen.«
Maria schaute etwas betreten unter sich. Sie ahnte wohl schon, worum es sich handeln könnte und antwortete nur etwas kleinlaut: »Si, Signora, ich werde da sein.«
»Marc, hat Bella den Brief gelesen?«, fragte Laura angespannt, als sie am Mittagstisch saßen.
»Ja, hat sie. Luca war dankenswerterweise bei ihr. Sie hat wohl ziemlich geweint und kann alles noch nicht ganz fassen. Gestern beim Abendessen hat sie so gut wie kein Wort gesagt und ist ganz früh zu Bett gegangen. Susanne kam erst ganz spät am Abend – sie haben sich also noch nicht gesehen, da Luca mit ihr heute ganz früh zum Bummeln nach Milano gefahren ist, um sie etwas abzulenken und ihr etwas mehr Zeit zum Nachdenken zu verschaffen. Er will auch mal nach Roberto sehen, weil ich ihn nirgendwo erreichen kann.« Laura schwieg betroffen.
»Ich kann natürlich nicht erwarten, dass Bella mir um den Hals fällt und Mama zu mir sagt, das ist mir klar. Aber ich hoffe doch

sehr, dass wir ein gutes und freundschaftliches Verhältnis zueinander finden.«
»Sei nicht zu ungeduldig. Schließlich weiß sie es erst seit ein paar Stunden.«
»Buongiorno, wenn auch sehr spät«, sagte Susanne und kam ziemlich verkatert ins Esszimmer. »Sorry, aber bei mir ist es gestern super spät geworden. Ich war mit Adriano lange aus und habe total verschlafen.«
Marc und Laura lachten, da Susanne wirklichen einen verknitterten Eindruck machte. Sie hatte die Haare lässig hochgesteckt und eine Strähne ihrer schönen langen blonden Haare hing ihr kess ins Gesicht.
Sie war gänzlich ungeschminkt, was sie noch jünger als sonst aussehen ließ.
»Hauptsache es war schön«, grinste Laura.
»Ist denn Bella gar nicht da?«
»Bedaure, sie ist mit Luca nach Milano gefahren, sie wollten irgendwas erledigen. Ich habe beide auch noch nicht gesehen«, meinte Laura und fügte hinzu: »Setz dich mal zu uns. Maria soll dir erst einmal einen starken Caffè bringen und ich werde dir dann eine Geschichte erzählen, die Bella und mich betrifft. Ich denke, das solltest du nun auch wissen.«
Susanne schaute sie neugierig an.
»Aha, gibt es doch ein Geheimnis? Ihr seid verwandt, stimmt's?«
»Wie kommst du darauf?«
»Na, erstens seht ihr euch unheimlich ähnlich, zweitens hat Bella den gleichen krummen Finger wie du und drittens haben wir uns immer schon gefragt, warum du sie erst jetzt eingeladen hast.«
»Sehr schlau kombiniert«, lachte Laura und fing an, auch Susanne ihre Geschichte zu erzählen.
Als Laura geendet hatte, sah sie eine ungewohnt sprachlose Susanne vor sich, die ihre großen blauen Augen weit aufriss.
»Ich weiß gar nicht, was ich sagen soll. Das haut ja den stärksten Seemann um.«

Susanne war sprachlos und nippte erst einmal an ihrem Caffè. Sie räusperte sich verlegen und fragte: »Und, Bella weiß das alles schon?«
»Ja, seit gestern Nachmittag.«
»Und wie hat sie reagiert?« Nun schaltete sich Marc ein.
»Luca war bei ihr. Sie muss zuerst ziemlich geweint haben, ist dann aber bald vor Erschöpfung in seinen Armen eingeschlafen und war beim Abendessen sehr einsilbig, aber keineswegs abweisend. Und heute Morgen haben wir sie noch nicht gesehen, weil sie beide ganz früh weggefahren sind. Ich denke, sie braucht jetzt erst ein wenig Bedenkzeit.«
»Das glaube ich gern. So wie ich Bella kenne, wird sie sich wieder beruhigen und schnell mit der Situation zurechtkommen. Sie ist eine starke Persönlichkeit. Die Geschichte ist aber auch einmalig! Bella ist demnach sogar Halbitalienerin. Genial!«
Susanne, die schnell ihre Schlagfertigkeit wieder zurückgewonnen hatte, verschränkte die Arme vor der Brust und sah plötzlich äußerst abenteuerlich aus.
»Da fährt man einmal nach Italien und die ganze Welt verändert sich! Nicht zu glauben!«, rief sie aus.
Nun mussten alle doch lachen und die leicht angespannte Situation löste sich etwas. Laura sah viel befreiter aus als noch vor wenigen Minuten. Die unkomplizierte und erfrischende Art von Susanne taten ihr sichtlich gut.
»Wir haben noch eine Neuigkeit für dich«, sagte Marc und schaute Laura dabei lange an.
»O Mann, noch mehr Neuigkeiten.«
»Laura und ich wollen heiraten!«
»Ich werd nicht mehr! Ist denn ganz Italien ein einziges Liebesnest«, lachte Susanne, die an den vergangenen Abend mit Adriano dachte und selig vor Glück gestern Abend eingeschlafen war. Sie hatte seine Mutter und seinen Sohn kennengelernt und einen lustigen Tag mit allen verbracht. Seine Mutter hatte sie sehr herzlich aufgenommen und auch Luciano war ein niedlicher, unkomplizier-

ter und fröhlicher Junge, der sie wie einen alten Kumpel behandelt hatte und mit dem sie schon bald im Garten herumtollte. Abends ging Adriano mit ihr in ein schickes und teures Ristorante in Mergozzo. Es wurde ein sehr romantischer Abend, der viel zu früh in seinem Atelier endete. Wie leicht hätte sie über Nacht bei ihm bleiben können, aber sie wollte Laura gegenüber nicht unhöflich sein und einfach so mir nichts dir nichts wegbleiben.
Zuvor erlebte sie allerdings einen unvergesslichen Abend mit Adriano, der ihr einfühlsam und leidenschaftlich zugleich mit viel Zuneigung begegnete. Sie spürte noch immer jede seiner zärtlichen Berührungen auf ihrer Haut und die Erinnerung daran verursachten ihr selbst jetzt noch eine Gänsehaut. Egal, was kommen würde, sie wollte jede Sekunde mit ihm genießen und konnte nur hoffen, dass er genauso empfand wie sie. Alle Männer der Vergangenheit waren nach diesem Abend ausgelöscht und ihr Herz war frei für diese neue Liebe.
»Das war gestern wohl ein schöner Abend«, meinte Marc und grinste. »So wie du gerade vor dich hin träumst!«
Susanne lächelte ihm nur zu und schwieg vielsagend. Nach einem kleinen Imbiss täuschte Laura vor, sich etwas hinlegen zu müssen. Sie schlich in einem unbemerkten Moment hinüber in das kleine Gärtnerhäuschen.
Maria saß bereits abwartend am Küchentisch. Sie hatte Caffè gekocht und etwas Gebäck auf den Tisch gestellt.
»Prego, Signora, greifen Sie zu«, sagte sie mit einer einladenden Handbewegung.
»Danke Maria, gemütlich haben Sie es hier.«
»Was kann ich für Sie tun, Signora«, fragte Maria nun mutig, obwohl sie sich schon denken konnte, was jetzt kam.
»Maria, warum muss ich erst vom Commissario erfahren, dass Ihnen Geld gestohlen wurde?«, fragte Laura streng.
Maria sah beschämt unter sich. Nun war es egal, sie wollte ihr alles, was sie wusste erzählen, denn auf keinen Fall wollte sie die Signora verärgern, das Vertrauen der Signora war für sie das Wichtigste.

»Also das ist so ...«, fing sie an zu erzählen und dann sprudelte alle angestauten Vermutungen nur so aus ihr heraus. Zum Schluss betonte sie, dass sie nur, um die Signora nicht aufzuregen, nichts gesagt habe. Laura hatte die ganze Zeit sehr aufmerksam zugehört und war entsetzt über das, was sie da hören musste.

»Meinen Sie, dass Roberto mit Drogen zu tun hat?«

»Alfredo hat jedenfalls so etwas gehört.«

»Maria, bitte kein Sterbenswörtchen zum Dottore. Das würde ihn alles zu sehr aufregen. Sie wissen, welche Mühe es gekostet hat, ihn wieder auf die Beine zu stellen. Ich werde selbst mit Roberto sprechen und ihn zur Rede stellen. Erwähnen Sie Robertos Namen bitte auch nicht dem Commissario gegenüber. Ich werde die Sache selbst aufklären.«

Maria versprach – auch im Namen von Alfredo – zu schweigen wie ein Grab. Sie war nun doch sehr erleichtert, mit der Signora gesprochen zu haben.

»Nun gibt es noch eine wichtige Sache, die ich Ihnen anvertrauen möchte, Maria.«

Maria, die vor lauter Aufregung wohl etwas zu hohen Blutdruck hatte und schon ganz rot im Gesicht war, schaute die Signora aufmerksam an. Sie war stolz, mit ihr so ein intimes Gespräch führen zu dürfen.

»Sie haben mich beim Kennenlernen von Bella gefragt, ob ich mit ihr verwandt sei?«

Laura machte eine Pause und atmete tief ein, bevor sie weiter sprach, während Maria sie voll konzentriert und angespannt anschaute.

»Nun, es ist so – wir sind verwandt. Bella ist meine leibliche Tochter, die allerdings bei deutschen Freunden als deren eigenes Kind aufgewachsen ist. Sie wusste bisher noch nichts von meiner Existenz und schon gar nicht, dass ihre deutsche Mutter nicht ihre Mutter ist.«

So, nun wusste es auch Maria. Sie wollte ihr nur das Nötigste erzählen, mehr Einzelheiten gingen sie nichts an.

»Ich habe Bella erst jetzt über die Zusammenhänge informiert und sie ist schockiert, wie sie sich vielleicht vorstellen können. Sie muss diese Neuigkeit erst einmal verdauen. Ich hoffe sehr, dass wir beide zusammen finden und wenigstens gute Freunde werden.«
Maria war ganz blass geworden und griff sich mit der Hand ans Herz.
»Madonna«, rief sie kurzatmig aus. Sie war hochrot angelaufen und Laura machte sich schon Sorgen, dass sie gleich in Ohnmacht fallen könnte.
»Geht es Ihnen nicht gut, Maria?«, fragte sie besorgt und nahm Marias Hand.
»Nein, nein, Signora, in letzter Zeit kommt halt ein Schreck nach dem anderen. Aber diese Neuigkeit ist eigentlich eine große Freude.«
Dabei lächelte sie Laura zaghaft an. Die Frage nach Bellas Vater lag ihr auf der Zunge, aber sie wagte es nicht, der Signora so intime Fragen zu stellen. Wenn sie ihr nicht mehr sagen wollte, so war das die Sache der Signora. Sie wollte auf keinen Fall neugierig erscheinen. Laura konnte ihr jedoch ihre Gedanken förmlich von der Stirn ablesen, deshalb fügt sie noch hinzu: »Ihr verstorbener deutscher Vater ist übrigens ihr leiblicher Vater. Mehr möchte ich dazu nicht sagen, Maria.«
»Selbstverständlich, Signora.«
Maria hatte sich wieder etwas erholt und sagte lächelnd: »Dann bleibt Signorina Bella doch sicherlich für immer hier in Italien, wo sie sich doch in Signor Stefani verliebt hat?«
Nun musste Laura laut lachen.
»Ich kann Ihnen leider nicht noch mehr Neuigkeiten ersparen. Luca und Bella wollen heiraten und der Dottore und ich auch.«
Laura grinste Maria schelmisch an und wartete belustigt auf ihre Reaktion.
»Madonna!«, lachte nun auch Maria und klatschte dabei in die Hände. »Welch eine Freude! Da wird Alfredo aber staunen. Dann

gibt es doch sicher ein großes Fest hier in der Villa. Und das Sommerfest zu ihrem Geburtstag ist ja auch schon bald!«
»Ja, Maria, da können Sie und Alfredo sich auf viel Arbeit gefasst machen. Aber keine Sorge, wir werden Ihnen so viel Hilfskräfte wie nötig zukommen lassen.«
»Wann sollen denn die Hochzeiten sein? Ich frage nur wegen meiner Planungen.«
»Keine bange, die Termine werden wir Ihnen rechtzeitig mitteilen. Erst müssen noch andere Dinge geklärt werden.«
Laura erhob sich und wollte gehen, als ihr Blick auf ein großes Foto in einem hübschen Rahmen fiel, das an der Küchenwand über dem Esstisch hing. Es zeigte Pero, der stolz in der Mitte des Rasens saß und ganz lieb in die Kamera schaute.
»Was haben Sie hier für ein besonders schönes Foto von unserem lieben Pero«, sagte sie traurig und streichelte über den Rahmen.
»Er fehlt uns allen doch sehr, nicht wahr«, meinte Maria und begleitete Laura bis zur Tür, die sich gleich darauf unbemerkt wieder in ihr Zimmer schlich.

Milano

Es war ein sehr schönes Gebäude, in dem Roberto seine Wohnung hatte. Mit einem gepflegten Innenhof, der gekonnt mit vielen mediterranen Gewächsen bepflanzt war, wie Bella zugleich fachmännisch feststellte. Sie schaute die Hauswand hinauf und war entzückt über die einzelnen Balkone, die alle bunt und üppig ihre Pflanzenpracht darboten. Bis auf einen, der gänzlich ohne Blumen auskommen musste.
Luca hatte schon mehrmals auf Robertos Klingel gedrückt, aber keiner machte auf.
»Ich werde mal eine Etage tiefer klingeln und nachfragen«, meinte er an Bella gewandt, die den kleinen Innenhof sehr genau betrachtend abschritt.
»Wer ist da?«, tönte es aus der Sprechanlage.

»Entschuldigen Sie, wir wollten zu Signor Sautter. Er ist wohl nicht da. Könnten Sie uns vielleicht sagen, wie wir ihn erreichen können?«

»Den habe ich schon lange nicht mehr gesehen. Ich glaube, der wohnt hier gar nicht mehr. Auch sein Auto steht schon lange nicht mehr auf seinem Parkplatz. Mehr kann ich Ihnen leider nicht sagen«, erklang es erneut aus dem Lautsprecher.

»Grazie mille.«

Luca hob bedauernd die Schulter.

»Merkwürdig, hast du gehört, der Mann sagte, Roberto soll gar nicht mehr hier wohnen. Hier ist doch was oberfaul!«

»Komm, lass uns gehen«, meinte Bella und hakte sich bei ihm ein.

Sie wollte mit Luca unbedingt noch einmal den Dom besichtigen. Irgendwie war ihr nach innerer Einkehr zumute. Vielleicht gab ein Moment der Stille ihrer aufgewühlten Seele etwas mehr Ruhe und Gelassenheit. So richtig gläubig war sie allerdings nicht. Sie war zwar evangelisch getauft und auch konfirmiert worden, aber ihre Eltern erzogen sie völlig undogmatisch und frei. Sie waren immer der Ansicht, dass sie als Erwachsene selbst entscheiden sollte, welchem Glauben sie angehören wollte. Aus einem Phlegma heraus war ihr diese Frage bisher allerdings nie wirklich wichtig gewesen, obwohl sie in schweren Zeiten durchaus Zwiesprache mit einem imaginären Gott hielt.

Aber ehrlich gesagt, fanden diese Gespräche nur dann statt, wenn es ihr schlecht ging und sie Trost brauchte. Das wollte sie ab sofort ändern und sie versprach Besserung.

Sie wusste, dass Luca einen festen Glauben an Gott hatte und als er im Dom vor der Kirchenbank niederkniete, tat sie unwillkürlich das Gleiche und kniete ergriffen neben ihm ebenfalls nieder.

Zum ersten Mal dankte sie Gott für die Liebe, die sie empfangen hatte und bat um seinen Segen für die Zukunft.

Laura fiel ihr ein, die bestimmt ängstlich auf ihre Reaktion wartete. Sie hatte fast die ganze Nacht über ihren Brief nachgedacht und

konnte eigentlich das Ganze noch nicht so recht begreifen. Immerhin war Laura nun die Einzige, die ihr als ›Familie‹ übrig geblieben war.
Mutter und Vater waren beide tot und Geschwister hatte sie keine. Eigentlich müsste sie froh sein, familiären Zuwachs, und hier sogar gleich eine Ersatzmutter, bekommen zu haben. Aber ihre geliebte Mutter würde für immer und ewig ihre eigentliche Mutter sein und bleiben.
Ich werde ihr verzeihen, lieber Gott, betete sie. Schließlich hatte Laura sie nicht verstoßen oder irgendwelchen Pflegeeltern überlassen, sondern ihr leiblicher Vater und ihre geliebte Mutter hatten ihr eine wunderschöne Kindheit zukommen lassen. Wir können ja gute Freunde werden, lieber Gott, betete sie. Dabei schaute sie lange auf das große Kreuz über dem Altar und eine tiefe innere Ruhe umgab sie.
»Wollen wir gehen, amore?«
Luca fasste nach ihrer Hand und schaute sie liebevoll an. Er hatte gespürt, dass Bella Zwiesprache mit Gott hielt, und freute sich, als er in ihre entspannten Gesichtszüge schaute.
»Ja, lass uns gehen. Wir können ja noch eine Kleinigkeit essen gehen, bevor wir nach Hause fahren.«
»Nach Hause zu Laura?«, fragte er vorsichtig.
»Ja, nach Hause zu Laura!«, sagte Bella bestimmt und schaute ihm dabei mit einem zaghaften Lächeln tief in die Augen.
Eng umschlungen verließen sie den Dom.
Es empfing sie gleißender Sonnenschein auf dem Domplatz, als sie aus dem mächtigen Portal ins Freie traten.
»Ich werde zum Katholizismus konvertieren, bevor wir heiraten.«
Bella sagte dies sehr entschlossen.
»Schließlich sollen unsere Kinder Eltern haben, die nur einer Glaubensgemeinschaft angehören.«
Luca drückte fest ihre Hand. Diese Aussage war für ihn ein weiteres Zeichen ihrer Liebe und der vermeintlich richtige Weg in eine glückliche Zukunft.

Schlechte Nachrichten

»Signora, der Commissario möchte dringend den Dottore sprechen.«

Maria kam aufgeregt in den oberen Garten, wo Laura gerade ein paar Rosen schnitt, die sie in Susannes und Bellas Zimmer stellen wollte.

»Ich kann ihn nirgends finden«, keuchte Maria, die etwas zu schnell nach oben gerannt war.

»Der Dottore ist in Cannobio wegen der Praxisübergabe und wollte anschließend noch Wein einkaufen. Susanne ist mitgefahren und will irgendwelche Spielsachen einkaufen, glaube ich. Was will der Commissario denn von ihm?«

»Ich glaube, ich habe ganz schlechte Nachrichten, Signora Caldini.«

Die tiefe Stimme kam von Commissario Ripani, der offensichtlich Maria nachgeeilt war, und an der obersten Treppe atemlos stehen bleiben musste, um erst einmal tief Luft zu holen.

»Ganz schön steil hier hoch«, meinte er. »Man ist ja auch nicht mehr der Jüngste.«

»Was für schlechte Nachrichten?«, fragte Laura, nun etwas nervös geworden. »Was ist denn passiert?«

Der Commissario setzte sich erst einmal schnaufend auf die obere Bank, strich seinen Bart glatt und fing an zu erzählen.

»Wir hatten doch vor einigen Tagen ein schlimmes Unglück auf der Seestraße bei Ghiffa. Dort ist spät abends ein verrückter Fahrer mit seinem Fahrzeug mit zu hoher Geschwindigkeit direkt in den See gefahren. Taucher haben alles abgesucht, aber an dieser steil abfallenden Stelle des Sees konnten sie das Fahrzeug nicht mehr bergen. Immerhin ist der See hier mehrere hundert Meter tief. Zeugen gibt es wenige, da es bereits schon dunkel war und die anderen Fahrzeuge wenig erkennen konnten. Nur soviel ist bekannt, dass ein Verkehrsrowdy, der vorher schon mehrere Autos auf lebensgefährliche Weise überholt hatte und dem entgegenkommende Fahrzeugen nur mit Mühe ausweichen konnten, die Kurve nicht richtig genommen hat. Er ist mit seinem Auto geradeaus in den See gefahren. Alles was die Polizei nach langem Absuchen des Ufers finden konnte, war ein abgerissenes Nummernschild. Nun musste dies natürlich nicht unbedingt von dem Verunglückten stammen. Bei der Überprüfung sind wir dann allerdings auf merkwürdige Zusammenhänge gestoßen. Das Nummernschild gehört nämlich zu dem Fahrzeug von Roberto Sautter, dem Sohn vom Dottore Sautter.«

»O, mein Gott«, sagten Laura und Maria wie aus einem Mund.

»Wie Sie wissen, Signora, wollte ich mit Roberto Sautter wegen ihrem Vergiftungsversuch sowieso sprechen und ihn in der Sache befragen. Ich bin deshalb eigens nach Milano gefahren und habe recherchiert. Dabei erfuhr ich, dass Roberto schon längere Zeit nicht mehr gesehen wurde und Nachbarn sagten aus, dass er nur ganz selten einmal in seiner Wohnung war. Vielleicht nur ein- bis zweimal im Monat. Ich habe mir daraufhin einen Durchsuchungsbefehl besorgt und die Wohnung durchsucht. Und tatsächlich deutete hier alles darauf hin, dass kaum in der Wohnung übernachtet wurde und zum Beispiel der Kühlschrank völlig leer war. Wir fanden allerdings eine Tüte mit schmutzigen Kleidern in einer Ecke, die wir kriminaltechnisch untersucht haben. Und jetzt kommt es: An einer Hose, die offensichtlich Herrn Sautter gehört, fanden wir Spuren von Oleandergift. Aber auch von Kokain«, sagte der Commissario bedeutungsvoll und schaute Laura prüfend ins Gesicht.

Laura, die sehr aufmerksam zugehört hatte, wurde plötzlich ganz schwindelig. Sie musste sich nun auch auf die Bank setzen und griff sich völlig fassungslos ans Herz. Nun bestätigte der Commissario all ihre Befürchtungen, die ihr in letzter Zeit durch den Kopf gegangen waren. Sie hatte sich erst heute alles der Reihe nach aufgeschrieben, um sich ein besseres Bild machen zu können. All die kleinen Indizien, die ihr bekannt waren. Der Schmuckdiebstahl, bei dem Roberto wahrscheinlich ihr Testament gelesen hatte, seine Verführung nach ihrer Party, die er, wie sie heute sicher war, mit irgendwelchen Mittelchen erreicht hatte. Das viele Geld, das sie

ihm gegeben hatte und die Erzählungen von Maria. Alles zusammen ergaben ein Bild, das ihr Angst machte.
»Das darf Marc nie erfahren, Commissario. Das bricht ihm das Herz.«
»Das dürfte leider nicht möglich sein, Signora.«
»Gehen Sie denn davon aus, dass Roberto ertrunken ist?«, fragte sie leise und konnte nicht verhindern, dass ihr Tränen die Wangen hinunter liefen.
»Ja, wir gehen davon aus, da er in den letzten Tagen wie vom Erdboden verschwunden ist. Außerdem beweisen die Indizien, dass er versucht hat, sie zu vergiften. Wir nehmen an, um schneller an ihr Vermögen zu kommen, da sie ihn ja zum Alleinerben bestimmt hatten, was er gewusst haben muss.«
Maria, die stumm dabei stand, hielt sich vor Schreck den Mund zu und bekreuzigte sich.
»Ja, wir haben auch schon alle mehrfach versucht, ihn telefonisch zu erreichen. Normalerweise konnten wir ihn meist auf seinem Handy erreichen. Und nun funktioniert die Nummer überhaupt nicht mehr.«
»Das spricht alles dafür, dass er tatsächlich ertrunken ist«, meinte Ripani.
Laura weinte nun ungehemmt und Maria legte mitfühlend den Arm um ihre Schultern.
»Das darf Marc nicht erfahren, ich bitte Sie!«, flehte sie.
»Sein Sohn ertrunken! Sie müssen wissen, dass seine Frau vor einigen Jahren auch im See ertrunken ist und dass er sich erst vor kurzem von diesem schweren Schicksalsschlag erholt hat. Wenn er von Robertos Tod erfährt, ist dies schlimm genug für ihn. Bitte erzählen Sie ihm keine weiteren Details. Wozu denn auch. Mehr muss er doch nicht erfahren, jetzt wo Roberto tot ist.«
»So ganz sicher sind wir natürlich nicht. Wir haben auf der einen Seite nur das Nummernschild, und auf der anderen Seite eine nicht geborgene Leiche.«

»Haben Sie denn keine Lackspuren an den Leitplanken gefunden?« Laura schaute den Commissario abwartend an.
»Doch. Das wäre meine nächste Frage gewesen. Welche Farbe hatte das Fahrzeug von Roberto?«
»Es war ein schwarzes BMW-Cabrio, der 3er Klasse«, antwortete Laura.
»Passt!«, sagte Ripani und nickte bestätigend. »Wir haben jede Menge frische schwarze Schleifspuren an der Leitplanke entdeckt.«
»Kann man denn, um mehr Gewissheit zu haben, nicht noch einmal den See absuchen?«
»Das ist ein sehr, sehr teures Unterfangen, Signora. Das kostet den Staat zu viele Euro, deshalb wird nur bis zu einer bestimmten Tiefe abgesucht. Es müssten Spezialeinheiten angefordert werden, die über entsprechende Tauchgeräte verfügen.«
»Aber man kann zu Marc doch nicht sagen, Dein Sohn ist ertrunken, wenn man gar nicht sicher sein kann. Stellen Sie sich nur einmal vor, es würde überhaupt nicht stimmen«, jammerte Laura.
»Ich kann ja mal nachfragen, was das genau kosten könnte. Wenn Sie die Summe aus eigener Tasche bezahlen wollen, soll es mir recht sein.«
»Ja, das würde ich übernehmen, wir müssen doch Gewissheit haben!«, meinte Laura bestimmt und Maria, die ganz blass geworden war, nickte dazu.
»Bevor wir es nicht ganz genau wissen, werden wir Marc nichts davon erzählen. Einverstanden, Commissario?«
Ripani schüttelte skeptisch den Kopf hin und her.
»Na gut, in Ordnung! Wenn sich bewahrheitet, dass Roberto Sautter im See ertrunken ist, werde ich die Akte schließen und keine weiteren Untersuchungen mehr durchführen.«
Warum sollte er sich noch tiefer in diese Sache reinhängen. In wenigen Wochen ging er in Rente und wollte bis zu diesem Zeitpunkt möglichst alle Akten seiner Fälle abgeschlossen haben. Das machte einen guten Eindruck. Wenn es sich wirklich um einen Mord gehandelt hätte, wäre das etwas anderes. Aber in diesem Fall war es

nur ein Mordversuch mit einem guten Ende und der Täter war mit großer Wahrscheinlichkeit tot. Und wenn die Signora die hohen Kosten für eine weitere Suche bezahlen wollte, sollte es ihm recht sein. Dann hatte man wenigstens absolute Gewissheit. Hinzu kam, dass ihm Signora Caldini sehr sympathisch war und er ihr weitere Aufregungen ersparen wollte. Wer weiß, wie sich das für ihn einmal auszahlen sollte.

»Und Sie sprechen nur mit mir und nicht mit dem Dottore?« Laura schaute ihn bei dieser Frage abwartend und ängstlich an.

Ripani grinste.

»Sie müssen den Dottore aber sehr lieb haben, beneidenswert!«

Laura lächelte ihn traurig an und nickte.

»Maria, begleiten Sie den Commissario bitte zum Tor. Und kein Sterbenswörtchen dieses Gespräches zu anderen!«, ermahnte sie Maria und ging mit ihren Rosensträußen betrübt zum Haus zurück.

Bella spricht mit Laura

Je näher sie der Villa kamen, je nervöser wurde Bella. Das Herz klopfte ihr bis zum Hals und Schweißperlen standen auf ihrer Stirn. Luca spürte deutlich ihre Erregung. Er fuhr langsam auf den Parkplatz der kleinen Strandbar, die ganz in der Nähe der Villa war und machte den Motor aus.

»Wollen wir vielleicht vorher hier noch etwas trinken?«, fragte er und nahm ihre Hände in die seinen.

»Du musst dich nicht aufregen, amore. Alles wird gut.«

»O Luca, ich wäre froh, wenn ich das Wiedersehen mit Laura hinter mir hätte. Ich habe regelrecht Angst davor. Wie soll ich mich nur verhalten? Ich kann doch schlecht ›Hallo Mutter‹ sagen.«

»Das erwartet Laura auch sicherlich nicht von dir. Nimm sie einfach in die Arme und alles andere wird sich finden.«

Sie schloss die Augen und legte ihren Kopf mit einem tiefen Seufzer in die Kopfstütze.

»Du hast recht«, sagte sie nach einer Weile entschlossen. »Komm, fahr weiter. Bringen wir es hinter uns.«
Laura war in ihrem Zimmer, als Bella nach ihr suchte.
Sie klopfte leise an und nach einem gedämpft vernommenen Prego öffnete sie die Tür.
Laura dachte, dass Maria etwas von ihr wollte und war erstaunt, als Bella vor ihr stand. Wenn sie das gewusst hätte, hätte sie sich erst etwas frisch gemacht.
Nun stand sie mit verweinten Augen vor Bella, die auch sofort feuchte Augen bekam und das alles nicht so recht zu deuten wusste.
Bella ging langsam auf Laura zu und als Laura die Arme ausbreitete, fielen sich beide um den Hals.
»Ich bin so froh, dass du nicht böse auf mich bist«, war das Erste, was Laura stammeln konnte.
»Ich hoffe, du kannst mir alles verzeihen.«
Bella war unfähig überhaupt etwas zu sagen. Natürlich nahm sie an, dass Laura ihretwegen Tränen in den Augen hatte und drückte sie ganz fest an sich.
»Gib mir Zeit, das alles zu verarbeiten«, presste sie nun heraus.
»Aber ja, Bella, ich erwarte von dir keine Liebe, aber vielleicht können wir ja sehr gute Freunde werden?«
Dabei hielt sie Bella etwas von sich zurück und schaute ihr liebevoll in die Augen.
»Ja Laura, als gute Freundin habe ich dich bisher sowieso betrachtet. Du warst mir auf Anhieb sehr sympathisch. Aber dass sich mein Leben hier in Italien so stark verändern würde, hätte ich nie für möglich gehalten. Du musst mir alles von damals ganz genau erzählen und auch von deiner gesamten Familie. Das interessiert mich natürlich alles sehr.«
»Selbstverständlich. Ich habe viele Alben mit Fotos von meinen Eltern und mir, auch noch von meinen Großeltern. Aber als Erstes möchte ich dir einen Ring schenken, der schon meiner Urgroßmutter gehört hat und der immer von Generation zu Generation weitergegeben wurde.«

Als Laura zu ihrem versteckten Safe ging und ihn öffnete, staunte Bella nicht schlecht über dieses Geheimfach.
»Das ist ja wie in einem alten Kriminalfilm«, sagte sie lachend. »In solchen Filmen gab es auch oft versteckte Wandschränke.«
»Den habe ich mir nach einem Einbruch einbauen lassen. Den kennt außer mir niemand, nur du jetzt. Aber diese Geschichte erzähle ich dir ein andermal.«
Sie öffnete ihre Schmuckschatulle und nahm den kleinen, kostbaren Diamantring heraus, der wunderbar und aufwändig verarbeitet war und steckte ihn Bella an den Finger.
»Vielleicht muss er etwas enger gemacht werden. Aber das dürfte ja kein Problem sein«, meinte sie und schaute Bellas Hand bewundernd an.
»Der sieht ganz toll aus. Vielen, vielen Dank.«
Bella drückte Laura fest an sich.
»Du hast fast die gleichen Hände wie ich. Schau!«
Laura hielt ihre rechte Hand mit dem krummen Mittelfinger hin und Bella hielt zum Vergleich ihre rechte Hand daneben.
»Eindeutig gleich!«, lachte Bella.
»Das ist Susanne und mir auch schon aufgefallen, wir konnten uns nur keinen Reim darauf machen«, grinste sie.
»Wer kommt denn schon auf so was!«
»Ich habe übrigens Maria alles über uns erzählt. Ich finde, wir sollten kein Geheimnis mehr daraus machen. Sie hat sich richtig darüber gefreut. Dem Commissario musste ich es auch erzählen, weil er genau wissen wollte, in welchem Verhältnis wir zu einander stehen und der Polizei gegenüber sollte man nicht lügen, wie du weißt.«
»Ist Marc denn nicht da?«, wollte Bella wissen.
»Nein. Er und Susanne sind nach Cannobio. Er wegen der Praxis und dem Weineinkauf und Susanne wollte Spielsachen kaufen. Für wen, weiß ich nicht. Sie wollten zum Abendessen wieder da sein.«

Laura rang innerlich damit, ob sie Bella von Roberto und dem Unfall erzählen sollte.
Sie entschied sich aber dagegen, weil sie Bella im Moment nicht mit noch mehr Problemen belasten wollte. Bis definitiv klar war, dass Roberto im See ertrunken war, wollte sie niemanden etwas davon sagen.
Auch die ganzen Betrügereien und den Mordversuch wollte sie vorerst für sich behalten.
Außer ihr wusste nur noch Maria von der Sache und ihr würde sie noch einmal einschärfen, nur nichts zu erzählen. Wenn Roberto wirklich tot war, war das für Marc schlimm genug.
Sie musste von Marc jeden weiteren Kummer fernhalten. Dazu war sie fest entschlossen.

Cora kommt

Mit lautem Gehupe fuhr Marc mit Susanne vor der Villa vor. »Wo seid ihr denn alle?«, rief er fröhlich lachend zu Laura, Bella und Luca hinauf, die von der Terrasse überrascht zu ihm hinunter sahen. »Kommt bitte alle mal runter, wir haben Besuch mitgebracht«, strahlte er spitzbübisch zu ihnen hinauf.
Laura überprüfte im Spiegel kritisch ihr Aussehen. Marc sollte auf keinen Fall sehen, dass sie geweint hatte.
Hand in Hand ging sie mit Bella hinunter, gefolgt von Luca, um nachzusehen, was Marc mit Besuch meinte, denn sie konnte nur Susanne und Marc von oben erkennen.
Marc hielt eine Flasche Prosecco fröhlich in die Luft und sagte geheimnisvoll: »Diesen guten Tropfen habe ich heute en gros eingekauft. Und diese Flasche werden wir jetzt gleich köpfen, denn wir haben ein neues Familienmitglied zu begrüßen.«
Susanne stand dabei und hielt ihre Sommerjacke mit beiden Händen vor der Brust zusammen und grinste schelmisch.
Sie trällerte theatralisch Simsalabim und öffnete ganz vorsichtig ihre Jacke.

Ein kleines schwarzes Welpenköpfchen schaute keck heraus und gähnte.
»Das gibt's doch nicht! Wer ist denn das? Wie niedlich! Das ist aber eine Freude!«
Laura lachte und klatschte begeistert in die Hände. Susanne übergab ihr vorsichtig den kleinen schwarzen Knäuel und Laura drückte ihn sogleich fest an sich.
»Du bist aber ein entzückendes Hundebaby – du siehst ja fast genauso aus wie Pero in deinem Alter«, sagte sie und schaute Marc glücklich an.
»Jetzt erzähl aber. Wie kommst du zu diesem entzückenden kleinen Gordon-Setter?«
Marc freute sich, dass er mit seinem Geschenk offensichtlich ins Schwarze getroffen hatte.
»Die Sache habe ich schon gleich nach Peros Tod eingefädelt. Ich habe über viele Ecken einen deutschen Gordon-Setter-Züchter im süddeutschen Raum ausfindig gemacht. Wie du sicher weißt, gibt es von dieser Rasse nur wenig seriöse Züchter, die ihre Hunde auch nur in sehr gute Hände abgeben. Man wird vor dem Kauf sozusagen auf Herz und Nieren geprüft, was ja auch begrüßenswert ist. Nun lange Rede, kurzer Sinn. Ich bin kurzentschlossen mit Susanne heute zum Züchter gefahren und wir haben diese kleine Schönheit abgeholt. Es war ein Wurf mit sechs Jungen und ›Cora‹, so heißt unsere Kleine laut Stammbaum, war noch zu haben. Alle anderen waren bereits schon lange reserviert. Cora ist jetzt acht Wochen alt und hat alle Impfungen erhalten. Alles Weitere liegt nun in unserer Hand. Du kannst ihr natürlich auch einen anderen Namen geben.«
Marc strahlt Laura an und man konnte ihm ansehen, wie sehr es ihn freute, Laura mit dem kleinen Welpen überrascht zu haben.
»Ich bin sprachlos, Marc. Da ist dir wirklich eine tolle Überraschung gelungen und den Namen Cora finde ich sehr schön.«
Sie stellte Cora auf den Boden, die sofort aufgeregt hin und her lief und umgehend auf dem Rasen ein kleines Bächlein machte.

»O, das war aber dringend nötig«, meinte Bella und lief zu dem kleinen Hund und streichelte ihn.
»Was bist du für ein schönes kleines Mädchen«, sagte sie und auch ihre Freude war nicht zu übersehen, als Cora ihre Hände abschleckte.
»Was Cora für hohe Beine hat«, stellte Susanne fest und tollte ebenfalls mit ihr auf dem Rasen herum.
Maria, die das laute Lachen und den Lärm gehört hatte, kam die Zufahrt hoch und klatschte begeistert in die Hände, als sie sah, wen Marc da mitgebracht hatte.
»Ja, wen haben wir denn da?«, lachte sie und ihre Goldzähne blinkten dabei im Sonnenlicht. Nachdem auch sie Cora mit ausgiebigen Streicheleinheiten verwöhnt hatte, lief sie hinunter zu ihrem Haus und holte den alten Wasser- und Essensnapf von Pero, den sie sicherheitshalber aufbewahrt hatte.
Zum Glück hatte sie auch noch etwas Hundefutter, das sie mit Haferflocken und Milch vermischte und dem kleinen Hund zum Fressen anbot. Mit großem Appetit verschlang Cora die dargebotene kleine Mahlzeit.
»Wir müssen Welpenkost besorgen, Maria. Ich schau mal in meinem Hundebuch nach, was alles in diesem Alter gefüttert wird. Haben Sie noch das Hundekörbchen und so weiter?«
»Ist alles noch da, Signora. Ich werde alles herrichten für den kleinen Schlingel«, lachte sie und nahm die leeren Töpfchen wieder mit nach unten zu ihrem Haus.
»Soll Cora auch bei mir gefüttert werden?«, fragte sie noch vorher.
»Ja, Maria, wir machen alles wie immer. Aber erst müssen wir die kleine Dame wohl etwas erziehen«, sagte Laura, lief zum Haus und klopfte mit der Hand auf ihren Oberschenkel, worauf Cora ihr auch tatsächlich zaghaft nachfolgte. »Brav, Cora, brav«, lachte sie und hakte sich bei Marc ein. »Komm, lass uns noch ein bisschen mit dem Hund hoch in den Garten gehen, damit wir uns etwas näher miteinander vertraut machen.«

Dabei strahlte sie Marc glücklich und dankbar an. Sie hatte doch tatsächlich die großen Probleme für einen Moment vergessen.

Die Verabredung

Susanne, die vor Neugier fast platzte, verzog sich mit Bella und Luca in die Turmzimmer. Sie wollten Laura mit Marc und dem kleinen Welpen diskret etwas allein lassen.
»Nun erzähl schon, hast du dich mit Laura schon ausgesprochen?«
Bella sah zuerst Luca lächelnd an, mit dem sie aufgrund der Aufregungen der letzten Minuten auch noch nicht über ihr Gespräch mit Laura geredet hatte und antwortete ruhig an Susanne gewandt:
»Ja, ich habe eine lange Aussprache mit Laura gehabt und wir sind uns wirklich schon viel näher gekommen, glaube ich. Sie hat mir schon einiges von ihrer Familie erzählt und ich denke, wir werden noch viele Gespräche dieser Art in nächster Zeit miteinander führen. Schaut mal, diesen Ring hat sie mir geschenkt, der wird schon seit Generationen weitergegeben.«
Susanne pfiff leise durch Zähne.
»Wow, der Ring ist ja der Hammer!«, rief sie begeistert aus. »Der muss ja ein Vermögen wert sein! Wenn ich alles so recht betrachte, wirst du mal eine schwer reiche Frau, Bella. Denn alles hier wirst du ja sicherlich mal erben.«
Dabei deutete sie zum Fenster raus auf den parkartigen Garten und nickte dabei mächtig beeindruckt.
»Typisch Susanne«, lachte Bella. Luca umarmte sie und gab ihr einen herzlichen Kuss auf die Wange.
»Schön, dass du mit Laura gesprochen hast und alles in Harmonie verlaufen ist. Alles andere wäre auch zu schade.«
»Ich habe aber das unbestimmte Gefühl, dass Laura noch ein anderer Kummer bedrückt. Sie machte bei unserem Gespräch, trotz der Freude über unsere Aussprache, einen etwas traurigen Eindruck. Die kleine Cora hat ihr später dann allerdings sehr gutgetan.«

Susanne erzählte nun lebhaft von der Hundeübergabe kurz hinter Basel. Sie schilderte begeistert, wie niedlich die kleinen Welpen waren, die beim Züchter im Welpenzimmer herumtollten.
»Am liebsten hätte ich sie alle mitgenommen.«
»Das glaube ich gern. Und was hast du gestern so gemacht?«, fragte Bella.
Susanne grinste die beiden spitzbübisch an.
»Nun«, sagte sie gedehnt, »ich habe den Mann meiner Träume etwas näher kennen gelernt. Dazu seine reizende Mutter und seinen niedlichen kleinen Sohn. Ich glaube, ich bin total verliebt in alle drei. Schaut mal, was ich für Luciano gekauft habe.«
Dabei hielt sie zwei Kinderbücher und einen Zauberkasten in die Höhe.
»Und dann habe ich noch eine weitere Überraschung für euch. Adrianos Mutter hat uns alle gemeinsam für heute Abend zu einem kleinen Grillfest eingeladen. Und deine Eltern und deine Schwester mit Familie werden auch dabei sein. Und wenn Marc und Laura Lust haben, sind auch sie herzlich willkommen. Was sagt ihr jetzt?«
»Das ist ja wundervoll, das freut mich aufrichtig. Ganz besonders die Sache mit Adriano.« Bella strahlte Luca an.
»Dann haben wir es ja richtig gemacht, als wir uns neulich abends verdrückt haben«, lachte Luca und umarmte Susanne.
»Mensch, wenn Adriano wieder eine glückliche Familie haben könnte, wäre das ganz toll. Er hat es wirklich verdient. Er ist so ein netter Kerl und ein ganz besonders guter Freund.«
Luca dachte an die schwierige Zeit für Adriano, als er von seiner treulosen Frau betrogen und verlassen wurde und mit einem einjährigen Kind zurechtkommen musste. Ohne die Hilfe seiner Mutter wäre das alles nicht möglich gewesen.
»Was soll ich denn anziehen, schließlich sehe ich deine Eltern heute zum ersten Mal. Da möchte ich wirklichen einen guten Eindruck machen.«
»Amore, du kannst doch anziehen, was du willst. Du wirst sowieso alle verzaubern.«

»Du Schmeichler«, sagte Bella und strich Luca durch seine dichten Haare. »Während wir Kleiderprobe machen, kannst du ja Marc und Laura schon mal fragen, ob sie heute Abend mitgehen wollen.«
»In Ordnung, ich muss sowieso noch mal ins Büro. Wir treffen uns dann heute Abend bei Adriano. Also Ciao ihr beiden und viel Spaß.«

Rückgabe des Colliers

»Übrigens«, sagte Marc zu Laura, die mit Cora auf dem Rasen spielte und immer wieder kleine Erziehungsübungen in ihr Spiel mit einbezog, »wir haben heute zufällig in Cannobio Mr. und Mrs. Belham getroffen. Sie saßen bei einem Glas Wein auf der Piazza und kommen auf der Rückfahrt wahrscheinlich kurz vorbei, um mit dir über den Schmuck zu reden. Was hast du eigentlich bisher erreicht?«
Laura schluckte und nutzte das Spiel mit Cora, um etwas Zeit für eine Antwort zu finden.
»Ich lasse mir das Collier für Bella zurückgeben und werde persönlich mit den Belhams zum Juwelier gehen. Er muss den Kaufpreis zurückerstatten, sonst werde ich ihn als Hehler anzeigen. Weiter werde ich sonst nichts unternehmen, da ich ja meinen gesamten Schmuck zurückhabe. Das ist mir sonst alles zu viel Trubel. Mit den bisherigen Untersuchungen wegen meiner Vergiftung habe ich genug zu tun. Das reicht mir!«
Marc schaute Laura verwundert an. »Aber interessiert es dich denn gar nicht, wer bei dir eingebrochen ist?«
»Ich habe mich informiert. Das war mit Sicherheit der Einbruch von einem Drogenabhängigen, der die Gelegenheit genutzt hat, als keiner zu Hause war. Die Aufklärungsrate ist gleich Null. Was soll ich mir noch weiteren Ärger einhandeln.«
»Wie du meinst«, sagte Marc achselzuckend.
»Was hat der Commissario denn bisher herausgefunden?«

»Es gibt bisher keine Anhaltspunkte. Den Apotheker trifft auf jeden Fall keine Schuld, das wurde bereits abgeklärt. Und weitere Verdächtige gibt es nicht«, log Laura und schaute verlegen unter sich. »Ich denke, dass auch hier nichts herauskommen wird und die Sache zu den Akten gelegt wird.«

»Das glaube ich auf gar keinen Fall. Schließlich handelt es sich um einen Mordversuch. So etwas kann man doch nicht einfach unter den Teppich kehren. Ich glaube, ich werde dem Commissario mal etwas Dampf machen«, meinte Marc empört.

»Kümmere du dich lieber um die ganze Abwicklung mit der Praxisübergabe, damit du diese Sache bald hinter dir hast. Ich mach das schon oder traust du mir das nicht zu?«

Laura lächelte ihn dabei bemüht keck an.

»Und ob ich dir das zutraue. Schließlich hast du eine Firma jahrelang erfolgreich geleitet. Dir trau ich alles zu«, lachte Marc und Laura war froh, dass er keine weiteren Fragen an sie stellte.

Es bedrückte sie doch sehr, ihn belügen zu müssen.

Als sie zum Haus zurückliefen, sahen sie Maria mit den Belhams vor der Villa stehen, die offensichtlich wieder einmal alles ganz wonderful fanden.

»Sieh nur, wie die beiden sich wieder zurechtgemacht haben – wie für einen Besuch bei der Queen«, meinte Marc grinsend und auch Laura musste lachen.

Mrs. Belham war wieder reichlich mit Schmuck behangen und trug ein auffallend blaues langes und luftiges Kleid mit einem farblich passenden großen Hut und ihr Gatte stand ihr in nichts nach.

Auch er war äußerst elegant gekleidet, mit einem weißen Leinenanzug und Strohhut.

»Ah, da kommen ja die Signora und der Dottore«, sagte Maria erfreut und froh, die beiden an Marc und Laura weiterreichen zu können, da sie kein Wort verstanden hatte.

Nach einer herzlichen Begrüßung lud Laura die beiden auf ein Glas Wein auf die Terrasse ein und besprach das weitere Vorgehen be-

züglich des Colliers, das Mrs. Belham bereits in einer Schatulle verpackt an Laura überreichte.
»O, ihr habt Besuch«, sagte Susanne, die plötzlich mit Bella auf die Terrasse trat.
»Kommt nur näher, das ist das Ehepaar Belham, die mein gestohlenes Collier bei einem Juwelier in Varese gekauft haben und es mir wieder zurückgeben. Alles Weitere klären wir noch diese Woche. Ich erzähle euch das dann bei Gelegenheit. Und das ist mein Besuch aus Deutschland«, zeigte Laura mit einer Handbewegung an.
»Ich bin Lauras Tochter«, sagte Bella schnell und streckte Mrs. Belham die Hand zur Begrüßung entgegen, »und das ist meine Freundin Susanne.«
Bella schaute verstohlen zu Laura hinüber, der fast das Herz stehen blieb vor Glück. Zum ersten Mal hatte Bella sich ganz offiziell zu ihr bekannt.
Marc schaute abwechselnd zu Bella, Susanne und Laura und alle hatten ein strahlendes Lächeln auf den Lippen, das nur Eingeweihte verstehen konnten.
Spontan ging er auf Bella zu und drückte sie fest an sich.
»Du bist einfach wundervoll, ganz wie deine Mutter«, flüsterte er ihr ins Ohr und gab ihr einen Kuss auf die Wange.
Maria servierte noch ein paar Snacks zum Wein und nach einer lebhaften Unterhaltung verabredete sich Laura mit den Belhams zum Ende der Woche. Bis dahin wollte sie den Juwelier aufgesucht haben.
»Wir sind übrigens heute Abend zum Grillen bei Adrianos Mutter eingeladen. Auch ihr beide seid herzlich willkommen, wenn ihr wollt. Lucas Eltern werden auch da sein.«
»Luca hat es uns schon gesagt. Da müssen wir wohl auch mitkommen, als zukünftige Schwiegereltern«, meinte Marc grinsend.
»Das ist ja schon fast wie ein großes Familienfest. Na klar, wir gehen mit. Und außerdem habe ich auch wieder mal Lust zum Ausgehen«, ergänzte Laura, die hauptsächlich Marc damit eine

Freude bereiten wollte, wohl wissend, dass demnächst genug schwere Stunden auf ihn zukamen.

Das Grillfest

»Deine Eltern sind sehr, sehr nett«, flüsterte Bella Luca ins Ohr, als sie, mit einem Glas Rotwein in der einen und einem beladenen Teller in der anderen Hand, auf den Tisch in der Ecke des Gartens zusteuerten.

Adriano hatte sich mit Susanne und Luciano zum Fußballspielen auf die andere Seite des Gartens verzogen.

Marc und Laura unterhielten sich auf der Terrasse angeregt mit Lucas Eltern und Adrianos Mutter.

Es war offensichtlich, dass sich alle bestens amüsierten, denn ihr fröhliches Lachen klang zu ihnen herüber und war nicht zu überhören.

»Wie schön, dass sich unsere Eltern so gut verstehen und so viel Spaß miteinander haben«, meinte Luca.

»Ich darf doch nun wohl unsere Eltern sagen?«, fragte er lächelnd.

»Na klar, wahrscheinlich haben sie viele Anekdoten aus vergangenen Zeiten auf Lager. Schließlich haben sie alle etwa ein Alter«, stimmte Bella zu und ließ es sich schmecken.

»Nanu, ihr Turteltäubchen. Warum verkriecht ihr euch denn so in der letzten Ecke?«

Susanne stand mit hochrotem Kopf vor ihnen und Adriano kam ebenfalls etwas echauffiert hinter ihr her.

»Puh, wir sind völlig außer Puste«, stöhnte er mit einem glücklichen Blick auf Susanne.

»Luciano kann einen ganz schön auf Trab halten.«

»Es hat aber viel Spaß gemacht! Ich wusste gar nicht, dass du so sportlich bist. Alle Achtung!«, sagte Susanne und hakte sich bei Adriano ein.

»Jetzt hab ich aber auch Hunger. Komm, wir holen uns was zu essen und setzen uns zu den beiden. Wir dürfen doch, oder?«

»Aber ja«, lachte Luca, stopfte sich dabei ein ordentliches Stück Steak in den Mund und sah den beiden lächelnd hinterher.
»Ich muss dich mal was Wichtiges fragen, Luca«, sagte Bella, als sie wieder allein waren. »Was würdest du dazu sagen, wenn wir nach unserer Hochzeit gemeinsam mit Laura und Marc in der Villa wohnen würden? Laura hat mir dieses Angebot gemacht. Und zwar hat sie uns angeboten, die komplette erste Etage zu bewohnen. Sie würde dann mit Marc in die zweite Etage ziehen – völlig getrennt. Du müsstest dann natürlich noch einmal neue Pläne machen. Laura möchte uns auf keinen Fall unsere Intimsphäre nehmen. Es müsste alles so geplant werden, dass zwei getrennte Wohnbereiche entstehen. Vielleicht mit Wendeltreppen oder so. Platz genug dürfte ja wohl da sein. Was meinst du dazu?«
Luca machte ein überraschtes Gesicht.
»Mm, das ist eigentlich ein super Angebot. Ich finde, schöner als in der Villa können wir nirgendwo wohnen. Der schöne große Garten und das wunderschöne alte Gebäude.« Er nickte bedächtig und man sah ihm an, dass er bereits erste Überlegungen für einen Umbau im Kopf hatte.
»Ja«, sagte er gedehnt, »ja, ich denke, ich könnte mich mit so einem Gedanken anfreunden. Am besten überlege ich erst mal, was man so alles aus dem Gebäude machen könnte und erstelle ein paar Pläne.«
»Das finde ich auch. Wenn ich allein an den Garten denke, geht mir das Herz auf. Und von Cora hätten wir beide auch etwas. Und unsere zukünftigen Kinder hätten ein wunderbares Umfeld, mit Hund, Oma und Opa. Das wäre schon toll.«
Bella kam so richtig ins Schwärmen.
»Da hast du Recht, Bella. Das alles würde unser Leben nur bereichern. Je länger ich darüber nachdenke, je mehr begeistert auch mich diese Idee.«
Mit voll beladenen Tellern kamen Susanne und Adriano wieder zu ihrem Tisch. Sie stürzten sich mit großem Appetit auf ihre voll beladenen Teller.

»Deine Mutter kocht fantastisch«, sagte Susanne anerkennend zu Adriano, der nur bestätigend nickte und es sich schmecken ließ. »Adrianos Mutter hat uns Unterricht in Italienisch angeboten, Bella. Was ist – machst du mit?«

Susanne schaute fragend zu Bella, die begeistert nickte. »Na klar, ich wollte sowieso in Kürze einen Kurs besuchen. Aber ich dachte, dass wir erst einmal unsere Ferien genießen sollten. Aber so, direkt hier in Intra, wäre das ja auch halbwegs Urlaub. Ja, das sollten wir unbedingt machen.«

»Ich habe auch einen ganz besonderen Grund dafür«, sagte Susanne geheimnisvoll und schaute Bella verschmitzt an.

»Wenn du so ein Gesicht machst, gibt es bestimmt eine Neuigkeit, die du mir sogleich erzählen wirst, weil du sonst platzt«, lachte Bella. »Also, erzähl schon.«

Susanne schaute zu Adriano und lächelte ihn verliebt an.

»Adriano hat mir einen Job als Anzeigen- und Werbeleiterin in seinem Verlag angeboten. Und da du ja auch bald für immer hier sein wirst und es mir hier auch super gut gefällt, dachte ich, ein Umzug nach Italien wäre auch für mich nicht übel. Also, auch ich werde meinen Job in Frankfurt aufgeben und nach Intra umziehen!«

»Das ist ja super«, riefen Bella und Luca gleichzeitig begeistert aus. »Dann wären wir ja weiter ganz nah zusammen. Mensch wäre das toll!«

Bella stand auf und umarmte Susanne und Adriano.

»Deshalb auch der Italienischunterricht!«

Susanne strahlte in die Runde und zwinkerte Bella zu, die genau verstand, was Susanne ihr damit sagen wollte. Auch Adriano strahlte.

»Ich freue mich so auf die Zukunft mit euch allen. Ich glaube, besser kann das Leben gar nicht sein«, sagte nun auch Luca und alle erhoben ihr Glas, um mit einem ›Salute‹ darauf anzustoßen.

Der Tote aus dem See

»Wir haben einen Toten und das Wrack gefunden, Signora«, sagte der Commissario am anderen Ende der Leitung. »Der Leichnam befindet sich schon in der Pathologie und wird genauestens untersucht. Wir werden eine DNA-Analyse vornehmen. Sie oder der Dottore müssen den Toten nicht identifizieren. Es wäre für Sie zu grausam, da die Leiche schon lange im Wasser lag und keinen schönen Anblick bietet. Das Ergebnis werde ich Ihnen, sobald wie möglich mitteilen. Es sieht aber alles danach aus, dass es sich um den Sohn vom Dottore handelt.«

Laura atmete schwer und konnte vor Aufregung nicht sprechen.

»Sind Sie noch am Apparat, Signora Caldini?«, fragte Commissario Ripani besorgt.

»Ja, Commissario. Entschuldigen Sie, mir wurde gerade ganz schlecht vor Schreck. Aber es war ja eigentlich nicht anders zu erwarten. Bitte geben Sie mir Bescheid, wenn Sie definitiv sicher sind, dass es sich um Roberto handelt. Alles Weitere überlassen Sie bitte vorerst mir. Ich werde, wenn es sich bestätigt, dem Dottore dann ganz behutsam diese Tatsache mitteilen. Sobald er Bescheid weiß, melde ich mich wieder bei Ihnen, damit wir die weitere Vorgehensweise besprechen können.«

Dem Commissario war nicht ganz wohl bei der Tatsache, dass er abweichend von den Vorschriften handelte. Aber, dass er ja schon bald seinen Schreibtisch räumen und in den wohlverdienten Ruhestand treten würde, stimmte ihn milder und er ließ es zu, etwas mehr Mitgefühl zu zeigen. Signora Caldini und der Dottore waren beide so nette Menschen, und warum sollte er dem Dottore noch mehr Leid als nötig zufügen. Es war kriminalistisch schließlich nicht von Bedeutung, da der vermeintliche Täter tot war.

Er strich bedächtig über seinen Bart und rief nach seinem Sergente, um mit ihm in die Pathologie zu fahren und den Fall schnellstmöglich abzuschließen.

Laura weiht Bella ein

Laura saß an ihrem Schreibtisch und blätterte in ihren alten Fotoalben.

Sie konnte die Tränen nicht zurückhalten, als sie auf einer der Fotografien den kleinen Roberto im Arm seiner Mutter entdeckte. An der Beschriftung war zu erkennen, dass er damals zehn Jahre alt war. Ein lustiger, kleiner Mann mit großen dunklen Augen, der seine Mama liebevoll anlächelte.

Nun seid ihr beide tot, dachte sie traurig. Und ich weiß nicht, wie ich es Marc beibringen soll.

Seit der Commissario heute Morgen angerufen und ihr den Tod Robertos bestätigt hatte, war sie völlig aufgelöst und voller Angst, Marc davon zu berichten.

Zum Glück war niemand außer Maria im Haus. Marc war noch einmal wegen der Praxisübernahme nach Cannobio gefahren und Bella war mit Susanne zur ersten Italienischstunde. Nur Cora lag zu ihren Füßen und leckte ab und zu ihr Bein ab.

»Komm her, meine Süße«, sagte Laura und nahm den kleinen Gordon-Setter auf den Arm, der auf seinen hohen Beinen sehr niedlich und unbeholfen aussah, und drückte ihn fest an sich.

»Du hast es gut. Du hast keine Probleme. Hund müsste man sein!«

Cora nutzte die Gelegenheit und versuchte sogleich, Laura das Gesicht abzulecken, was sie ihr lachend aber nur am Hals gestattete.

Unten fuhren laut hupend gerade Bella und Susanne vor. Beide schauten vergnügt zu ihr hoch und winkten.

Mit wohlwollenden Blicken verfolgte Laura, wie schön Bella war, und war stolz und glücklich, eine so wundervolle Tochter zu haben.

Ich werde sie um Rat fragen und ihr alles erzählen, entschloss sie sich in diesem Moment spontan. Ich brauche Unterstützung, und bestimmt kann mir Bella eine wertvolle Stütze sein, dachte sie entschlossen.

»Boungiorno, Laura. Come stai? Mi chiamo Susanne. Vengo dalla Germania. L'Italia è un paese molto bello. Mi piace molto.«

Nun mussten alle lachen.

»Das geht aber schon ganz gut«, meinte Laura. »Dann können wir uns alle ja schon bald auf Italienisch unterhalten.«
»Ich fürchte, das wird noch etwas dauern. Italienisch ist viel schwerer, als ich dachte«, meinte Bella und kraulte Cora hinter den Ohren, die sofort auf den Rücken warf und alle Beine in die Luft streckte.
»Maria, Sie können schon gleich das Essen servieren. Der Dottore kommt erst am Nachmittag wieder«, sagte Laura zu Maria, die fragend ihren Kopf zur Tür herein streckte.
Susanne war aufgekratzt und erzählte nun auch Laura lebhaft von ihren Zukunftsplänen.
»Ein bisschen tut mir mein Chef leid. Wenn ich kündige, wird er sehr enttäuscht sein. Wir hatten immer ein besonders gutes Verhältnis. Aber ich denke, er wird mich verstehen. Und meine Eltern erst – die werden staunen. Ich rufe meine Mutter heute Abend mal an und werde ihr schonend ein paar Andeutungen machen.«
»Da haben wir beide in nächster Zeit ja noch viel zu regeln«, meinte Bella.
»Wir müssen beide noch unseren Job kündigen, du musst deine Wohnung aufgeben und ich muss das mit dem Haus regeln. Wobei ich immer noch nicht genau weiß, ob ich es verkaufen soll oder nicht. Aber vermieten ist so eine Sache. Ob ich da seriöse Mieter finden würde?«
»Über die Zukunft würde ich mich gern mit dir noch einmal unterhalten. Bist du heute Nachmittag hier oder habt ihr noch etwas vor?«
»Ich wollte mich heute mal mit einem guten Buch total entspannt in den Liegestuhl legen«, meinte Susanne rücksichtsvoll, da sie spürte, dass Laura mit Bella allein sprechen wollte.
»Sehr gut, da können wir beide ja das eine und andere besprechen«, sagte Laura zu Bella, die bestätigend dazu nickte.
Nach dem Essen verzog sich Susanne diskret in den Garten, während sich Laura mit Bella auf der Terrasse niederließ.

Bella spürte sofort, dass Laura etwas Schweres auf dem Herzen lag, denn sie sah, wie nervös sie war und dass ihre Augen feucht wurden, als sie zu reden anfing.
»Bella, ich werde dir jetzt eine ganz schlimme Geschichte erzählen. Und ich bitte dich, auf keinen Fall Marc etwas davon zu erzählen. Wenn du alles weißt, wirst du mich verstehen und wissen, warum ich dich darum bitte. Es ist nämlich etwas ganz Schreckliches passiert.«
Laura nahm ihren ganzen Mut zusammen, holte tief Luft und fing an, Bella die ganze Geschichte von Anfang bis zum Ende, mit all ihren Vermutungen zu erzählen.
Sie ließ nur die Sache mit Robertos Verführung aus. Dieses Geheimnis wollte sie für immer für sich behalten und tief in ihrem Herzen vergraben. Jetzt wo Roberto tot war, musste sie auch nicht befürchten, dass Marc je davon erfahren würde.
Als sie am Ende der Geschichte angekommen war, sagte sie mit einem tiefen Seufzer: »So, nun weißt du alles. Ich brauche deine Hilfe und deinen Rat. Heute muss ich Marc sagen, dass Roberto tot ist. Das habe ich dem Commissario versprochen. Wir müssen ja auch schnellstmöglich die Beerdigung organisieren.«
Laura rannen nun dicke Tränen die Wangen hinunter, sodass Bella sofort aufsprang und sie tröstend in die Arme nahm.
»O Laura, wie fürchterlich ist das alles. Der arme Marc. Wir müssen ihn jetzt alle gemeinsam auffangen, damit er nicht wieder am Leben verzweifelt.«
»Ja, ich habe fürchterlich Angst vor dem Moment, ihm vom Tod seines Sohnes zu erzählen. Die ganze Wahrheit darf er aber auf keinen Fall erfahren, das würde ihn umbringen«, sagte Laura entschlossen.
»Darf ich Luca alles erzählen?«, fragte Bella zaghaft.
»Ja, das darfst du. Du sollst keine Geheimnisse vor ihm haben. Aber auch er muss sich verpflichten, Marc nichts zu erzählen.«
»Luca und ich haben uns schon einiges in dieser Richtung zusammengereimt. Auch Susanne hatte ihre Befürchtungen, speziell in

Richtung Drogen. Sie kennt die Symptome von einem Kollegen.«
»Ich muss blind gewesen sein«, meinte Laura und schluchzte in ihr Taschentuch.
»Ich werde Luca gleich anrufen, damit er heute Abend zum Essen da ist und uns unterstützen kann. Vielleicht ist es auch ganz gut, wenn er mit Marc, sozusagen von Mann zu Mann, spricht. Ich glaube, beide haben einen guten Draht zueinander.«
»Ausgerechnet jetzt, wo sich alles so wunderbar entwickelt hat und ich mit Marc in einen neuen Lebensabschnitt treten will. Noch nie hat mir ein Mann so viel bedeutet wie er. Er darf jetzt nicht wieder in Depressionen verfallen wie nach dem Tod von Gabriella.«
Bella wollte Laura etwas aufmuntern und erzählte ihr, dass sie mit Luca über ihren Vorschlag, in der Villa zu wohnen, gesprochen habe.
Sie sagte ihr, dass Luca sehr angetan von der Idee war und sich gleich ein paar Gedanken für einen eventuellen Umbau machen wollte.
»Das freut mich aber sehr«, sagte Laura und drückte Bella fest die Hand.
»Eine komplette Familie in diesem großen Haus, vielleicht noch mit ein paar Enkelkindern, wäre einfach herrlich. Und ich denke, dass wir uns alle sehr gut verstehen werden.«
Laura legte nun wirkungsvoll eine kleine Schatulle auf den Terrassentisch und sagte: »Hier habe ich noch etwas für dich!«
Bella verschlug es die Sprache, als sie die Box öffnete und das Smaragd-Collier sah. Sie hielt sich erschrocken die Hand vor den Mund.
»O, das ist ja ein super schönes Collier – und sicher sehr, sehr wertvoll«, sagte sie fassungslos.
»Du sollst es tragen. Es ist ein Erbstück meiner Großmutter und es soll dir Glück bringen.«
»Ist es das besagte Collier, das dir gestohlen wurde?«
»Ja, das ist es. Ich werde in den nächsten Tagen, sobald alle Ter-

mine feststehen, mit Mrs. Belham nach Varese fahren und die Angelegenheit bereinigen.«
»Da könnte ich doch mitkommen und dich unterstützen?«
»Das würdest du tun?« Laura schaute Bella dankbar an.
»Ich bin so froh, dass ich dich wiederhabe«, sagte sie leise ganz verlegen und streichelte Bellas Hand.
»Was soll ich Susanne denn sagen? Nur dass Roberto verunglückt ist oder mehr?«
»Das mit den Drogen kannst du ihr ja erzählen – mehr sollte auch sie nicht wissen. Je weniger Menschen von der Geschichte wissen, je weniger kann auch erzählt werden. Das ist kein Misstrauen gegen Susanne. Ich mag sie und ihre direkte Art sehr. Aber sicher ist sicher.«
Laura ging mit Bella nach oben. Sie wollte sich noch etwas hinlegen und Bella wollte Luca anrufen, um ihn über die schreckliche Geschichte zu informieren und um seinen Beistand zu bitten.

Susanne ist erschüttert

Luca war weniger überrascht, als Bella dachte, als sie ihm die ganze Geschichte mit Roberto erzählte.
Er war bereits gleich nach ihrem Anruf zur Villa geeilt, saß nun mit ihr in ihrem Zimmer und lauschte ihren Erzählungen. Laura hatte sich hingelegt und Susanne lag immer noch im Garten und hatte sich in ihrem Buch festgelesen, sodass sie sich ungestört unterhalten konnten.
»Dass an der ganzen Sache was faul ist, habe ich mir schon gedacht. Dass es aber so schlimm ist, wäre mir im Traum nicht eingefallen.«
»Toll ist, dass der Commissario Marc die Hintergründe verschweigen wird, da der Täter ja nicht mehr belangt werden kann. Das hat er Laura versprochen«, sagte Bella anerkennend.
»In seinen Akten wird natürlich die Wahrheit stehen, aber die wird Marc ja nicht zu sehen bekommen.«

»Wieviel will Laura Marc denn von der ganzen Geschichte erzählen?«

»Nur soviel, dass Roberto wohl die Kontrolle über sein Auto verloren hat und aus unerklärlich Gründen aus der Kurve getragen wurde und mit überhöhter Geschwindigkeit in den See gerast ist. Er muss sofort tot gewesen sein. Das konnte die Pathologie feststellen. Scheinbar ist er mit dem Kopf irgendwo aufgeschlagen. Das Fahrzeug ist dann ganz schnell gesunken. An dieser Stelle ist der See einige hundert Meter tief. Deshalb wurde er auch erst diese Woche geborgen. Er lag schon viele Tage unter Wasser. Du kannst dir vorstellen, dass seine Leiche kein schöner Anblick ist. Seine DNA wurde zweifelsfrei festgestellt, deshalb ist eine Identifizierung nicht nötig. Marc muss seinen Sohn nicht mehr ansehen.«

»Zum Glück! Das stelle ich mir schrecklich vor. Ist die Leiche denn schon freigegeben?«

»Ja, deshalb muss Laura heute Marc alles sagen, damit die Beerdigung organisiert werden kann.«

Es klopfte an der Tür.

»Darf ich hereinkommen oder störe ich das Liebesglück?«, fragte Susanne fröhlich.

»Komm nur herein, ich muss sowieso mit dir sprechen«, meinte Bella und erzählte einer völlig erschütterten Susanne nur das Nötigste über Robertos Tod. Mit kummervollen Gesichtern saßen die drei anschließend lange schweigend in Bellas Zimmer, als sie unten Marcs Auto laut hupend vorfahren hörten.

»Ach du liebe Zeit«, erschrak Bella. »Jetzt fängt das ganze Drama erst richtig an.«

»Kümmere du dich gleich um Laura, ich werde Marc erst einmal abfangen«, meinte Luca spontan und eilte nach unten, um Marc zu begrüßen und in ein belangloses Gespräch zu verwickeln.

Marc erfährt von dem Unglück

»Einen Moment bitte«, erklang Lauras zaghafte Stimme aus ihrem Zimmer, als Bella leise anklopfte. Leicht verschlafen öffnete Laura die Tür. Sie stand im Morgenmantel vor Bella und Susanne und erschrak nicht schlecht, als sie hörte, dass Marc bereits zurück sei.

»Ach du liebe Güte«, stöhnte sie aufgewühlt und griff sich spontan ans Herz. »Ihr müsst mich mit Marc für ein paar Minuten allein lassen. Ich muss es ihm zuerst allein sagen.«

Sie ging ins Bad, zog sich an und machte sich etwas frisch. Dann holte sie tief Luft, schaute entschlossen Bella und Susanne an und ging forsch hinunter zu Marc. Die beiden blieben erst einmal abwartend in Lauras Zimmer zurück.

»Hallo, amore!« Marc lachte Laura entgegen und schwenkte eine Flasche Wein. »Heute habe ich alles mit der Praxis abgehakt. Ab sofort bin ich ein freier Mann und stehe dir mit Haut und Haaren zur Verfügung. Wir müssen jetzt nur noch entscheiden, welche Möbelstücke und persönlichen Dinge ich mit zu dir nehme.« Marc war völlig aufgekratzt und lachte Laura selig an.

»Was ist denn mit dir, du freust dich ja gar nicht. Hey, deshalb musst du doch nicht gleich weinen vor Glück.«

Marc nahm Laura liebevoll in die Arme und spürte sogleich das Schluchzen und Beben ihres Körpers und plötzlich war es um Laura geschehen. Sie konnte sich nicht mehr beherrschen und weinte fürchterlich. Dabei klammerte sie sich fest an Marc, der völlig unsicher war, wie dieser Gefühlsausbruch zu deuten sei. Luca, der anfangs noch dabei stand, hatte sich diskret zu Bella und Susanne verzogen. Er wollte aber, wenn nötig, als moralische Stütze zur Verfügung stehen. Marc hielt Laura etwas von sich ab und schaute in ihr verweintes Gesicht.

»Willst du mir nicht sagen, was los ist?«

»Es ist etwas Schreckliches passiert, Marc. Und ich mache mir solche Sorgen, dass du das Geschehene nicht verarbeitest.«

»Sag schon, was ist los«, fragte Marc nun ungeduldig geworden etwas verunsichert.

»Roberto ist verunglückt!«, presste Laura heraus.
»Was heißt, verunglückt. Ist es schlimm?«
»Sehr schlimm. Er ist tot!«
Nun war der Knoten geplatzt. Die grausame Wahrheit war ausgesprochen und es kam nur noch darauf an, wie Marc diese schreckliche Nachricht verarbeitete. Marc starrte sie fassungslos an und stand schlagartig wie versteinert vor ihr. Laura war sich nicht sicher, ob er ihre Worte überhaupt richtig erfasst hatte.
»Marc, was ist mit dir?«, fragte sie deshalb zaghaft.
Von dem strahlenden Marc, den er vor einigen Minuten noch war, war nur noch ein Häufchen Elend übrig geblieben. Seine gesunde Hautfarbe wechselte in ein fahles Grau und seine Augen schauten wie ein verwundetes Reh, um gleich darauf die Arme sinken zu lassen.
Wie von einer Faust getroffen, sank er in den nebenstehenden Sessel.
Er legte seinen Kopf nach hinten und schloss die Augen. Lange war es mucksmäuschenstill im Zimmer und nur der Sekundenzeiger der kleinen Wanduhr zeigte an, dass die Zeit nicht stehen geblieben war.
»Was ist genau passiert?«
Marc presste diese Frage nur flüsternd heraus. Laura spürte, dass es ihm schwerfiel, überhaupt den Mund zu öffnen.
»Er war wohl auf dem Weg zu uns, hat scheinbar zu schnell eine Kurve genommen und ist geradeaus in den See gestürzt. Er war sofort tot.«
»Wo ist er?«, fragte er mit kaum hörbarer erstickter Stimme.
»Er ist noch in der Pathologie. Sie haben ihn eindeutig identifiziert. Wir müssen ihn dort nicht mehr anschauen und sollen uns nur noch um die Beerdigung kümmern.«
Laura griff nach Marcs Arm und hielt ihn fest umschlungen.
»Marc, es tut mir so leid.«
Sie setzte sich auf die Armlehne und nahm seinen Kopf in beide Hände.

»Bitte, amore, schau mich an. Ich liebe dich und bin immer für dich da, vergiss das nicht«, flehte Laura ihn an.
»Ja, ich weiß«, flüsterte Marc.
»Aber ich muss jetzt für einen Moment allein sein. Das verstehst du doch?«
»Natürlich«, meinte Laura, etwas enttäuscht darüber, dass er sie in seinen Schmerz nicht mit einbezog.
Marc stand auf und ging blass und völlig abwesend nach oben in sein Zimmer, das er zuvor nie benutzt hatte.
Er starrte lange auf das Bild von Gabriella, das ihm Laura gleich zu Anfang ihrer Beziehung auf den Nachttisch gestellt hatte.
Cora, die ihm gefolgt war, legte sich zu seinen Füßen und kuschelte sich eng an ihn.

Marc ist völlig fertig

Maria klopfte leise an Lauras Tür. Sie wusste bereits von Luca, was geschehen war und konnte sich denken, dass der heutige Tag nicht so fröhlich verlaufen würde, wie all die vergangenen Tage.
»Signora, darf ich stören. Ich wollte wissen, ob und wann ich das Abendessen servieren soll?«
Laura schloss so leise wie möglich die Tür und machte Maria mit Gesten Andeutungen, dass der Dottore in seinem Zimmer sei und die Nachricht erst einmal verarbeiten musste.
Sie schaute etwas hilflos in die Runde und fragte, ob wie immer um acht Uhr gegessen werden soll. Da alle nur zustimmend nickten, sagte sie flüsternd: »Decken Sie wie immer, Maria – für acht Uhr – auch für den Dottore. Vielleicht kommt er ja zum Essen.«
Maria ging so lautlos wie möglich wieder nach unten und Laura erzählte weiter, wie Marc auf die Nachricht reagiert habe.
»Marc ist völlig fertig. Ich denke, dass ich in einer halben Stunde wieder versuche, mit ihm zu reden«, sagte sie mit einem traurigen Gesicht. »Ich hoffe, dass er wenigstens eine Kleinigkeit zu Abend isst.«

»Mach dir keine zu großen Sorgen, Laura, wir werden ihn alle gemeinsam schon wieder auffangen. Alles wird gut!«
Luca streichelte Laura liebevoll über die Wangen.
»Ich danke euch allen für euren Beistand und kann gar nicht genug sagen, wie froh ich bin, euch um mich zu haben.« Laura schaute dabei besonders Bella an, die ihr aufmunternd zulächelte.
»Am besten, ihr geht jetzt auf eure Zimmer. Ich versuche, Marc zwischenzeitlich wieder zu sprechen. Wir sehen uns dann alle beim Essen wieder.«

Umbaupläne

»Nun bist du nicht mehr allein, Gabriella. Roberto ist jetzt bei dir«, flüsterte Marc und schaute das Bild in seinen Händen an. Eine strahlende Gabriella lächelte ihm zu.
Er konnte sich genau daran erinnern, wann das Bild gemacht wurde. Sie saßen vergnügt in ihrem kleinen Garten in Cannobio und Roberto wurde damals zwölf Jahre alt. Es war sein Geburtstag und Gabriella hatte ihm einen Fotoapparat geschenkt. Es war eines von vielen Geschenken, die Gabriella besorgt hatte. So wie sie einfach für fast alles in ihrer Ehe zuständig war. Und das Foto war eines der ersten Bilder, die Roberto mit seiner neuen Kamera gemacht hatte.
Gabriella und Roberto hatten immer eine besonders innige Beziehung. Robertos ganze Liebe galt stets seiner Mutter und nicht ihm. Nicht, dass er seinen Vater nicht geliebt hätte und umgekehrt. Aber so richtig nahegekommen waren sie sich eigentlich nie.
Für Marc stand der Beruf stets im Vordergrund und Roberto musste sich damit abfinden, dass mehr über Marcs Patienten gesprochen wurde, als über seine kindlichen Probleme.
Auch nach Gabriellas Tod kamen sie sich nicht wirklich näher. Marc vergrub sich in seinem Schmerz und Roberto entfernte sich immer mehr von ihm, auch schon deshalb, weil er ja nicht mehr zu Hause wohnte, sondern in Milano studierte.

Eigentlich wusste er nur sehr wenig über seinen Sohn. »Ich habe alles falsch gemacht, Gabriella«, flüsterte er dem Foto zu. »Und nun ist es zu spät!«

Seine Augen füllten sich mit Tränen. Gerade heute, wo er so optimistisch in die Zukunft geschaut hatte, traf ihn wieder ein schrecklicher Schicksalsschlag. Aber diesmal bin ich nicht allein, dachte er dankbar. Ich habe Laura an meiner Seite, die mich liebt und die ich liebe. Allein schon ihr zuliebe muss ich mich zusammenreißen. Sie hat genug in letzter Zeit durchgemacht. Fast hätte ich auch sie noch verloren. Nicht auszudenken!

Marc stellte Gabriellas Foto zurück auf den kleinen Tisch und wischte sich die Tränen ab.

»Du und Roberto, ihr werdet immer einen Platz in meinem Herzen haben«, flüsterte er traurig. Aber seine Zukunft hieß Laura. Und sie hatte er bestimmt verletzt, als er ihr sagte, allein sein zu wollen. Schließlich gehörten sie jetzt für immer zusammen.

Entschlossen ging er zur Tür und öffnete sie, als Laura plötzlich vor ihm stand.

»Ich wollte gerade anklopfen. Darf ich reinkommen?«

Marc sagte kein Wort. Stürmisch schloss er Laura in seine Arme und zog sie ins Zimmer.

»Entschuldige, entschuldige«, konnte er nur noch flüstern und nun gab es für ihn kein Halten mehr. Laut weinend drückte er Laura fest an sich und sie streichelte ihn und küsste seinen Nacken.

»Nun hab ich nur noch dich, amore. Verlass mich nie, ich bitte dich!«, flehte er.

Laura küsste ihn und wischte mit einem Taschentuch seine Tränen weg.

»Marc, mein Liebling. Weine ruhig, das hilft dir. Auch ich bin sehr, sehr traurig. Das weißt du. Und Bella, Susanne und Luca auch. Auch sie werden dir zur Seite stehen und sind für dich da. Wir sind jetzt alle eine große Familie.«

Lauras Herz quoll über vor lauter Liebe und ihre Freude darüber, dass Marc sich ihr öffnete, überwog ihre Trauer. Eng umschlungen

legten sie sich auf Marcs Bett und Laura streichelte ihn solange, bis er eingeschlafen war. Dann löste sie sich vorsichtig aus seinen Armen und verließ ganz leise das Zimmer, um alle Formalitäten für die Beerdigung in die Wege zu leiten.
Die nächsten Tage verliefen ruhig und waren der Trauer angemessen. Laura hatte alles bestens organisiert und Robertos Beerdigung fand wenige Tage nach seinem Auffinden statt. Er wurde im Familiengrab in Cannobio beigesetzt und viele Freunde und Bekannte der Familie waren auf seinem letzten Weg dabei.
Wie schon bei Gabriella, erhielt Marc viel Anteilnahme aus der Bevölkerung und Laura übernahm es, allen ein Dankschreiben zukommen zu lassen.
Marc fühlte sich wieder etwas besser. Aber man konnte ihm ansehen, dass er in Gedanken immer und immer wieder bei seinem verstorbenen Sohn war und darüber nachgrübelte, wie er diesen schrecklichen Unfall hätte verhindern können.
Er wollte unbedingt noch einmal selbst mit dem Commissario sprechen. Obwohl Laura ihm mehrfach versichert hatte, dass er auch nicht mehr erfahren würde, als er ohnehin schon wusste. Ja, sie hatte ihn fast angefleht, alles auf sich beruhen zu lassen und Robertos Tod als Schicksalsschlag zu akzeptieren.
»Was nützt es denn, wenn du weiter in der Sache herumwühlst und keine Ruhe findest. Roberto ist so oder so tot«, sagte sie zu ihm und schaute ihn dabei, wie er fand, etwas merkwürdig an.
Aber er konnte einfach nicht einsehen, dass Roberto, der die Uferstraße in- und auswendig kannte und ein guter Fahrer war, geradeaus in den See gefahren sein soll. Hier stimmte für ihn etwas nicht. Sollte er vielleicht alkoholisiert gewesen sein?
Er musste einfach Gewissheit haben und wollte deshalb den Commissario noch einmal aufsuchen. Laura wollte er vorerst nichts davon erzählen.
Alle im Haus bedachten ihn mit großer Fürsorge und waren auf eine behutsame Weise besonders nett zu ihm.

Die Abreise der beiden Frauen zurück nach Deutschland rückte immer näher. Laura wollte unbedingt vorher noch Lucas Pläne für den Hausumbau sehen, damit sie und Marc für die Zeit bis Bella wieder kam, etwas zum Planen hatten.
»Das wird ihn vielleicht wieder auf andere Gedanken bringen und etwas aufmuntern«, meinte sie zu Luca, der bereits einige Pläne angefertigt, aber auch schon wieder verworfen hatte.
»Ich werde mit Bella meinen derzeitigen Plan heute Abend besprechen und morgen mitbringen. Dann können wir gemeinsam mal alles durchsprechen und jeder kann seine Ideen einbringen. Ich denke aber, dass alles ganz toll werden kann. Platz ist ja genug vorhanden.«
Luca strahlte Laura glücklich an.
»Für dein Angebot, bei dir zu wohnen, habe ich mich noch gar nicht bedankt. Der Gedanke, hier leben zu dürfen, ist einfach großartig. Hier in diesem schönen, alten Haus.«
»Das ist auch für uns eine Freude, glaube mir. Marc fand die Idee auch sehr gut. Und außerdem wird Bella ja sowieso alles hier eines Tages erben.«
Laura lächelte ihn freundlich an.
»Und ich hoffe, dass hier bald auch ein paar Enkelkinder herumtoben und ihre Großeltern etwas in Anspruch nehmen. Das würde mich sehr glücklich machen. Du siehst, so ganz uneigennützig ist das gar nicht.«
»An mir soll's nicht liegen«, lächelte Luca verschmitzt und zeigte dabei seine wohlgeformten Zähne. »Zwei bis drei dürfen es meinetwegen schon sein.« Bella kam hinzu und setzte sich auf seinen Schoß.
»Habe ich dir eigentlich schon erzählt, wie wir beide den Juwelier fertiggemacht haben?«
Sie grinste siegessicher zu Laura hinüber, die sich ebenfalls ein Lächeln nicht verkneifen konnte.
»Ja, das war toll, wie Bella es geschafft hat, ihn mit ihren wenigen Italienischkenntnissen völlig einzuschüchtern. Du glaubst ja gar

nicht, wie schnell der das Geld für die Kette wieder herausgerückt hat. Dem lief der Angstschweiß nur so die Wangen herunter.«
Beide lachten und Luca machte ein beeindrucktes Gesicht.
»Wir haben dann den Belhams das Geld gleich zurückgegeben. Die haben übrigens ein sehr schönes Haus in Laveno und wollen demnächst einen kleinen Umbau vornehmen und ihren Garten neu anlegen. Was glaubst du, wen ich da empfohlen habe?«
Bella schaute Luca kess an und wartete auf seine Reaktion.
»Nun, wenn du so keck fragst, kann ich es mir vielleicht schon denken. Solltest du etwa das nette Ehepaar Bella und Luca Stefani empfohlen haben?
»Genau!« Bella strahlte. »Das war mein erster geschäftlicher Erfolg für uns beide. Ich habe den Belhams zugesagt, dass ich ab Herbst zur Verfügung stehe und habe mir auch schon eine Skizze des Gartens gemacht und ihre speziellen Wünsche notiert. Und du könntest ja in den nächsten Tagen mit ihnen Kontakt aufnehmen. Sie warten auf deinen Anruf.«
»Ich sehe schon, mit dir an meiner Seite, kann eigentlich nichts mehr schief gehen.« Luca zog Bella zu sich heran und küsste sie herzlich auf den Mund.
»Ich denke, wir fahren jetzt so langsam nach Intra und sprechen noch einmal die Pläne für den Umbau der Villa durch, bevor wir zu Adriano und Susanne fahren. Sonst wird alles etwas zu knapp. Der Tisch im Ristorante ist für acht Uhr reserviert. Adriano hat uns ins ›Milano‹ eingeladen, weißt du«, sagte er zu Laura gewandt. »Er will sozusagen ein Abschiedsessen für die Mädchen geben. Maria habe ich schon Bescheid gesagt.«
»Schön, dass die beiden sich auch so gut verstehen. Eigentlich ist alles im Moment ganz wundervoll – bis auf die traurige Geschichte mit Roberto.«
Laura lächelte zaghaft und man sah ihr ihre Sorge um Marc an.
»Du wirst sehen, Marc wird auch diese schwere Zeit überstehen. Er hat jetzt ja dich.«
Bella beugte sich zu Laura hinüber und drückte sie fest an sich.

Wie schön beide sind, dachte Luca und schaute Laura und Bella bewundernd an.
Er musste blind gewesen sein! Jetzt war es für ihn ganz offensichtlich, dass es sich um Mutter und Tochter handelte.
Beide hatten dunkle, glänzenden Haare, schöne braune Augen, eine schlanke Figur, und auch im Profil war nicht zu übersehen, dass verwandtschaftliche Beziehungen bestanden. Und erst ihr Lachen. Es war, als ginge die Sonne auf. Wie konnte er das anfangs überhaupt übersehen haben. Ein Glücksgefühl durchströmte ihn und er wusste gar nicht, wie er die nächste Zeit ohne Bella überleben sollte.
Laura schaute ihm in die Augen und konnte seine Gedanken erraten.
»Du wirst sie schon bald wiederhaben«, sagte sie und fügte leise hinzu, »und ich auch.«

Marc kann es nicht fassen

Marc war völlig aufgelöst. Schweiß stand auf seiner Stirn, sein Herz raste wie wild und er hatte Mühe, tief durchzuatmen. Er dirigierte seinen Wagen unbewusst in Richtung Val Grande, weg von dem geschäftigen Treiben Intras. Er musste einfach allein sein. Und hier, keine zehn Kilometer landeinwärts in der menschenleeren Wildnis, in der er nur das Rauschen des Baches im Ohr hatte und den weiten blauen Himmel über sich, wollte er allein sein und seine Gedanken erst einmal ordnen.
Was ihm der Commissario, nach anfänglichen Weigerungen, nun doch alles erzählt hatte, war wie ein Schlag ins Gesicht. Sein Sohn, sein eigen Fleisch und Blut, wollte Laura töten! Es war einfach nicht zu fassen! Wie konnte es nur so weit mit ihm gekommen sein. Und er hatte von alledem nichts bemerkt. Und Laura hatte dies alles vor ihm verschwiegen. Wie sollte er ihr denn noch in die Augen schauen? Er parkte sein Fahrzeug an der Alpe Ompio und machte sich auf den Weg Richtung Monte Faiè, einem Ausläufer

der Gebirgskette, die sich fast zwei Kilometer hoch über dem Valle d'Ossola aufbaute.
Diese Wanderung hatte er früher bei schönem Wetter mit Gabriella des Öfteren gemacht und immer wurden sie auf dem Gipfel des Colma di Vercio mit einem grandiosen Ausblick auf den Lago Maggiore belohnt. Aber heute interessierte ihn die Schönheit der Landschaft herzlich wenig. Ganz unbewusst war er an diesen Ort der Wildnis und Stille gefahren. Nachdem die steilen Hänge vor einem halben Jahrhundert abgeholzt wurden, tummelten sich hier nur noch Echsen und Schlangen und hoch oben kreiste auch wieder der Adler. Die meisten Almhütten waren verlassen. Einige neue Besitzer hatten die alten Steinhäuser meist zu Ferienhäuschen ausgebaut und nutzten diese nur an den Wochenenden und in den Ferien.
Heute jedoch wollte er nur bis zum Rifugio Antonio Fantoli wandern, um dort einzukehren und ein Glas Wein und etwas Käse zu sich zu nehmen. Vom Parkplatz aus führte ihn der von Mauern eingefasste Weg in mäßigem Anstieg hinauf. Bereits nach wenigen Minuten jedoch musste er sich in den Schatten eines Baumes setzen, da ihm die ganze Aufregung der letzten Stunden und die heiße, schwüle Luft den Atem nahmen, sodass er völlig außer Puste war. Erst jetzt fiel ihm auf, dass er sein Handy im Fahrzeug vergessen hatte. Aber egal, es war ihm ohnehin nicht nach Reden zumute. Erst musste er seine Gedanken ordnen und eine Entscheidung treffen.
Ich bin an allem schuld. Ich habe mich nicht genug um Roberto gekümmert, sonst wäre so etwas nie passiert. Es herrschte kein Vertrauen zwischen uns, andernfalls wäre er mit seinen Problemen zu mir, seinem Vater, gekommen. Es hätte mir doch auffallen müssen, dass er Kokain nimmt, schließlich bin ich nicht nur sein Vater, sondern auch Arzt. Und war es nicht auch so, dass er bei seinem letzten Besuch so schlecht aussah. Ich hätte dem nachgehen müssen.
Seine Selbstvorwürfe nahmen kein Ende. Immer wieder hatte er

die Worte von Commissario Ripani im Ohr: »Ihr Sohn wollte Signora Caldini vergiften!« Er schloss die Augen und wischte sich mit einem Taschentuch sein schweißnasses Gesicht ab. Wie der Commissario ihm sagte, soll Roberto gewusst haben, dass Laura ihn zum Alleinerben eingesetzt hatte und auch, dass sie ihr Testament ändern wollte. Natürlich zugunsten von Bella, wie er wusste.
Und deshalb wollte er sie umbringen? Damit sie ihr Testament nicht mehr ändern konnte? Aber er hätte ihm doch auch mehr Geld gegeben, wenn er nur etwas gesagt hätte.
Wie konnte sich Roberto nur so verändert haben? Ihm wurde ganz schwindelig von den vielen unbeantworteten Fragen.
Diese verfluchten Drogen waren die Ursache allen Übels, das stand für ihn fest.
Eine Gruppe junger Männer in Wanderausrüstung kam an ihm vorbei und grüßte freundlich zu ihm hinüber. Einer der Burschen ging auf ihn zu und fragte, ob es ihm nicht gut ginge und ob er etwas für ihn tun könne.
»Nein, danke, mir ist nur etwas heiß«, antwortete Marc, »ich gehe gleich weiter.«
Als die jungen Leute nicht mehr zu sehen waren, lief er weiter bergauf und erreichte schon bald das Rifugio Fantoli. Dort setzte er sich an einen der einfachen Tische im Schatten der gewaltigen Maronibäume und bestellte sich einen halben Liter Wein mit etwas Käse.
Was Laura nun wohl von ihm denken mag? Wie sollte er ihr je wieder unbefangen in die Augen schauen? Warum hatte sie ihm die ganze Wahrheit verschwiegen? Fragen über Fragen quälten ihn und er fand keine Antworten.
Der kühle Wein rann wohltuend durch seine trockene Kehle und tat ihm gut und auch der würzige Käse dazu schmeckte vorzüglich.
»Bringen Sie mir bitte noch einen halben Liter«, zeigte er der Bedienung an und hob die leere Karaffe in die Höhe.
Nun fühlte er sich schon nicht mehr ganz so deprimiert und der Wein schmeckte mit jedem Schluck besser.
Laura, geliebte Laura, kannst du mir jemals verzeihen, dass ich

einen solchen Sohn hatte, fragte er sich bei jedem Schluck und bestellte gleich darauf die nächste Karaffe.

Wo ist Marc?

»Es tut mir leid, Signora Caldini, ich konnte leider nicht verhindern, dem Dottore die Wahrheit zu sagen, er hätte sonst den Untersuchungsbericht vom Staatsanwalt angefordert. Er war erst ziemlich wütend, als ich ihm sagte, dass ich die Akte geschlossen habe, ohne ihn vorher ausführlich zu informieren.«

Ripani hob bedauernd die Schultern, klemmte sich mit der einen Schulter den Hörer ins Ohr und wischte sich mit seinem Taschentuch die Stirn ab.

Schon seit Tagen herrschte eine unerträgliche Schwüle mit einer sehr hohen Luftfeuchtigkeit, wie so oft hier am Lago. Alle warteten auf ein erlösendes Gewitter und hofften auf etwas Abkühlung. Er freute sich schon auf die Kühle der Berge, in die er nächste Woche reisen wollte.

Ein Stöhnen war aus der Leitung zu hören. »Sind Sie noch dran, Signora«, fragte er besorgt.

»Ja - o mein Gott! Wie hat er die Wahrheit denn aufgenommen und was genau haben Sie ihm gesagt?«

»Nur soviel, dass sein Sohn unter dem Einfluss von Kokain in den See gefahren und ertrunken ist. Und dass, das musste ich ihm zu meiner eigenen Sicherheit sagen, Roberto versucht hat, sie zu vergiften. Das müssen Sie verstehen, Signora. Wenn sich der Dottore an meinen Vorgesetzten wenden würde, was er angedroht hat, hätte ich ziemlich viel Ärger am Hals. Ich bitte Sie dafür um Verständnis.«

»Natürlich, Commissario, das kann ich verstehen. Und was hat der Dottore daraufhin gesagt?«

»Eigentlich sehr wenig. Er wurde ganz blass und bat um ein Glas Wasser. Dann ist er ganz plötzlich aufgestanden und davongelaufen. Ist er denn noch nicht zu Hause?«

»Nein. Um wieviel Uhr war das denn?«
»Das war heute Vormittag, so gegen 11.30 Uhr. Ich hatte danach eine längere Besprechung und musste zu einem dringenden Fall nach Suna. Gleich darauf habe ich Sie angerufen.«

»Aber das ist ja schon über vier Stunden her. Er müsste längst wieder da sein. Ich mache mir große Sorgen, Commissario.«
»Wahrscheinlich will er erst einmal allein sein. Das ist doch verständlich. Das Geschehene wird er verdauen müssen. Geben Sie ihm noch etwas Zeit, Signora. Sollte er bis heute Abend noch nicht zurück sein, können Sie mich gern noch einmal anrufen. Ich gebe Ihnen sicherheitshalber meine Handynummer.«
Laura notierte sich seine Nummer und legte nachdenklich den Hörer auf.
Was Marc nun wohl machen wird, fragte sie sich besorgt. Vielleicht hätte sie ihm doch die ganze Wahrheit erzählen sollen. Ohne die Details mit dem Einbruch zu erwähnen. Sicherlich schämte er sich jetzt sehr für seinen Sohn. Vielleicht hatte er auch das Vertrauen zu ihr verloren, weil sie ihm nicht alles erzählt hatte. Wo konnte er nur sein? Sie konnte vor lauter Sorgen ihre Tränen nicht mehr zurückhalten und schniefte in ihr Taschentuch.
Wut stieg in ihr auf. Wie konnte ihnen Roberto dies alles nur antun. Er war doch einst so ein lieber Junge. Sie war immer der Meinung gewesen, dass sie eine tiefe Freundschaft verband. Aber er hatte sein Leben wissentlich zerstört. Es durfte nicht sein, dass er auch noch das Leben seines Vaters kaputtmachte.
Krampfhaft überlegt sie, wo Marc sein könnte. Aber es schien ihr sinnlos, aufs Geratewohl nach ihm zu suchen. Sie musste erst einmal abwarten.
Leider war Geduld nicht eine ihrer Tugenden. Sie wählte seine Handynummer und wartete voller Ungeduld darauf, dass er sich melden würde. Aber nach mehrmaligem Klingeln vernahm sie nur seine Mailbox. Sie bat ihn dringend um Rückruf. »Marc, bitte melde dich. Wir machen uns große Sorgen. Ich liebe dich, vergiss

das bitte nicht!«, sagte sie zum Schluss und legte enttäuscht den Hörer auf.
Sie überlegte, wie sie sich etwas ablenken könnte. Für einen Gartenrundgang war es zu heiß und Bella und Susanne waren nicht da. Mit ihnen hätte sie über ihre Probleme sprechen können.
Sie nahm die vor sich hin dösende Cora aus ihrem Körbchen, das zu Füßen ihres Schreibtisches stand und drückte den kleinen Hund fest an sich.
»Hoffentlich wird alles gut, meine kleine Cora«, flüsterte sie.
Sie ging mit ihr hinunter in den Garten und setzte sich in einen der gemütlichen Gartenstühle im Schatten der großen Pinie. So hatte sie die Zufahrt zur Villa besser im Blick und konnte sofort sehen, wenn Marc zurückkam.
Cora rannte derweil eifrig schnuppernd über die Wiese, bevor sie sich in einer Ecke mit vielen Stauden niederließ, um ein kleines Bächlein zu machen.
Das muss ich ihr noch abgewöhnen, dachte Laura. Sie muss lernen, wie Pero, ihre Toilettenecke zu benutzen.
Aber das hatte im Moment noch Zeit, sie hatte jetzt wirklich andere Sorgen.

Lucas Pläne

»Deine Pläne finde ich großartig«, sagte Bella und lächelte Luca zu, der gerade in seiner Küche stand und eine gut gekühlte Flasche Wein öffnete.
Sie hatten sich nachmittags in seiner Wohnung verabredet, um seine Vorschläge für den Umbau der Villa durchzusprechen. Luca bastelte sogar in aller Eile noch ein einfaches Modell zusammen, damit Laura und Marc, die ja mit Bauplänen im allgemeinen wenig zu tun hatten, seine Ideen anschaulicher beurteilen konnten.
»Ja, ich denke, dass alles sehr stimmig ist«, meinte er zustimmend und reichte Bella ein Glas.

»Auf uns, amore«, sagte er und küsste sie auf den Mund. »Auf unsere Zukunft, die bestimmt ganz wunderbar wird.«
Bella strahlte ihn an und in ihrem Blick lag so viel Wärme und Zuneigung, dass es ihm ganz warm ums Herz wurde. Niemals zuvor war er so glücklich und zufrieden gewesen.

»Ich denke Laura und Marc werden deine Vorschläge auch sehr gut gefallen. Das Haus ist für beide eigentlich viel zu groß und ist nur zur Hälfte bewohnt. Gut finde ich auch deine Ideen mit den vielen Einbauschränken. So kann man die Wohnungen viel individueller möblieren und einzelne Stücke besser hervorheben. Und praktisch ist es außerdem.«
Bella stand vor dem kleinen Modell und nickte wohlwollend.
»Ich freue mich schon riesig auf den Umbau und das Einrichten.«
»Ja, ich auch! Wenn wir Glück mit den Handwerkern haben, kann alles ganz schnell gehen und wenn du wieder da bist, können wir schon bald nach Milano fahren und die besten Möbelgeschäfte aufsuchen. Du wirst staunen, was die für tolle Sachen haben.«
»Nun, da werde ich wohl mein Konto etwas plündern müssen«, meinte Bella lachend und dachte an ihr dickes Guthabenkonto.
»Nein, das kommt überhaupt nicht infrage. Wenn wir schon bei Laura kostenlos wohnen können, ist es für mich selbstverständlich, dass alle Möbel von mir bezahlt werden. Sonst käme ich mir ziemlich blöde vor. Das verstehst du doch, oder?«
»Ich denke, wir werden uns da schon einig. Schließlich sind wir ja bald verheiratet und wirtschaften aus einer Kasse, nehme ich an.«
Luca sah auf die Uhr und packte alle Pläne und das kleine Modell zusammen und ging hinunter zu seinem Wagen. Er verstaute alles, während Bella die Küche noch etwas aufräumte. Sie wollten anschließend noch Susanne und Adriano abholen, um mit ihnen gemeinsam den vorletzten Abend zu verbringen.
Für morgen Abend hatte Laura ein großes Abschiedsessen vorgesehen, zu dem auch Adriano eingeladen war.
Maria war schon eifrig dabei, alles vorzubereiten und Alfredo hatte

in der Loggia bereits den großen Tisch aufgestellt, auf dem die festliche Tafel gedeckt werden sollte. So konnte auch ein Regenschauer der kleinen Feier nichts mehr anhaben.
Bella überprüfte ihr Aussehen im Badezimmerspiegel. Sie hatten beide kurz vorher noch einmal gemeinsam in Lucas großer Dusche geduscht. Dabei waren sie, wie immer, wenn sie sich so nah waren, von ihrer Leidenschaft überwältigt worden und hatten sich stürmisch unter der warmen Dusche geliebt.
Danach waren sie für kurze Zeit auf Lucas Bett eng umschlungen eingeschlafen.
Bella lächelte ihr Spiegelbild glücklich an.
»Wer hätte das vor Kurzem noch gedacht. Du bist ein Glückspilz, Bella«, sagte sie zu sich selbst. Sie strich sich mit dem Finger noch etwas Lidschatten auf und zog ihre Lippen mit einem pinkfarbenen Lippenstift nach.
»Bene«, sagte sie, warf ihrem Spiegelbild einen Kuss zu. Sie verließ die Wohnung, um zu Luca zu eilen, der im Auto bereits auf sie wartete.

Der Sturz

Der Himmel verfinsterte sich und ein frisch aufkommender Nordwind blies heftig über die rauen Felsenklippen des Monte Faiè. Ein Wetterwechsel stand bevor. Es veranlasste die kleine Wandergruppe, umzukehren, zurück zu der ehemaligen Lastenschwebebahn hoch über dem Valle d'Ossola. Vorbei an den verfallenen Hütten und dem grandiosen Ausblick in das Tal.

Sie hatten es eilig, denn keiner von ihnen wollte ein Gewitter in den Bergen erleben. Eines jener gewaltigen Naturschauspiele, die in der Region gefürchtet waren.
Von den vielen Eidechsen, die ihren Aufstieg begleitet hatten, war nichts mehr zu sehen. Wahrscheinlich spürten sie das aufkommende Gewitter und hatten sich in ihre Löcher zurückgezogen.

Lediglich das Rascheln vertrockneter Blätter, die wegen der Hitze der vergangenen Tage frühzeitig gefallen waren, und das Rauschen der wenigen Buchen, die einst den ganzen Berg bedeckten, war in dieser Einöde zu hören.
Der zunehmende Wind, mit einem Himmel voll dunkler Wolken, zeigte an, dass ein Gewitter bevorstand.
Kaum hatten sie das Rifugio Fantoli hinter sich gelassen, trat einer der jungen Männer zur Seite, um seine Notdurft hinter einer Buche zu verrichten.
»Kommt mal alle hierher«, rief der junge Mann plötzlich aufgeregt seinen Kameraden aus der Wandergruppe zu.
»Hier liegt einer, der sieht wie tot aus!«
Die anderen Männer kamen schnell angerannt. Sie schauten ratlos und betroffen auf den älteren Mann, der offensichtlich einen kleinen Abhang hinuntergestürzt war. Eine blutende Kopfwunde ließ vermuten, dass er sich den Kopf an einem Felsbrocken aufgeschlagen hatte.
Einer der Männer beugte sich zu ihm hinab und prüfte, ob noch ein Lebenszeichen festzustellen war.
»Ich glaube, der atmet noch. Wahrscheinlich ist er nur ohnmächtig«, sagte er aufgeregt.
»Der hat auch eine riesige Alkoholfahne. Sicher ist er betrunken hier abgestürzt. Wir müssen sofort die Ambulanz bestellen.«
Sein Freund hatte bereits sein Handy hervorgeholt und wählte die Nummer der Notarztzentrale.
»Mit dem Fahrzeug können die aber nicht hier ranfahren«, meinte der andere und beschrieb ihm genau die Stelle, an der sie sich befanden, damit er sie der Notarztzentrale mitteilen konnte.
»Zum Glück ist es nicht weit bis zu Parkplatz. Wir könnten ihn vorsichtig dorthin tragen. Es sind nur wenige Minuten.«
»Der saß doch heute Mittag im Schatten eines Baumes und ich habe ihn gefragt, ob ihm etwas fehlt. Könnt ihr euch daran erinnern?«
»Ja, da war er aber noch völlig nüchtern und normal. Wahrschein-

lich hat er bei Fantoli ein Glas zu viel getrunken. Komm, wir tragen ihn langsam zum Parkplatz.«

»Nein, lieber nicht. Er könnte innere Verletzungen haben. Das sollte lieber die Ambulanz machen. Die werden sicher bald da sein.«

Es dauerte nicht lange, da hörten sie die laute Sirene der Ambulanz und kurz darauf kamen ein paar Männer mit einer Trage angerannt. Auch sie hatten mit der schwülen Hitze zu kämpfen und schnauften nicht schlecht, als sie am Unfallort ankamen. Einer von ihnen war der Arzt, der den Verletzten eingehend untersuchte und dann anordnete, ihn auf eine Trage zu legen und zum Fahrzeug zu transportieren.

»Was fehlt ihm denn?«, fragte der, der ihn zuerst gesehen hatte.

»Sieht nach einer Gehirnerschütterung aus. Er ist ohnmächtig. Wir müssen ihn in der Klinik auf innere Verletzungen untersuchen. Kennen Sie den Mann? Wir brauchen seine Identität.«

»Tut uns leid, den Mann kennen wir nicht. Aber wir haben ihn bereits gesehen, als wir aufgestiegen sind. Uns fiel ein Fahrzeug auf dem Parkplatz auf, das ihm gehören könnte.«

»Wir werden sehen. Wir schauen noch einmal in seiner Jackentasche nach. Vielen Dank für Ihren Anruf«, verabschiedete sich der Notarzt und lief seinen Helfern zum Parkplatz hinterher.

Auch die jungen Männer schlugen den Weg in Richtung Parkplatz ein, der nur noch wenige Minuten entfernt war.

»Hier Dottore, dieses Fahrzeug stand auch schon heute Mittag hier. Es dürfte dem Verletzten gehören. Wir haben nämlich sonst niemanden auf unserer Wanderung getroffen.«

Dabei deuteten sie auf das Fahrzeug am Rande des Parkplatzes, grüßten und liefen weiter Richtung Santino.

Der Notarzt griff in die Jacke des Verletzten und suchte nach seinen Papieren, die er in der Innentasche fand und prüfend ansah.

»Sieh an, ein Kollege! Dottore Sautter aus Cannobio«, sagte er zu seinen Helfern.

Er suchte in der Hosentasche und fand tatsächlich den passenden

Autoschlüssel zu dem nebenstehenden Fahrzeug.
»Fabiano, fahr du mit dem Auto des Dottores hinter uns her zum Krankenhaus. Ich versuche zwischenzeitlich, einen Angehörigen zu erreichen.«
Und schon stellten sie ihre laute Sirene wieder an und fuhren mit hohem Tempo zurück nach Intra ins Krankenhaus.

Marc wird gefunden

Laura hielt es einfach nicht mehr aus. Maria, der sie alles kurz erzählt hatte, war ebenfalls mit ihren Nerven am Ende und fragte unentwegt, ob sie irgendwie helfen könne. Das machte Laura nur noch nervöser und sie bereute, Maria überhaupt etwas gesagt zu haben.
Sie suchte die Telefonnummer heraus, die ihr der Commissario gegeben hatte und wählte seine Nummer.
»Pronto«, vernahm sie kurz darauf seine sonore Stimme.
»Hier spricht Laura Caldini. Entschuldigen Sie vielmals, Commissario, dass ich Sie zu so später Stunde noch anrufe. Aber ich mache mir die größten Sorgen um den Dottore. Er ist bis jetzt noch nicht zurück und ich kann ihn telefonisch nicht erreichen. Auf seinem Handy nimmt keiner ab, es meldet sich immer nur die Mailbox. Was kann ich nur tun?«
»Hm, das ist allerdings merkwürdig. Er kann natürlich überall und nirgends sein. Haben Sie es in seinem Haus in Cannobio schon einmal probiert?«
»Ja, natürlich. Er hat die Praxis verpachtet und wohnt dort nicht mehr. Nur noch ein paar Möbel stehen in seinem Haus. Und der neue Dottore hat nachgesehen. Er ist nicht da.«
»Nun, Signora ich werde versuchen, meine Verbindung spielen zu lassen. Regen Sie sich nicht auf. Wahrscheinlich klärt sich alles bald auf. Bleiben Sie zu Hause. Ich rufe Sie wieder an.«
Nachdenklich legte er den Hörer auf. Aus seinem gemütlichen Abend würde wohl nichts werden. Er fühlte sich in der Verantwor-

tung. Schließlich hatte er den Dottore mit der schrecklichen Wahrheit konfrontiert. Na ja, konfrontieren müssen. Er hätte ihn aber nicht einfach weglaufen lassen sollen. Nun machte es sich doch Vorwürfe.

Er überlegte konzentriert, was ein Mann wie der Dottore wohl anschließend gemacht haben könnte. Natürlich war es sehr schlimm, zwei liebe Menschen zu verlieren und dann auch noch zu erfahren, dass der eigene Sohn ein Krimineller ist. Das haut den stärksten Mann um, gestand er sich ein. Dann fiel ihm ein, dass der Dottore, wie ihm die Signora gesagt hatte, nach dem Tod seiner Frau ziemlich zur Flasche gegriffen hatte, um seinen Kummer im wahrsten Sinne des Wortes zu ertränken.

Vielleicht hatte er auch diesmal zu diesem beliebten Seelentröster gegriffen und saß betrunken in einer Bar. Das hatte er schon mehr als einmal bei Vermissten erlebt. Dann war die Suche ziemlich aussichtslos.

Er konnte unmöglich alle Bars der Umgebung abtelefonieren. Eine andere Möglichkeit wäre, aber nein, so labil schätzte er den Dottore nicht ein und verwarf diese Idee gleich wieder. Ein Suizid kam sicher für ihn nicht infrage. Schließlich hat er diese wunderbare Frau an seiner Seite. Wer denkt denn da schon an so was.

Er griff zum Hörer und wählte die Nummer des Krankenhauses in Intra.

Wenn irgendetwas Schlimmes passiert ist, bin ich hier bestimmt an der richtigen Adresse, dachte er.

Eine freundliche weibliche Stimme meldete sich.

»Hier Commissario Ripani. Guten Abend, Signora, können Sie mir bitte sagen, ob Sie heute eine Einlieferung hatten auf den Namen Dottore Sautter?«

»Aber ja, Commsissario, wir haben schon den ganzen Abend versucht, jemanden aus der Familie zu erreichen. Aber bei der uns vorliegenden Nummer geht niemand ans Telefon.«

»Nein, das kann auch nicht sein, weil der Dottore jetzt bei seiner Lebensgefährtin wohnt. Was fehlt ihm denn?«

»Da gebe ich Ihnen am besten den behandelnden Arzt, Dottore Bossi. Einen Moment, ich verbinde Sie.«
Gleich darauf meldete sich Dottore Bossi und informierte ihn ausführlich über den Sachverhalt.
Er verschwieg nicht, dass der Dottore stark alkoholisiert war, als man ihn aufgefunden hatte.
»Aber es besteht kein Anlass zur Sorge. Wir haben ihn ausführlich untersucht. Er hat nur eine leichte Gehirnerschütterung und kann bereits morgen wieder entlassen werden.«
»Das freut mich zu hören. Ich werde seine Lebensgefährtin informieren. Sie hat sich die größten Sorgen gemacht. Sie müssen wissen, dass er eine schreckliche Nachricht erhalten hat und deshalb wahrscheinlich einen Schluck zu viel zu sich genommen hat. Ich nehme an, er ist gestolpert und dabei gestürzt. Ist er bei Bewusstsein und kann noch heute besucht werden?«
»Ja, er ist bei Bewusstsein und kann sich nicht daran erinnern, wie alles passiert ist. Er darf auch ausnahmsweise heute noch besucht werden.«
»Ich danke Ihnen vielmals, Dottore.«
Ripani legt auf und wählte sogleich Lauras Nummer. Er war heilfroh, dass sich alles so schnell aufgeklärt hatte. So konnte er sich doch noch einen gemütlich Abend machen. Er streichelte äußerst zufrieden seinen Schnurrbart und erzählte Laura mit beruhigenden Worten, was passiert war.
»Alles wird gut, Signora. Sie können ihn – wenn Sie möchten – heute noch besuchen.«
»O Gott sei Dank. Ich danke Ihnen von ganzem Herzen für ihre Hilfe und wünsche einen schönen Abend.«
Laura rief Maria herein, die etwas gelauscht hatte und sie ängstlich anschaute. Offensichtlich erwartete sie eine schlimme Nachricht, da sie gehört hatte, dass der Commissario an der anderen Leitung war. Aber Laura konnte sie beruhigen und erzählte ihr nur kurz, dass der Dottore gestürzt sei und sie gleich in die Klinik fahre, um ihn zu besuchen.

»Sollten die jungen Leute vor mir zurück sein, sagen Sie bitte nichts. Ich werde ihnen selbst alles erzählen.«
Sie eilte in ihr Zimmer hinauf, überprüfte schnell ihr Aussehen, holte ihre Handtasche und die Autoschlüssel und rannte die Treppe hinunter, um ganz schnell bei Marc zu sein. Sie konnte es kaum erwarten, ihn in die Arme zu schließen.

Im Ristorante

»Es war einfach köstlich! Ein wirklich gutes Ristorante!«, meinte Susanne anerkennend. »Vielen Dank für die Einladung, Adriano.«
Auch Bella und Luca bedankten sich und schlenderten gemeinsam an der Uferpromenade von Pallanza entlang.
Es hatte vor kurzem ein fürchterliches Gewitter gegeben, mit Blitz und Donner aus allen Richtungen und heftigen Regenschauern, sodass sie einigen Pfützen ausweichen mussten. Aber alle begrüßten die frische Luft und waren froh, dass die Hitze der vergangenen Tage etwas unterbrochen wurde.
Die zuvor von der Sonne aufgeheizten Pflastersteine der Promenade wurden durch den Regen stark abgekühlt, sodass leichter Dampf, wie aus einem siedenden Kochtopf aufstieg. Trotz der Dunkelheit erkannte man die tief liegenden Wolken, die an den Gipfeln der umliegenden Berge festhingen.
»Morgen soll es schon wieder heiß werden«, meinte Adriano, der im Büro noch schnell im Internet nach den Wetteraussichten für das morgige Abschiedsessen geschaut hatte.
»In Deutschland soll es ja noch ziemlich kalt sein. Pech für die kommende Fußballweltmeisterschaft«, meinte Luca, der dieses Sportereignis schon lange herbeisehnte.
»Das einzige Gute an eurer Abreise übermorgen ist, dass Adriano und ich alle Zeit der Welt haben, ungestört Fußball zu schauen«, grinste Luca und gab Bella einen Kuss.

»Du irrst, mein Lieber«, sagte Bella lächelnd. »Susanne und ich hätten gern mit euch gemeinsam geschaut. Wir interessieren uns nämlich auch für Fußball.«
»Wirklich?«, staunte Luca. »Dann haben wir ja noch eine Gemeinsamkeit mehr. Wie schön.«
Dabei zwinkerte er Adriano zu und grinste.
»Wollen wir noch was unternehmen oder gehen wir nach Hause?«
Mit ›nach Hause‹ meinte Luca natürlich seine Wohnung und für Adriano meinte er sein Atelier. Denn es war abgemacht, dass jedes Paar die letzte Nacht für sich genießen wollte. Und für Susanne und Bella war klar, dass sie heute nicht in die Villa zurückfahren wollten. Und morgen dürfte für einen intimen Abschied wohl keine Möglichkeiten mehr bestehen. Das wäre auch Laura und Marc gegenüber unhöflich.
»Lass uns noch gemeinsam einen letzten Schluck an der Bar dort drüben nehmen«, meinte Adriano und sie schlenderten Hand in Hand hinüber zu der kleinen Bar, in der für diese Zeit noch recht viel Betrieb herrschte.

Im Krankenhaus

Laura klopfte leise an die Tür zu Marcs Krankenzimmer. Sie wartet einen kurzen Moment. Es war kein Laut zu hören. Sie öffnete ganz vorsichtig die Tür und trat ein. Marc lag schlafend und blass in einem der üblichen schmucklosen Krankenzimmer. Genauso trostlos aussehend wie das Zimmer, das Laura selbst vor kurzem noch bewohnt hatte. Er atmete tief und ruhig, sodass Laura ihn nicht stören wollte. Sie zog sich einen Stuhl herbei und setzte sich ganz leise an sein Krankenbett. Behutsam legte sie ihre Hand auf seinen Arm, der seitlich an der Bettkante hinunter hing und streichelte ihn. Marc zuckte nach ihrer Berührung etwas zusammen, machte aber keine Anstalten, die Augen zu öffnen. Wahrscheinlich haben sie ihm ein Beruhigungsmittel gegeben, dachte sie und betrachtete ausgiebig sein markantes Gesicht.

Ein Pflaster an seinem Kopf verriet ihr, dass dies wohl die Wunde vom Sturz sein musste, die zu der Ohnmacht und der Gehirnerschütterung geführt hatte.
»Mein armer Liebling«, flüsterte sie leise und legte ihren Kopf an seine Brust.
Marc, der Lauras letzte Worte gehört hatte, öffnete langsam die Augen.
Er blickte auf Lauras dunkle glänzende Haare, die sie mit einem Kamm zu einem Knoten zusammengesteckt hatte. Und sofort fiel ihm ein, was heute alles passiert war, obwohl er seinen Sturz nicht in Erinnerung hatte. Nur durch seinen Arzt wusste er, was passiert war. Er konnte sich einfach nicht daran erinnern. Aber alles zuvor stieg wie eine Gewitterwolke wieder vor ihm auf. Wie hatte der Commissario gesagt: »Es ist leider erwiesen, dass ihr Sohn Roberto einen Mordversuch an Signora Caldini unternommen hat. Daran gibt es keinen Zweifel. Wir haben eindeutige Spuren gefunden.«
Marc erschauerte erneut bei diesem fürchterlichen Gedanken. Wie konnte er nur solch einen Sohn haben. Wie wenig hatte er ihn gekannt! Und Laura saß nun an seinem Bett und machte sich offensichtlich Sorgen um ihn. Trotz allem, was passiert war.
»Laura«, flüsterte er leise und musste sich etwas räuspern, weil ihm die Stimme versagte.
»O du bist wach, Marc.«
Laura hob ihren Kopf, schaute ihm besorgt in die Augen und versuchte, ihn zu küssen.
Marc erwiderte ihren Kuss nicht. Im Gegenteil, er drehte sich etwas zur Seite und schaute vor lauter Scham unter sich.
»Wie kannst du noch so lieb zu mir sein?«, presste er heraus. »Ich bin der Vater eines Mörders!«
»Marc, sag doch nicht solch einen Blödsinn. Du bist Marc, der Mann, den ich liebe und immer lieben werde. Und was deinen Sohn anbelangt, so bist du nicht verantwortlich dafür, was er getan hat, beziehungsweise tun wollte. Und ich bin sicher, dass es sich

nicht wirklich um Roberto handelte, den Roberto, den wir alle gut gekannt und geliebt haben. Es war ein anderer Roberto, einer der dem Kokain verfallen war und nicht mehr Herr seiner selbst war. Die Droge hat ihn zu einem anderen Menschen gemacht, glaube mir. Alles was passiert ist, hat nichts, aber auch gar nichts mit dir zu tun. Ich liebe dich Marc und ich möchte für immer mit dir zusammen sein.«

Laura fasste ihn am Kinn und drehte sein Gesicht zu ihr herum.

»Schau mich an, Marc. Es gibt nichts, für das du dich schämen musst.«

Marc schaute Laura mit traurigen Augen an und musste schwer gegen seine Tränen ankämpfen.

Laura sah, dass seine Augen feucht wurden. Sie nahm seinen Kopf liebevoll in ihre Hände.

»Weine ruhig. Das kann manchmal sehr hilfreich sein. Du musst dich nicht dafür schämen.«

Marc schluckte und konnte nicht verhindern, dass sich ein paar Tränen ihren Weg bahnten, und wischte sie schnell verlegen weg.

»Wird dieses schlimme Vorhaben von Roberto nicht immer zwischen uns stehen?«, fragte er und hielt sich wie ein Ertrinkender an Laura fest.

»Nein, das verspreche ich dir. Wir werden Roberto so in Erinnerung behalten, wie er vor dem Drogenkonsum war, als lieben Sohn und Freund. Alles andere werden wir einfach vergessen. Es ist vorbei!«

»Du bist so lieb und verständnisvoll, Laura. Ich danke dir, dass du so zu mir hältst.«

»Darf ich dich jetzt endlich küssen?«, fragte Laura mit einem verschmitzten Lächeln im Gesicht, sodass auch Marc lächeln musste. Statt einer Antwort zog er sie zu sich herunter und küsste sie liebevoll und zärtlich und Laura presste sich fest an ihn und streichelte seine Brust.

»Jetzt musst du aber ganz schnell wieder hier raus«, sagte sie nach einigen Minuten mit wiedergewonnenem Elan.

»Morgen feiern wir doch das Abschiedsfest für Bella und Susanne. Da musst du als zukünftiger Schwiegervater schließlich dabei sein. Es wird bestimmt sehr schön. Und außerdem bringt uns Luca morgen die Pläne für den Umbau mit. Du wirst sehen, alles wird einfach wunderbar!«

»Willst du nicht wissen, wie es zu meiner Gehirnerschütterung kam«, fragte Marc ungläubig.

»Das weiß ich schon alles vom Commissario. Ich habe ihn eingeschaltet, weil ich von dir nichts gehört habe. Schließlich habe ich mir große Sorgen gemacht. Du hast wohl ein Glas zu viel getrunken und bist gestürzt«, sagte sie lapidar. Sie wollte die Sache einfach herunterspielen. »Und nun ist alles wieder in Ordnung – stimmt's?«

»Stimmt Laura, es ist alles wieder in Ordnung.«

Ende

Liebe Leserin, lieber Leser,
Danke, dass Sie dieses Buch gelesen haben. Ich hoffe sehr, dass es Ihnen gefallen hat. Sollte dies der Fall sein, würde ich mich über eine positive Rezension ganz besonders freuen.
Ihre Karin B. Redecker

Vielleicht interessieren Sie auch weitere Bücher von mir, die ebenfalls als E-Book oder Taschenbuch erhältlich sind.

Leseprobe
Die Toten von Ascona
Silvia kauft ein

»Wie gefällt ihnen denn dieser Mantel?«, fragte die junge Boutique-Verkäuferin mit einem gequält süffisanten Lächeln und reichte ihn schwungvoll der eleganten Dame in die Umkleidekabine. Ohne jedoch den Vorhang zur Seite zu ziehen. Zugleich schaute sie mit einem verdrossenen Blick zu ihrer älteren Kollegin und verdrehte dabei genervt die Augen. Aber so, dass es die Kundin nicht sehen konnte.

Dann machte sie ein paar eindeutige Faxen und tippte geräuschlos auf ihre Armbanduhr, um ihrer Kollegin zu signalisieren, dass bereits in wenigen Minuten Feierabend sei.
Die amüsiert schauende Kollegin grinste sie mit einem Achselzucken nur verschmitzt an und war bereits dabei, die anprobierte und verstreut herum liegende Ware wieder ins Regal zu räumen.
Konnten denn diese exzentrischen Kundinnen, die doch den ganzen Tag nichts anderes zu tun hatten, nicht früher einkaufen gehen? Aber nein, kurz vor Ladenschluss müssen ja diese verwöhnten Ladys unsereins drangsalieren, dachte sie ärgerlich. Denn sie wollte heute zügig fertig werden und den Laden sofort nach Ladenschluss verlassen. Sie hatte sich mit ihrem Mann in einem Restaurant verabredet.
Es war bereits der sechste Mantel, der herbeigeholt wurde und keiner wollte der anspruchsvollen Kundin so recht gefallen.
»Sehr wählerisch, die Dame«, zischte die jüngere Verkäuferin leise ihrer Kollegin im Vorbeigehen zu und zog einen weiteren Mantel aus dem Kleiderständer.

»Bitte bringen Sie mir diesen eine Nummer kleiner«, tönte es gleich darauf arrogant aus der Kabine.
Ein braun gebrannter ausgestreckter Arm, mit reichlich Schmuck behangen, reichte einen dunkelblauen Kaschmirmantel aus der leicht geöffneten Kabinentür heraus.
»Sehr gern, Signora Sandter!« Sie holte eilig den Mantel in einer kleineren Größe und gab ihn an die Kundin mit einem »Prego Signora« weiter.
Kurz darauf öffnete sich mit einem Schwung die Kabinentür und Signora Sandter, eine gepflegte und elegante Mittvierzigerin, trat heraus und schaute sich selbstgefällig im Spiegel an.
»Nun, was meinen Sie? Der sieht doch gut aus, oder?«
Dabei drehte sie sich schwungvoll nach allen Seiten und lächelte ihrem Spiegelbild selbstgefällig zu.
Ohne eine Antwort auf ihre Frage abzuwarten, meinte sie bestimmt: »Ja, der ist schön, den nehme ich. Bitte legen Sie ihn zu den anderen Sachen und schicken Sie mir alles zusammen nach Hause. Die Adresse haben Sie ja.«
»Sehr gern Signora. Da haben Sie sich ja wieder einmal das beste Stück ausgesucht. Wie immer haben Sie einen exzellenten Geschmack bewiesen«, säuselte die Verkäuferin und nahm den Mantel in Empfang, um ihn zu den anderen, nicht weniger teuren Kleidungsstücken, auf den Tresen zu legen.
Die Kundin reichte ihr ihre Kreditkarte und die übliche Bezahlprozedur wurde in der kleinen, exklusiven Boutique abgewickelt.
»Einen schönen Tag noch und beehren Sie uns bald wieder«, flötete sie der Kundin beim Öffnen der Ladentür hinterher und schaute noch einige Sekunden neidisch der eleganten Frau nach, bis diese die Straße überquert hatte.
»So ein Leben wie die möchte ich auch mal haben. Gerade mal so nebenbei viertausend Franken ausgeben. Und alles natürlich nur vom Feinsten«, seufzte sie neidisch und wiegte dabei ihren Kopf hin und her.

Schnell schloss sie die Ladentür ab und schaute dabei ihre Kollegin, die bereits im Mantel vor ihr stand, mit einem bedauernden Achselzucken an.
Silvia Sandter war eine auffällige Erscheinung. Stets perfekt und teuer gekleidet, mit einer untadeligen Frisur und nie ohne eines ihrer wertvollen Schmuckstücke.
Dass sie der gehobenen Gesellschaftsschicht angehörte, sah man auf den ersten Blick und sie demonstrierte dies auch gern in der Öffentlichkeit.
Es war ihr wichtig, dass jeder hier in Ascona sie mit gebührendem Respekt behandelte. Niemals sollte man auch nur annähernd vermuten, dass sie vielleicht aus ärmlichen Verhältnissen stammen könnte. Dieser Gedanke war ihr unerträglich.
Für die Leute war sie die schöne Ehefrau von Philipp Sandter, dem erfolgreichen und äußerst betuchten deutschen Anlageberater, der mit ihr oben in Ascona, ganz in der Nähe des ›Monte Verità‹, dem Berg der Wahrheit, in einer Luxusvilla wohnte und ein sehr zurückgezogenes Leben führte. Man tuschelte, dass er sich ganz vom Berufsleben zurückgezogen habe. Aber etwas Genaues wusste niemand so recht. Man war diskret in dieser noblen, italienischsprachigen Ecke der Schweiz, in der so einige Millionäre aus aller Herren Länder ihr Domizil aufgeschlagen hatten. Und alle lebten gut davon. Der Kanton, der die Steuern kassierte, die Handwerker, die immer gut zu tun hatten, wie auch die Geschäftsinhaber der teuren, exklusiven Läden, die gern die Fränkli der Reichen entgegennahmen. Und Habenichtse wollte man hier sowieso nicht haben, die sollten sich besser fernhalten und diesen exklusiven Ort am besten meiden.
Silvia schlenderte langsam durch die engen Gassen der Altstadt von Ascona, bevor sie sich zum Abschluss ihres Einkaufsbummels an einen der kleinen Restauranttische auf der ›Piazza Motta‹ setzte, um in der warmen Herbstsonne noch ein Glas Champagner zu trinken. Sie hatte noch keine Lust, nach Hause zu gehen – in ihre Einöde – wie sie ihr neues Domizil gern nannte.

Seit ihrem Umzug vor einem Jahr von Frankfurt nach Ascona lebte sie mit ihrem Mann sehr zurückgezogen. Was sie aber so gar nicht freute. Sie war eine gesellige Natur, die gern im Mittelpunkt gesellschaftlicher Ereignisse stand und ihr unfreiwilliger Rückzug aus dem Frankfurter Gesellschaftsleben entsprach überhaupt nicht ihren Vorstellungen.

Sie nahm es Philipp übel, dass sie beide seit ihrem Umzug keine Einladungen mehr ausgesprochen hatten. Er sträubte sich auch gegen jegliche Versuche ihrerseits, Einladungen anzunehmen. Geschweige denn, selbst welche auszusprechen. Lediglich die umliegenden Nachbarn durfte sie nach längerem Lamentieren auf einen kleinen Begrüßungsschluck einladen. Aber es waren alles nur ältere Leute, die schon sehr lange hier wohnten und deshalb für sie nicht von Interesse.

Sie verstand Philipp überhaupt nicht und sehnte sich zurück nach Frankfurt. Dort hatte sie ihren eigenen Freundeskreis, unabhängig von ihrem Mann, der fast immer nur in Geschäften unterwegs war. Sie war Mitglied im Golf- und Tennisklub, wenn auch in beiden Sportarten nicht besonders erfolgreich. Aber das Klubleben bot ihr zwangsläufig die gesellschaftliche Abwechslung, die sie brauchte. Die vielen Feste und die kleineren Flirts mit den männlichen Mitgliedern waren für sie das Lebenselixier, das sie beflügelte. Auch die eine oder andere Affäre hatte sich hier angebahnt. Sie brauchte die Bewunderung der Männer und eine Bestätigung dafür, begehrt zu werden.

Das alles vermisste sie schmerzlich, seit sie hier an den See gezogen waren. Aber sie hatte keine andere Wahl, wollte sie nicht auf all den Luxus verzichten.

Philipp hatte sich schon seit einiger Zeit sehr verändert. Er konnte und wollte ihr das alles nicht mehr bieten. Sie verstand ihn immer weniger.

Als sie Philipp kennenlernte, war sie vierundzwanzig Jahre alt und anfangs tatsächlich in ihn verliebt. Wenn sie auch heute nicht mehr genau sagen konnte, wen sie mehr geliebt hatte, ihn oder sein

Geld. Er war zwanzig Jahre älter als sie, war damals vierundvierzig Jahre alt und sah wirklich sehr gut aus. Groß, leicht ergraute Schläfen, schöne braune Augen und stets sehr gepflegt. Wenn er sie mit seinem Jaguar von ihrer damaligen Firma abholte, in der sie als zweite Sekretärin beschäftigt war, spürte sie die neidischen Blicke ihrer Kolleginnen, die ihr vom Fenster aus nachsahen.
Zur anfänglichen Verliebtheit kam jedoch schon bald die Berechnung und ihr war klar, dass sie sich diesen Mann unbedingt angeln musste. Sie hatte sicherheitshalber ein bisschen nachgeholfen und heimlich die Pille abgesetzt. Deshalb war es nicht verwunderlich, dass sie kurz darauf schwanger wurde. Genauso hatte sie sich das vorgestellt. Und ihr Plan sollte aufgehen.
Philipp fiel anfangs aus allen Wolken und war sehr überrascht. Ja fast schockiert. Natürlich hatte er vorausgesetzt, dass Silvia die Pille nahm. Trotzdem machte er ihr, wie von ihr kalkuliert, einen Heiratsantrag und es gab für sie kein Halten mehr. Diesen Mann wollte sie heiraten und endlich so leben, wie es sich für sie gehörte. Luxuriös und ohne Sorgen für die Zukunft.
Dass sie im sechsten Monat eine Fehlgeburt hatte, konnte sie schließlich nicht vorhersehen, aber es kam ihr nicht ungelegen, da sie eigentlich überhaupt keine Kinder haben wollte und ihre Schwangerschaft nur ein Mittel zum Zweck war. Und dieser Zweck war erfüllt. Philipp hatte sie aus Anstand geheiratet, wie sie anfangs dachte. Nach ihrer Fehlgeburt merke sie aber sehr schnell, dass auch ihm Kinder unwichtig waren. Mittlerweile wusste sie, das hatte er ihr in einem Streit gesagt, dass er sie nur geheiratet hatte, weil er ein junges, hübsches und repräsentatives Aushängeschild als Geschäftsmann brauchte, das er auf Veranstaltungen und Partys vorzeigen konnte. Sozusagen als schmückendes Beiwerk zu seiner Person. Schließlich war sie damals, wie auch heute, eine wunderschöne Frau, nach der sich nicht nur die Männer umdrehten. Seine Liebe zu ihr hielt sich demnach in Grenzen und sie war sich nicht sicher, ob er sie überhaupt jemals geliebt hatte. Er sah in ihr die attraktive Frau an seiner Seite, die ihm den ganzen unangeneh-

men Kleinkram der unvermeidlichen privaten Dinge abnahm. Sie bekam ein großzügiges Budget, um den Haushalt zu führen und die Villa, mit nobler Frankfurter Adresse, zu einem gesellschaftlichen Treffpunkt für wichtige und einflussreiche Leute zu machen. Das erwartete Philipp von ihr. Sie musste funktionieren und repräsentieren, und das tat sie auch.
Er dagegen lebte bis zu ihrem Umzug nach Ascona ganz und gar für seinen Beruf. Er kam immer sehr spät nach Hause und war nur darum bemüht, immer noch mehr Geld zu machen, was ihm auch reichlich gelang.
Obwohl Silvia sehr eitel war und es an ihrem Image kratzte, dass er ihr nicht restlos verfallen war, war es ihr mehr und mehr egal, was er für sie empfand. Solange sie nur tun und lassen konnte, was sie wollte. Hauptsache es ging ihr gut und sie konnte all die schönen Dinge kaufen, die ihr gefielen. Nie wollte sie, wie früher, jeden Pfennig dreimal umdrehen.
Sie war vaterlos aufgewachsen. Ihr Erzeuger hatte sich schon vor ihrer Geburt aus dem Staub gemacht und sich nie wieder sehen lassen. So flossen auch keine Alimente. Und ihre Mutter, die damals noch sehr jung war und nur eine schlecht bezahlte Stelle als Sachbearbeiterin in einer Versicherung hatte, musste sehen, wie sie mit ihrem unehelichen Kind über die Runden kam.
Sie lebte mit ihr in einer kleinen Sozialbauwohnung am Rande der Stadt. Stets war das Geld knapp und die schönen Dinge, für die sie sich schon immer begeistern konnte, waren unerreichbar. Nie konnte sie mit ihren Klassenkameradinnen mithalten, die fast ausnahmslos aus einem guten Elternhaus stammten und stets die angesagten Klamotten trugen. Das war wohl mit einer der Gründe, warum sie zwei Jahre vor dem Abitur die Schule verließ und eine Sekretärinnen-Schule besuchte, um möglichst schnell an eigenes Geld zu kommen.
»Sieh zu, dass du mal reich heiratest und dass es dir nicht so wie mir ergeht«, war der Standardsatz ihrer Mutter, seit Silvia in die Pubertät kam. Deshalb war ihre Freude besonders groß, als Silvia

ihr Philipp als zukünftigen Schwiegersohn vorstellte. Das war genau das Leben, das sie sich für ihre Tochter gewünscht hatte. Und ein bisschen profitierte sie ja auch davon, denn Philipp überwies ihr ein monatliches Taschengeld, von dem sie allein schon ihre Miete bezahlen konnte.

Und nun waren sie schon genau zwanzig Jahre verheiratet. Langweilige Ehejahre, wie sie sich eingestand.

Philipp entpuppte sich von Jahr zu Jahr mehr zum Eigenbrötler, der lieber in einer Ecke saß und irgendwelche Wirtschaftsnachrichten oder wissenschaftliche Abhandlungen las, als sich um seine junge Frau zu kümmern. Offensichtlich hielt er recht wenig von ihrer Gesellschaft und Meinung und sein häufigster Satz war: »Das verstehst du doch sowieso nicht.«

Sie möchten gern weiterlesen?
Das Buch ist als E-Book und Taschenbuch
im Buchhandel erhältlich.

Die beiden
Romantik-Thriller
Das Gift des Oleanders
&
Die Toten von Ascona
gibt es auch als preiswerten
Doppelband!

Leseprobe
Die Polin und die alten Männer

Bad Soden 2006 – der Sturz

Ohrenbetäubendes Sirenengeräusch drang durch die Straßen

der Kleinstadt. Es schreckte die Bewohner des achtstöckigen Hochhauses auf, die an ihre Fenster stürmten. Alle wollten sehen, was los war.
Blaulichter wohin man sah. Sanitäter und Notärzte rannten vor dem Haupteingang routiniert mit einer Tragbahre Richtung Notarztwagen. Auch Polizisten waren vor Ort. Sie sperrten das Areal weitläufig ab. Zufällig vorbeikommende Gaffer sowie einige Nachbarn der angrenzenden Ein- und Zweifamilienhäuser kamen angelaufen. Sie drängelten sich hinter dem Absperrband, um ja nichts zu verpassen.
»Da ist jemand runtergesprungen!«, rief ein Schaulustiger einem anderen zu.
»War wohl Selbstmord!«
Ein Sanitäter schubste einen der Gaffer grob zur Seite.
»Machen Sie doch Platz! Sie behindern nur unsere Arbeit. Gehen Sie nach Hause, hier gibt es nichts zu sehen!«
An der Eingangstür stand eine kleine Gruppe aufgeregter Menschen zusammen: Bewohner des Hauses, die sich um eine ältere Frau gruppiert hatten, die redete aufgewühlt auf die anderen ein. Augenscheinlich wusste sie mehr über das, was passiert war. Einer der beiden Notarztwagen raste mit schrillem Martinshorn Richtung Krankenhaus davon.
Der leitende Polizist ging auf die Hausbewohner zu, um sie zu befragen. Die ältere Dame, die sich vorher deutlich hervorgetan hatte, wurde als Erste befragt.
»Ich bin die Hausmeisterin und heiße Elvira Schneider«, erklärte sie atemlos mit hochrotem Kopf.
»Ich habe alles genau gesehen, weil ich gerade Unkraut vor dem Haus gezupft habe. Die anderen Herrschaften sind erst später dazu gekommen.«
Nun musste sie erst einmal tief Luft holen, um weitersprechen zu können.
»Mir war vorher schon aufgefallen, dass Frau Mehring, so heißt die Frau, am Notausgangsbalkon der achten Etage runtergeschaut hat. Ich habe ihr noch einen Gruß hinaufgerufen,

den sie allerdings nicht erwidert hat. Plötzlich hörte ich neben mir einen lauten Knall und dann sah ich Frau Mehring hier aufschlagen. Sie wohnt oben in der Penthousewohnung. Ihr Mann ist nicht zu Hause. Ich habe ihn vor ungefähr einer Stunde wegfahren sehen.«

Frau Schneider griff sich erneut ans Herz und sprach stockend, holte immer wieder tief Luft. »O Gott, o Gott! Was wird ihr Mann nur sagen, wenn er nach Hause kommt!«

Sie war völlig durch den Wind und wedelte sich ständig mit einem Papierstück frische Luft zu.

»Hier, nehmen Sie erst einmal einen Schluck Wasser zur Beruhigung, sonst kippen Sie mir noch um.«

Der Polizist hakte sich bei ihr ein und begleitete die Hausmeisterin zurück in ihre Wohnung. Sicherheitshalber rief er nach einem der Notärzte, damit er sich um die Dame kümmerte, die offensichtlich einen Schock erlitten hatte.

Am nächsten Tag konnte man in der Zeitung lesen ...

Aus dem 8. Stock gesprungen und überlebt!

Die 38-jährige Anke M. überlebte den Sprung aus dem 8. Stock vom frei zugänglichen Notausgangsbalkon. Die Polizei stellte keine Anzeichen äußerer Gewalteinwirkung fest und schloss die Ermittlungen relativ schnell ab. Sie ging von versuchtem Selbstmord aus, vermutlich hervorgerufen durch Depressionen, infolge widriger Lebensumstände. Die junge Frau war drei Meter über dem Betonboden auf ein Vordach geprallt und kam mit Knochenbrüchen davon. Die Polizei spricht von unglaublichem Glück und einer Heerschar von Schutzengeln. Die Ärzte des Kreiskrankenhauses gaben nach ersten Untersuchungen bekannt, dass keine Lebensgefahr mehr bestünde. Sie erlitt mehrere Brüche im Schultergelenk und im Becken. Die inneren Verletzungen müssen erst noch abgeklärt werden.

Masuren, Polen – Ewas Zuhause

Es war heiß an diesem Sommertag. Abgespannt fuhr Ewa ganz

langsam in die kleine enge Gasse hinein. Sie war beidseitig gesäumt von verwitterten, schmucklosen Häusern, die in direkter Nachbarschaft zu ihrem nicht weniger heruntergekommenen Haus standen. Mit einem kratzenden Geräusch schaltete sie einen Gang zurück. Nun musste sie etwas mehr Gas geben, um mit ihrem rostigen Golf die holprige Zufahrt zu ihrem Haus hinaufzukommen.

Auch heute hoffte sie, dass der Vater nicht zu Hause war. Sie verschloss ihr Auto und spähte ängstlich durch das Küchenfenster und lauschte, ob sie irgendwelche Geräusche vernehmen konnte.

Oben parkte sie ihr Auto im kühlen Schatten des Kirschbaums, der schon seit ihrer Kindheit an dieser Stelle stand. Er hatte sich im Laufe der Jahre zu einem mächtigen Baum mit ausladender Krone entwickelt.

Immer wenn ihr Vater wieder einmal betrunken nach ihr suchte und seine immense Wut an ihr auslassen wollte, hatte sie als Kind in seinen Ästen Zuflucht gefunden. Meist hatte er zuvor schon ihre Mutter mit Schlägen traktiert, die es glücklicherweise doch immer wieder schaffte, durch die Hintertür zu ihrer Nachbarin zu flüchten. Das war schon über zehn Jahre her. Ihre Mutter konnte sich nun auf dem Friedhof von ihrem leidvollen Leben an der Seite eines gewalttätigen Alkoholikers erholen. Sie starb mit nur neunundvierzig Jahren an einem zu spät diagnostizierten Lymphdrüsenkrebs. Das schreckliche Dahinsiechen der Mutter war eine schlimme Zeit für Ewa, in der sie, damals gerade Anfang zwanzig, Haushalt, Beruf und Pflege unter einen Hut bringen musste. Sie war.

Im Grunde befand sie sich im besten Heiratsalter. Aber Kandidaten traten weit und breit nicht in Sicht. Die jungen Männer, die Ewa gefielen, waren entweder bereits vergeben oder auf der Suche nach einem besseren Leben ins Ausland abgewandert. Außerdem war Ewa nicht gerade eine Schönheit, kein Mann hatte sich bis dato ernsthaft für sie interessiert. Von der Natur mit roten Haaren und einer blassen Haut ausgestattet, von Sommersprossen übersät, wurde sie schon in der Schule von ihren Mitschülern gehänselt. »marchewka, marchewka «, Karotte, riefen sie immer laut lachend hinter ihr her. Sie lief anfangs oft weinend nach Hause. Im Laufe der Jahre prallte diese Hänselei immer mehr an ihr ab, wenn sich diese Zeit auch tief in ihre Seele eingebrannt hatte. Die Anspielungen auf ihre Haarfarbe ließ mit der Zeit auch nach, aber den Spitznamen ›marchewka‹ behielt sie.

Das harte Leben mit ihrem aufbrausenden Vater und der kranken Mutter hatte Spuren in ihrem Gesicht hinterlassen. Sie war mit der Zeit immer mehr zu einer traurigen Gestalt geworden, der man ansah, dass ihr Leben kein Zuckerschlecken war. Und Geld für schöne Dinge wie Kleidung und Kosmetik blieb sowieso nicht übrig.

Meistens trug sie die Kleider ihrer Verwandten und Bekannten aus dem Ausland auf; die wussten, in welch ärmlichen Verhältnissen die Familie lebte. Dass der Vater das wenige Geld versoff, war allgemein bekannt. Er hatte vor vielen Jahren seinen Job verloren und sich danach immer mehr dem Alkohol hingegeben. Nicht einmal für die Beerdigung der Mutter blieb genügend Geld übrig. Deshalb musste die Gemeinde die anfallenden Gebühren übernehmen, wofür Ewa sich heute noch schämte.

Der Tod der Mutter machte alles nur noch schlimmer. Von da an war es normal, dass sie den Vater nur noch betrunken erlebte. Schon morgens brauchte er seine Ration, um sich dann tagsüber mit seinen Saufkumpanen den Rest zu geben. Die Folgen nahm sie als verheerend wahr: Am schlimmsten war es, wenn er die ganze Wohnung vollkotzte oder noch schlimmer: sich in die Hosen machte. Damit nicht genug: Eines Tages öffnete er ihren Kleiderschrank und urinierte einfach hinein. Widerlich!

»Du ekliges Schwein! Ich kann dich nicht mehr ertragen, du bist einfach nur widerwärtig!«, brüllte sie ihn wütend an.

»Halt's Maul, du alte Schlampe!« Der ordinären Antwort

folgte auch noch ein Schlag ins Gesicht.
Ewa kotzte dies alles an und mehr als einmal wünschte sie sich, dass der Vater einfach nicht mehr nach Hause kommen würde. So bestand ihr trauriges Leben nur aus Aufstehen, zur Arbeit gehen und den Haushalt einigermaßen sauber zu halten. Einzig Milena, eine lustige Dunkelhaarige, mit der sie schon in der Grundschule befreundet war, stand ihr immer zur Seite. Sie kannte ihre schwierige familiäre Situation und verteidigte sie oft, wenn andere Witze über ihr ärmliches Äußere machten.
Zu ihrem Leidwesen war Milena jedoch bereits vor einem Jahr nach Deutschland zum Arbeiten ausgewandert. Dort konnte sie mehr als das Dreifache verdienen. Zuerst jobbte sie als selbstständige Erntehelferin mit Wohnsitz in Polen bei der Spargel- und Obsternte und als Serviererin in Hotels und Gaststätten. Das war zwar auch kein Zuckerschlecken, aber der Lohn dafür stellte sich im Vergleich zu Ewas Einkünften als phänomenal heraus. Wenn sie nach Polen mit dem Bus zurückkam, war sie meistens super modisch gekleidet und brachte viele Geschenke für Freunde und Familie mit.
»Komm doch auch mit nach Deutschland!«, drängelte sie ständig. »Dann könnten wir zusammen eine kleine Wohnung mieten, uns den Haushalt und die Kosten teilen. Das wäre doch toll!«
Wie gern hätte Ewa Ja gesagt. Aber sie konnte ihren Vater nicht allein zurücklassen. Wenn sie ihn auch mehr und mehr hasste, ja, sich sogar häufig vor ihm ekelte, so hatte sie doch ein hohes Verantwortungsbewusstsein. Schließlich hatte es auch mal bessere Zeiten mit ihrem Vater gegeben. Zeiten, in denen er noch regelmäßig arbeitete und liebevoll mit ihr umgegangen war. Dieses Früher hielt sie sich stets dann vor Augen, wenn er mal wieder besoffen herumkrakeelte und die Wohnung einsaute.
Schlimm war, dass er immer aggressiver und obendrein handgreiflicher wurde.
Einmal fasste er sie an den Busen und wollte sie weiter begrabschen. Dabei rief er den Namen ihrer Mutter. Wahrscheinlich

war er so desorientiert, dass er glaubte, ihre Mutter vor sich zu haben, der sie auffallend ähnlich sah. Diesen Übergriff konnte sie nur abwehren, indem sie vor ihm floh und sich in ihr Zimmer einschloss. Daraufhin rüttelte er an der Türklinke, brüllte vor ihrem Zimmer unflätig herum und es dauerte einige Zeit, bis er sich wieder beruhigt hatte. Diese Vorkommnisse hinterließen bei ihr ein unbeschreibliches Hassgefühl, das sie nur schwer kontrollieren konnte.
Immer öfter ging sie ihm aus dem Weg und schloss sich in ihr Zimmer ein. Manchmal sah sie ihn nahezu eine Woche überhaupt nicht. Da er sowieso fast nie zu Hause war, wenn sie von der Arbeit kam, konnte sie sich in Ruhe ein Abendessen machen. Sie stellte für ihn dann nur noch eine Kleinigkeit in den Kühlschrank. Aber meistens war er so besoffen, dass er das nicht einmal bemerkte. Wenn sie Glück hatte, lag er morgens in seinem Bett und schlief seinen Rausch aus. Wenn sie Pech hatte, lag er zusammengekauert auf dem Fußboden – in der Regel in Erbrochenem oder schlimmer noch, wenn er sich mal wieder in die Hose gemacht hatte. Es wurde immer unerträglicher und es ging allmählich über ihre Kräfte, den Haushalt noch halbwegs sauber zu halten.
Manchmal dachte sie ernsthaft daran, ihre Koffer zu packen und Milena nachzureisen. Aber ihr schlechtes Gewissen plagte sie sofort und sie dachte an das Versprechen, das sie ihrer Mutter am Sterbebett gegeben hatte.
»Bitte kümmere dich um deinen Vater, wenn ich nicht mehr da bin. Er ist kein schlechter Mensch, es ist nur der Alkohol, der ihn dazu macht. Versprich mir das!« Und Ewa, der die Krankheit der Mutter emotional sehr zusetzte, hatte genickt und ihre Hand gestreichelt.

Das Glück wohnte in Lissabon

Irgendwann ist alles Vergangenheit. Unsere Zeit auf Erden ist ein großes Geschenk und viele Momente können nur durch Erinnerungen wieder aufleben. Ich möchte Sie mitnehmen auf eine Reise in die Vergangenheit. Fühlen, riechen und spüren Sie, wie es damals war und lassen Sie in Ihrer Fantasie die Kutsche vorfahren. Wir befinden uns in Frankfurt am Main und in Lissabon Anfang 1900.

Erzählt wird eine Familiengeschichte, die für die damalige Zeit außergewöhnlich war.

Sophie und Johann, ein junges Frankfurter Ehepaar, das gerade erst ein Baby bekommen hat, starten mutig in ein neues Leben. Sie ziehen in ein altes Haus direkt am Tejo, mit Blick auf Lissabon. Während der Mann als technischer Direktor in der damals größten Korkfabrik Portugals mit an der Spitze der Geschäftsleitung steht, verwandelt seine junge Frau das gemeinsame Zuhause peu à peu in ein Schmuckstück mit traumhaftem Garten. Bald schon sitzen sie mit fünf Kindern um einen großen Tisch und führen ein unbeschwertes, großartiges Leben. Es ist genau so, wie Sophie es sich immer gewünscht hat. Bis zu dem Tag, als Deutschland 1916 Portugal den Krieg erklärt. Alles bricht wie ein Kartenhaus zusammen.

Steigen Sie also in die Kutsche ein und reisen Sie mit in die Vergangenheit!

Das Buch ist als E-Book oder Taschenbuch im Online-Buchhandel erhältlich.

Karin B. Redecker
Das Glück wohnte in LISSABON
Roman

Warum nicht auch mal Gedichte?

Gedichte sind nicht jedermanns Sache. Aber vielleicht erfreuen Sie sich dennoch an den amüsant zu lesenden Gedichten der Autorin, die tagtäglich mit einem Augenzwinkern Leichtfüßiges und Tiefsinniges miteinander vermischt und sich selbst auf die Schippe nimmt.
Lesen Sie ihren poetischen Reigen.
Mal lustig, mal sinnlich, mal melancholisch,
aber stets ein Genuss für die Seele ...
Zudem sind beide Taschenbücher ein ideales Geschenk für Freunde und Bekannte.

Hier einige Beispiele:

Die Waage

Du bist zu dick, sagt meine Waage.
Lass mich in Ruh, ich zu ihr sage.
Was geh'n dich meine Pfunde an,
du dämlich Ding, weißt nicht wie's ist,
wenn mich der Hunger fast zerfrisst.
Oft wird mir schwindlig, mir wird flau,
das geht schnell weg, wenn ich was kau!